张　云◎主　编
程丽萍◎副主编

金融学教育教学改革论文集

Selected papers on teaching reform of Finance Education

中国经济出版社
CHINA ECONOMIC PUBLISHING HOUSE
·北京·

图书在版编目（CIP）数据

金融学教育教学改革论文集 / 张云主编 .
—北京：中国经济出版社，2020.5
ISBN 978-7-5136-6075-4

Ⅰ. ①金… Ⅱ. ①张… Ⅲ. ①金融学—教学改革—高等学校—文集 Ⅳ. ① F830-53

中国版本图书馆 CIP 数据核字（2020）第 037676 号

责任编辑　丁　楠
责任印制　马小宾
封面设计　任燕飞工作室

出版发行　中国经济出版社
印 刷 者　北京九州迅驰传媒文化有限公司
经 销 者　各地新华书店
开　　本　710mm × 1000mm　1/16
印　　张　19.5
字　　数　343 千字
版　　次　2020 年 5 月第 1 版
印　　次　2020 年 5 月第 1 次
定　　价　78.00 元
广告经营许可证　京西工商广字第 8179 号

中国经济出版社 **网址** www.economyph.com **社址** 北京市东城区安定门外大街 58 号 **邮编** 100011
本版图书如存在印装质量问题，请与本社销售中心联系调换（联系电话：010-57512564）

目录

CONTENTS

课程思政

课程建设

人才培养

课程思政

生源多样化背景下我国高校外国留学生课程思政的难点和策略分析

邹兆敏　Chimuka Takudzwa①

截至 2018 年底，中国和世界 180 多个国家签订了政府间教育交流协议，支持双方互派学生到对方国家学习深造。2018 年全年，共有近 50 万名外国留学生来华学习，其中靠中国政府奖学金来华的占来华留学生总数的 12.8%，即 6.5 万人左右。尽管这个数目不算庞大，但是外国留学生的到来的确给我国的教育教学乃至学生管理带来了诸多挑战。其中思政教育更是其中一个非常重要的部分。这首先是因为按照教育部最新的要求，即《来华留学生高等教育质量规范（试行）》，明确提出要推进中外学生教学、管理和服务的趋同化，要求高校将来华留学生教育纳入全校的教育质量保障体系中，实现统一标准的教学管理与考试考核制度，提供平等一致的教学资源与管理服务，保障中外学生的文化交流与合法权益。既然这种教学趋同化管理模式即将成为当前来华留学教育管理的方向之一，那么目前在各个高校逐步推行的课程思政的相关改革和实践也不能忽略了外国留学生这一特殊群体。思想政治教育是我国高等院校的主要特色之一，课程思政更是当前高等院校的教学改革重点。但对于在华的留学生来讲，开展思政教育有其自身的特殊性与复杂性。外国留学生作为我国高等院校的新兴群体，他们来自不同国家，语言、文化背景、意识形态都不尽相同。而加上跨文化的不理解、语言沟通的不适应、生活习惯迥异等原因，其思想道德问题日益凸显，管理教育难度大幅提高。由此可见，在我国高等教育开放的新形势下，加强来华留学生思想政治教育是顺应时代发展的必然选择。

一、对外国留学生进行课程思政教育的必要性

事实上，尽管我国历史悠久，但是真正对外开放的时间并不长。在漫长的

① 邹兆敏，经济学博士，上海立信会计金融学院讲师，主要从事国际金融方向研究。近年来，重点关注人民币国际化和国际货币体系改革等问题。

Chimuka Takudzwa，上海立信会计金融学院，国际交流学院 2016 级外国留学生。

历史中，中华文化的内卷化发展孕育了我国丰厚独特的思想政治文化。不过令人遗憾的是，这种文化体系对外的影响力自明清两代之后相当有限。哪怕是到了近代，我国的文化输出能力还是很弱。直到改革开放后，特别是我国加入世贸组织后，在全球化背景下，越来越多的外国人看到了中国经济实力的快速增长和国民生活水平的迅速提高。可以说，中国经济的崛起让外国留学生开始真正因为欣赏中国特有的政治经济制度选择来到中国高校进修，与中国的学生一起接受文化、思想的中国式高等教育。那么，我们的问题是，具有鲜明中国特色的思想政治教育是否同样适合于外国留学生？是否必须要求外国留学生学习？

其实这两个问题都是“伪命题”。对来华留学生进行思政教育不仅必要，而且对教学双方又有益处。说有必要，是因为在如今高等教育国际化不断深入的大趋势下，教学趋同化是高校发展建设的必要条件，同时也是促进和提高对外教育质量的必由之路。近几年，中国高等院校的教学管理、服务更加适应现代化的发展，越来越多的外教来华工作，外国留学生数量也越来越多，对他们的课程思政教育的忽视其实就是在回避教育部下达的教学趋同化的要求。说对教学有益，在习近平总书记倡导的新时期中国特色社会主义发展的背景下，倡导人类命运共同体这一概念是现今我们对外交流的一个重点，而思政教育恰恰是最好的平台。它不仅是解决外国留学生对中国思想产生认识的最便捷的渠道，也是促进中外文化交流的一个重要推手，更可以成为一股对外宣传中国形象、传播中华文化的重要力量。反之，如果我们高校的思想政治教育对外国学生开展的不到位，就不能真正使外国留学生切实感受到中国自身独特的文化魅力与制度优势，反而可能加深了他们对中华文化的偏见，产生抵触情绪。

二、当前外国留学生思想政治教育的主要问题

我们传统教育一直强调“德才兼备”，德在前，才在后。换而言之，在我国培养学生有两个层面，首先是培养学生成为一个君子，既有文化艺术修养，又道德品质高尚。其次才是培养“术业有专攻”的职业性技术人才。在第一个层面中，思政教育扮演着不可或缺的角色，是要纠正和培养学生思想和行为上的正确三观，即人生观、价值观和世界观。然而面对当前复杂的国际、国内形势，我们的思政教育工作显然是困难重重，面临多元化的挑战。

（一）留学生思想政治教育内容目的性不强

高等院校对于留学生思想政治的教学目标定位十分模糊，导致相应的教学

模式呈现碎片化，毫无针对性可言。目前，大多数高等院校都在外国留学生新生入学时开展思政教育工作，教育的内容也只是围绕安全问题和文化教育基础展开。而进行文化教育的目的就在于帮助留学生快速地适应学习环境，熟悉教学的日常作息和课程规律，降低与别人交流过程中的阻碍。这种以介绍性内容为主体的教学与课程思政要求相去甚远。事实上，在适应新的学习环境的过程中，留学生难免会遇到在实际学习、生活、交流等方面的问题，例如语言不通导致难以适应学习生活环境等。此时，如果再对留学生大学阶段进行灌输式的思想政治教育，就会导致留学生对思政教育产生抵触情绪。此外，开展留学生思政教育的针对性不够也造成思政教学目的性不强。对于国家、地区和年级不同的留学生，目前高校的思想政治教育呈现统一化，在思政课程内容的设置上没有体现出较强的差异性，也就不能满足留学生合理的个性化需求。据笔者了解，时至今日，我国高等院校的教育模式还是以自身安全、遵守纪律和文化交流互动为主，在举行相关洽谈会时也只是统一对留学生进行法规校规以及文化的教育，而忽视了留学生的心理健康、专业认识等能力的培养。

（二）对留学生思想政治教育的重视程度不够

大多数高等院校对留学生的思政教育还停留在基础教育阶段，对留学生教育方面的管理工作还仅仅侧重于人身安全和基础文化交流水平，几乎没有开展对留学生进行思政教育的教学管理工作。因此，在进行相关思政教育工作时也会相对困难。即使一些院校认识到了开展思政工作的重要性，但这种教育工作也需要专门的教学人员进行，而不是简单交给一些有一定外语能力的辅导员。重视程度不够的直接后果就是很多高校在留学生思想政治教育方面的管理人力资源缺乏、专业人员水平不足。高等院校普遍缺乏高素质的留学生教学管理人员，这是因为过去来华留学生人数不多，而且多数是以校际对换方式进行，近年来，由于各个高校的留学生的数量逐渐增加，而管理留学生的人员却始终没有增加。部分含有只管理辅导留学生的专职辅导员的高校，由于留学生辅导员的主要工作重心放在了留学生日常生活管理工作中，且师生的配比严重不足，也就自然地形成了如今“重学习生活管理，轻思想政治教育”的现状。

（三）留学生思想政治教育形式方法过于单一

多数高校还依照传统管理中国学生的教学方法，采取统一填鸭式的教育方法对留学生进行思想政治教育，忽视了管理要结合留学生群体的文化特征以及专业兴趣爱好等。由于大部分高等院校缺乏对留学生的管理经验和方法，往往出现教学管理问题之后才由管理人员进行解决，原本可以避免的问题由于没有健全的管理体制就会造成更多的麻烦。事实上，目前来华留学生生源及价值理念的多元化趋势迫切需要思政教育加以引导。国际交流学院留学生生源复杂，既包括一些来自发达国家的留学生，也包括一些来自发展中国家甚至贫困战乱国家的学生。他们选择来华就读的目的不尽相同，外国留学生有的是被中国经济发展的巨大成就所吸引，想毕业后创业从事国际贸易；有的是崇尚中国悠久灿烂的文化历史，爱好中文而来华就读；也有的是为出国拓展眼界，甚至有为躲避国家战乱和经济动荡局势选择留学中国。这种多元化的生源及多元化的就学目的是学生多元化价值导向的根源，是不能通过我们传统的单一灌输式思政教学模式来达到原有教学目的的。这就需要我们对外国留学生进行思想政治教育的方式做出新的、有益的探索。

三、对外国留学生进行思想政治教育工作路径探新：课程思政优于思政课程

中外学生的教育趋同化并不意味着等同化或者单一化。既要对中外学生一视同仁，也要看到来华留学生学习背景、意识形态，甚至生活习惯和语言、文化存在差异，以合理、公平、审慎为原则，帮助来华留学生了解中国国情文化，使其尽快融入学校和社会。对来华留学生的思政教育，应该更加体现出特殊性和针对性，中外学生的思政工作要分开来看，更要统筹规划，形成综合有序的方式方法，才能更好地发挥育人作用。原则上，在教育教学方面，需要确定明确的教学目的，建立有效的教学辅导体系，向来华留学生提供学业帮扶；在管理服务方面，组织和引导来华留学生参加健康有益的课外教育活动，促进中外学生文化交流和互相理解。然而在实际操作中，其实并不容易。因为大多数思政课老师英语能力有限，所以需要专业课老师在课程思政上有所作为，才能保障思政教育真正在来华留学生中卓有成效地进行下去。

（一）思政教育内容与模式的创新

对于外国留学生而言，来华学习是他们生命中一个重要的节点。他们中的大部分是怀着对中华文明的好感和对中国经济崛起的崇敬之情而来的，但是由于成长环境、学习背景、生活习惯不同或者语言障碍等因素可能导致他们无法有效融入中国高校学习和生活环境当中，长此以往会造成留学生对中国的学习和生活产生厌恶情绪，在心理和思想层面有不同程度的困扰，对正确价值观的形成和发展极为不利。无论是来华留学生还是本国大学生，大学阶段是他们价

值观形成的重要时期，思想观念和行为习惯极为敏感，不确定性极强，加之社会上蔓延的多元价值观念的影响，发挥思政教育功能，积极调整和正确引导他们的价值取向，对于人才培养工作显得尤为重要。

面对外国学生，高校在进行常规课程思想政治教育的同时，要积极开拓新的教学内容和探索新的教学方法。课程思政的安排，不仅要培养他们的专业技能，也要与时俱进地参考世界其他地区在思想教育方面的精髓，与中华文化特色的人文素养进行比较，从而突出自己鲜明的价值取向。如美国的“公民教育”以培养学生的“国民精神”和“责任公民”为目标，英国突出“德行、智慧、礼仪、学问”，法国强调“公民责任感”和“热爱法兰西共和国品质”，德国突出强调“政治教育”“和平教育”“环保教育”等。而我国高校思政教育可以通过重点宣扬中华民族传统文化和传统美德的方式进行德育培养。中华民族自古以来就是礼仪之邦，尊崇“仁、义、礼、智、信”的核心价值理念，在思政教育的过程中有意识地与之相结合，继承其精华。同时，我国的思政教育内容上也应该与时俱进，结合新时期思政教育工作的新情况加以完善。比如，强调习总书记提出的“人类命运共同体”的理念，着力把中华民族的伟大复兴和世界的和平发展联系起来。这样才能切实地把来华留学生当作教学的一份子来看待。事实上，思政教育需要将理论教育与社会实践相结合，加强国内学生和国际学生的互动，为外国学生提供多方位的实践条件和物质保障，在实践中解答他们的疑问，促进思政教育内容中正确价值观的传播。从留学生入学初期至最后毕业，我国的高等院校都应该有计划、有方向地制定留学生在中国整体学习阶段的思政教育目标，避免设置的思政教育在具体实施过程中流于形式。在开学初期，高校可以在开展安全教育的同时，培养留学生树立正确的人生观、世界观和思想观，同时也要传递符合我国文化的职业观、学习观和发展观。在具体操作上，可以在讲授专业知识的同时，对留学生开展相关的心理健康教育和职业生涯规划教育，把思政元素有机地融入到教学之中。

（二）顺应生源变化，加强教学针对性

上文中，我们提到关于学生来源多样化带来的一些思政教育难点。近年来，来华留学生生源地逐渐由西方发达国家向“一带一路”沿线国家扩展，且这种趋势还在不断加速。笔者在教学实践中发现，有相当一部分来华留学生的学习积极性和自觉性较差，缺乏钻研和独立思考能力，生活上注重寻求个人价值的最大化，集体意识、社会责任感弱化，价值取向功利。如不加以正确引导，很容易出现思想问题和价值导向偏离等问题。这些深刻变化需要我们在思政教育

上引起重视。受多元思想文化元素的影响，他们容易在学习中产生不同价值观念及行为的对立和冲突，容易受到多元的意识潮流和复杂文化背景的影响，能否掌握一定的辨别能力和判断能力，也迫切需要高校思政教育加以引导。在过去，我们的思政教育主要通过中西方两种文化的对比让学生了解中西方文化的不同特点，培养他们对中华优秀文化的认同，并学会正确处理文化的民族性和世界性的关系。这里的西方，主要还是指发达的资本主义国家。但现在，中国经济的蓬勃发展让很多发展中国家看到了另一种发展的可能，也大大扩展了课程思政的发挥空间。新中国成立七十年的历程证明，一个国家坚持独立自主的发展路线，维持政治体制稳定，始终把经济发展和改善人们生活水平放在施政目标的首位，比起那些虚无缥缈的所谓“普世价值”宣扬下的无序化民主进程要有用得多。坚持把“富强”放在社会主义核心价值观的首位，秉持着实用主义的精神坚持走和平与发展道路，正是中国崛起的根本原因之一，也是大多数发展中国家可资借鉴的。由此可见，我们的思政教育不仅要面对西方发达国家的学生，更要针对一些发展中国家的学生。后者更多地对中国的经济发展模式抱有一种钦佩的态度，对西方的殖民历史却深恶痛绝。这种反差可以作为思政的一个重点加以开发，让更多的留学生理解中国和平崛起所蕴含的深刻意义和重大价值。

四、结语

目前，我国高校应紧跟时代发展的潮流和国际形势的变化，不断改进和调整关于留学生的思政教育内容。根据不同群体留学生的特征，结合不同个体的实际教学需求，针对性地对留学生开展思想政治教育。单纯以安全教育、心理健康和文化教育为主要思政教学内容显然是不够的。在学习的中期阶段，留学生适应校园生活后，学校应及时调整教学模式，在专业课中加大思政教学力度，不断结合社会实事，帮助留学生理解支撑中国崛起背后的相关制度、人文、意识形态等因素，用以比较他们本国的发展现状，促使他们不断进行比较式的学习以提高专业水平。在学习阶段后期，留学生就即将面临毕业以及择业的问题，这时学校的教育主要以职业生涯规划和就业创业教育为主，帮助他们理解实现自我价值的“小我”和社会价值的“大我”之间相辅相成的关系，树立正确的职业观和发展观。

参考文献

[1] 翟国.高校留学生群体思想政治教育策略研究[J].教育探索，2015（3）：115-117.

[2] 许超."人的全面发展理论"与"大学英语"课程思政教学[J].文教资料，2019（1）：229-230.

[3] 赵晖."课程思政"推行中的若干思考[J].湖北经济学院学报（人文社会科学版），2018（12）：128-130.

[4] 胡捷.刍议海外留学生思想政治教育的价值把握[J].改革与开放，2016（15）：100-101.

[5] 冯洁.中国高校外国留学生思想政治教育的问题与对策[J].海南广播电视大学学报，2017（1）：11-15.

[6] 唐建兵.刍议中共民族政策的价值取向[J].嘉兴学院学报，2011（1）：68-73.

[7] 张俊玲.将"课程思政"理念基因式融入专业课堂教学的探索[J].教育教学论坛，2018（46）：49-50.

“公司金融”课程的实验特性

——以 Excel 建模推动“公司金融”课程的教学与应用

彭晓峰[①]

公司金融是金融学专业的一门核心课程。国内高校在讲述这门课程时，存在的主要问题有二：①缺乏案例教学。教学仅仅限于讲述基本的公司金融概念，没有案例作为支撑，学生理解不透，考试前知，考试后忘。②缺乏计算机应用。公司金融是一门实践性很强的学科，但现在的公司金融课程中我们看不到计算机的应用，计算机应用主要限于会计报表核算系统，学生缺乏学促用，用促学的学用循环过程，就业后快速上手能力缺乏。

产生问题的主要原因也有二：①教材老化；②师资实践经验缺乏。目前国内出版的教材大多是概念型教材，鲜有案例。引进的国外教材虽有案例，但背景环境与国内大相径庭，接受度较低。公司金融要求实践经验，师资实践经验缺乏也直接影响着教学效果。

那么我们如何解决这一问题？本文仅从教学这一角度进行探讨。笔者的基本观点是：从公司金融课程的实验特性出发，以 Excel 建模推动公司金融课程的教学与应用。

如果我们把公司金融不仅仅理解为是一门实践性学科，而是把实践性延伸于教学上，我们就很容易理解公司金融课程的实验特性——公司金融需要辅之以计算机教学，通过类似实验的方法，为公司金融案例构建公司金融模型。通过计算机的模拟应用，公司金融就具有类似实验课程的性质，而不仅仅是单纯的从教材到教材。

Excel 一般不适用于量非常大的计算，如构建复杂的投资组合模型，但作为帮助理解公司金融模型的工具，Excel 是非常优秀的。因为只有通过计算，公司金融课程中的模型才能得到完整和深刻的理解。

下面我们通过两个例子来具体说明公司金融的实验特性以及 Excel 在公司金融课程中的具体应用。具体案例均选自全国会计专业技术资格考试辅导教材。

---

① 彭晓峰，经济学博士，上海立信会计金融学院副教授，研究方向金融理论与金融市场，公开发表论文 30 余篇。

【例 1】股票收益率的计算

万通公司在 2001 年 4 月 1 日投资 510 万元购买某种股票 100 万股，在 2002 年、2003 年、2004 年的 3 月 31 日每股各分得现金股利 0.5 元、0.6 元和 0.8 元，并于 2004 年 3 月 31 日以每股 6 元的价格将股票全部出售，试计算该项投资的投资收益率。

计算表格如下：

年份	股利及出售股票的现金流量	测试 20%		测试 18%		测试 16%	
		系数	现值	系数	现值	系数	现值
2002	50	0.8333	41.67	0.8475	42.38	0.8621	43.11
2003	60	0.6944	41.66	0.7182	43.09	0.7432	44.59
2004	680	0.5787	393.52	0.6086	413.85	0.6407	435.68
合计	—	—	476.85	—	—	—	523.38

教材采用插值法进行测算，第一次按 20% 的收益率测算，第二次按 18% 的收益率测算，第三次按 16% 的收益率测算。

16%　　　　　　523.38

?　　} X　　　　510.00　} 13.38

18%　　} 2%　　499.32　} 24.06

X：2% = 13.38:24.06

X=1.11%

即投资收益率＝ 16%＋ 1.11%＝ 17.11%

问题：插值法须反复测算，计算过程烦琐复杂，缺乏实际应用价值。如采用 Excel 测算，则一步可以计算完毕，且计算准确度大大提高。我们在 Excel 的一个工作表上输入数据，在 B6 上输入函数 “=IRR（B2：B5）”，得出计算结果为 17.09%，比插值法准确 0.2%。

	A	B
1	时期	现金流量
2	0	–51.0
3	1	50
4	2	60
5	3	680
6	CRR	17.09%
7	即投资收益率为 17.09%	

【例 2】信用备选方案决策

某企业预测的 2002 年赊销额为 3600 万元，其信用条件是 N/30，变动成本率为 60%，资金成本率（或有价证券信息率）为 10%。假设企业收账政策不变，固定成本总额不变。该企业准备了三个信用条件的备选方案：

A：维持 N/30 的信用条件。

B：将信用条件放宽到 N/60。

C：将信用条件放宽到 N/90。

	A	B	C	D
1		A	B	C
2		N/30	N/60	N/90
3	年赊销额	3600	3960	4200
4	变动成本	2160	2376	2520
5	信用成本前收益	1440	1584	1680
6	应收账款平均收账天数	30	60	90
7	应收账款平均余额	300	660	1050
8	维持赊销业务所需资金	180	396	630
9	坏账损失 / 年赊销额	2%	3%	6%
10	坏账损失	72	118.8	252
11	收账费用	36	60	144
12	收账机会成本	18	39.6	63
13	信用成本小计	126	218.4	459
14	信用成本后收益	1314	1365.6	1221
15	即 B 方案为最优方案			

如果本题按传统方式出题，存在的问题：一是单调的重复计算过多；二是易出错；三是无法计算大量数据。而通过 Excel 则很好地解决了这三个问题。

从教学的实践效果来看，我们也不能因为公司金融的实验特性，而忽视了公司金融基本概念的讲解。实际上，公司金融的基本概念，如资金的时间价值、资金成本，以及净现值 NPV 等是公司金融的核心内容。如果一开始授课就进行公司金融的计算机应用，学生对公司金融的基本概念缺乏深刻理解，公司金融实验的效果就会相反，学生就会基础不牢，似懂非懂。因此，我们强调在公司金融课程的授课阶段，避免使用计算机进行公司金融实验，而是要通过反复的手工计算和反复的查表（现值系数表、终值系数表）来加深对基本概念的理解。

笔者在教学实践中，认为公司金融课程分两阶段授课的效果会比较好：一是教材阶段，强调手工计算和对基本概念的理解；二是实验阶段，通过案例在计算机上的应用来加深对基本概念和公司金融模型的理解，同时为未来实际工作储备技能。两个阶段 8 ：2 的课时比例比较适合，实验阶段课程可于实训阶段集中完成。公司金融的计算机应用实际上也是通过实验的形式再把教材的内容复习和加深理解一遍。

相应地，考试应该分为笔试和实验两部分，实验部分必须有相应比例分数，从而达到以考引学、以考促学的目的。

目前，高校的公司金融教材还不能适应这一要求，未来的公司金融教材编写在讲述基本概念的同时，要求糅合公司金融案例和计算机应用，公司金融案例要具有代表性和创新性。国内资本市场信息披露制度逐渐完善，可主要从中选取案例，以避免国外案例消化不良的问题。

参考文献

［1］财政部会计资格评价中心．财务管理（全国会计专业技术资格考试辅导教材）［M］．北京：中国财政经济出版社，2015.

［2］Simon Benninga. 公司金融金融建模——用 Excel 工具［M］．上海：上海财经大学出版社，2003.

高校金融专业人才诚信教育探析

魏 忠 滕金格[①]

一、引言

在中国，诚信传统千百年来亘古不变，源远流长。高校是社会的缩影，高校是学生学习知识、认识社会的一个窗口、一个平台，社会需要人与人之间的交流和合作，而交流与合作的基础就是诚信。我国已经进入市场经济时代，市场经济是一种信用经济，诚信是市场经济的基石。

金融乃百业之首，是现代经济的核心，主要从事货币的信用经营及管理活动。诚信是金融业生存和发展的根本原则。金融业由于其特殊性和高风险性，而对其从业人员的诚信要求更为严格，堪称高标准。因此，各个高校都把诚信教育作为其培养金融人才的一项重大任务，坚持不懈，常抓到底。尽管如此，因为种种原因，诚信教育效果仍不是很理想，失范行为时有发生。诚信教育，成为了一项不容忽视的重大任务，是每一位教师义不容辞的责任。

二、有关诚信

我们从以下两个方面理解诚信：一方面，道德范畴。它注重人的内心道德修养，强调以德立人，以人为本，树立个人诚信的优秀品德。另一方面，法律范畴。当具有独立行为能力的个人在进行社会活动、行使民事权利、履行民事义务时，强调保持信誉，坚守信用，规范行为，遵守法律法规和合同条款等。不论从道德还是法律范畴看，诚信的含义本质上都是一致的。今后，随着人类社会不断向前发展，诚信的内涵也将会更加丰富。

三、诚信教育的必要性

大学金融专业学生是金融机构未来的从业人才，学生将来大部分要进入金

① 魏忠，男，辽宁省沈阳人，经济学博士，上海立信会计金融学院副教授，研究领域：金融理论。
滕金格，女，吉林省吉林人，上海立信会计金融学院2018级金融学院学生。

融机构，从事金融行业的服务工作。大学期间，金融专业学生不仅仅要学习和掌握金融专业知识，他们的职业道德观念、诚信意识也在初步形成。因此，高校成为学生诚信教育的一个重要环节，是未来金融行业从业人员岗前培训教育的重要场所，需要大力加强金融专业学生的诚信教育。

（一）有利于树立学生的诚信意识

金融行业是一个特殊的行业。金融市场高风险与高收益的特性，决定了金融行业从业人员需要具有抵抗高风险、高收益特点的个人能力和素质，这直接关系着整个金融行业的安全和信誉。显然，对这类人才的职业教育，尤其是诚信教育具有十分重大的意义。因此，高校在开展诚信教育方面发挥着举足轻重的作用。大力开展诚信教育，为金融学生树立良好的职业诚信意识奠定了坚实的基础。

（二）有利于提高学生的综合素质

毕业后，大部分金融专业学生将从事与金融相关的工作，贯彻执行国家金融政策、法律和法规等，这势必要求金融专业学生具备良好的综合素质。因此，金融专业学生在日常学习中不仅要掌握专业理论知识和实际操作技能，而且要形成良好的金融职业道德素养，只有这样才能保证学生毕业后成为高素质的金融综合人才。

（三）有利于金融市场的健康稳定发展

金融是现代经济的核心，金融从业者在金融市场发展中起着十分重要的作用。因此，不仅要求金融从业人员要具备较高的专业能力，同时还要遵守各项金融政策、法律和法规。这样，高校在金融专业教学中，需要把金融职业道德教育纳入金融专业教学之中，使学生能够认识到，从事金融工作不仅需要具备较高的专业技能，而且还需要具有较高的职业道德，只有这样才能保证金融市场的健康稳定发展。

四、面临的主要问题

（一）社会诚信环境恶化

伴随着我国市场经济的快速发展，社会上出现了一些不良现象，如拜金主义、功利主义、享乐主义等，这些不良现象对广大学生的思想产生了重大影响，尤其是个人功利主义。一些大学生在大量的金钱、物质、利益的诱惑下，自我约束力越来越弱，道德水准不断下降，不诚信的行为时有发生。甚至，在个人利益受到影响时，他们不惜牺牲诚信原则，去换取不正当的利益。这种恶化了的诚信环境，严重影响了学生诚信意识的建立。

（二）职业诚信教育缺失

在我国，大多数高校金融专业在教学理念、教学内容、教学方法及教学研究上，缺失金融职业诚信教育。在教学理念方面，仍注重金融基础理论、专业技术、实际操作能力等硬件方面的培养，而忽视了金融职业诚信教育等软件方面的培养；在教学内容方面，以思想品德教育的公共课程替代专业性较强的金融行业诚信教育，严重降低了金融职业诚信教育的效果；在教学方法方面，仍是以说教为主去警示学生一定要诚实守信，无法吸引学生注意力，无法让学生产生共鸣；在教学研究方面，缺少整套的、完备的、规范的金融职业诚信教育教材，缺少具有深度影响力的金融诚信教育的学术研究成果。

（三）诚信评价体系尚待完善

诚信评价体系的不完善，主要表现在以下几个方面：第一，学生考评。评定学生，是依据学生的考试成绩进行衡量，其中主要是使用金融专业课程的成绩，而忽视了学生的诚信状况。第二，诚信测试。在金融从业资格考试内容中，涉及有关金融职业道德和行业诚信方面的内容较少，且分值不高。第三，诚信考评。各级教育管理部门对各个大学的评估，主要是以办学条件、招生规模、师资力量、教学质量、学科建设、学生就业等作为主要指标，评估学校整体办学状况，并没有将学生品德和诚信作为一个指标去考评高校，轻视了学生诚实守信的重要性，导致学校忽视了学生诚信教育。

五、建议与措施

（一）改善诚信环境

学校各级组织，要充分宣传金融行业诚信教育的重要性，通过校报、广播、宣传栏等途径，形成良好的舆论氛围，打造“诚信为荣、失信为耻”的职业道德标准；通过校园网络，开设金融职业诚信论坛，引起学生注意，吸引学生参与讨论；建立学生网络平台，以金融诚信教育为主题，开展诚信学风活动，曝光校园中不诚信的行为，提出具体解决办法；围绕金融市场，开展金融热点互动活动，讨论分析某些金融失信案例，让学生能够树立起正确的职业诚信价值观。

（二）开设金融诚信课程

第一，开设有关金融诚信教育的专业必修课。学校与金融部门联手，组织高校教师与金融实物部门工作人员联合编写相关教材。第二，在校内实习过程中，树立诚信理念，注重学生在各种模拟金融职场中的现场表现，让学生亲身经历诚信与利益冲突时的考验，切实体会到职业诚信的重要性，从而实现良好的实训效果。第三，邀请金融实物部门的从业人员，以专题报告的形式，以他们自己的亲身经历讲述诚信的重要性，这样会更加具有亲和力、说服力、影响力。

（三）建立学生诚信档案

全面建立金融专业学生诚信档案，包括学生个人基本情况、经济状况、在校诚信状况、诚信承诺书、信用记录等。其中，信用记录是诚信档案的重要内容，重点考查学生在校期间学杂费交款情况、勤工助学情况、各种助学贷款的还款情况、履行义务及承担责任情况、违反校规校纪情况等。对学生的诚信档案实施动态化管理，要与毕业推荐联系起来。

（四）完善相关的制度规定

学校要尽快完善相关的制度规定，防范不诚信行为发生。学校可以从生活诚信、学习诚信、纪律诚信、行为诚信等方面进行考评，每学期开展一次学生诚信综合测评工作。可以将测评结果与各类奖学金和助学金、优秀学生、入党资格、保研资格等联系起来，吸引学生关注诚信，激励学生保持良好诚信行为。对违反诚信的行为，要制定相关的惩罚规定，追加严厉处罚，实行一票否决制，增大失信成本，减少失信行为的发生。

参考文献

［1］全惠玲．高职应用金融人才诚信教育与实施机制［J］．陕西广播电视大学学报，2004（3）．

［2］宋莹．加强大学生诚信教育探析［J］．黑龙江教育学院学报，2008（6）．

［3］张阳红．刍议大学生诚信教育体系的构建［J］．长春理工大学学报，2009（8）．

［4］曲士英．金融高职院校培养目标视野中的诚信教育［J］．浙江金融，2009（11）．

［5］王瑛．金融应用型人才诚信教育目标定位探析［J］．黑龙江高教研究，2010（10）．

思政教育“八个相统一”在金融学课程中的实践与反思

魏　玮　孟可欣[①]

“习近平总书记2019年3月18日主持召开学校思想政治理论课教师座谈会并发表重要讲话，从党和国家事业长远发展的战略高度出发，深刻阐明学校思政课的重要意义，就如何办好新时代思政课做出部署、提出要求，为做好新时代学校思想政治工作、培养担当民族复兴大任的时代新人提供了重要遵循。”[②]习近平总书记明确提出：“坚持政治性和学理性相统一，坚持价值性和知识性相统一，坚持建设性和批判性相统一，坚持理论性和实践性相统一，坚持统一性和多样性相统一，坚持主导性和主体性相统一，坚持灌输性和启发性相统一，坚持显性教育和隐性教育相统一。”[③]这“八个相统一”，是思政课建设长期以来形成的一系列规律性认识和成功经验的科学概括，是推动思政课改革创新的重要原则。[④]

不仅如此，微观上来说，这“八个相统一”还可以对每一门课、每一节课的思政内容提出指引，用这“八个相统一”来检查每一次备课的内容，反思每一次课的授课效果，推动每一次课的改进。以金融学课程为例，金融学课程本身具有极强的时代性和实用性，特别是涉及学生怎么看待金钱和财富，怎么理解贫富差距与公平和正义，对学生的世界观、价值观和人生观都有很深的影响，思政本身就是金融学课程不可分割的组成部分，“八个相统一”正是衡量金融学课程的标尺。

---

① 魏玮，经济学博士，上海立信会计金融学院讲师，主要从事消费经济研究。
孟可欣，上海立信会计金融学院2017级金融学本科生。

② 新华社．论习近平在学校思政课教师座谈会上的重要讲话[EB/OL].2019-03-19/2019-08-20.http://www.xinhuanet.com/nzzt/21/.

③ 习近平．用新时代中国特色社会主义思想铸魂育人 贯彻党的教育方针落实立德树人根本任务[EB/OL].2019-03-19/2019-08-20.http://cpc.people.com.cn/n1/2019/0319/c64094-30982234.html.

④ 人民日报评论员．习近平为何如此强调思政课？这四篇评论员文章告诉您答案[EB/OL].2019-03-25/2019-08-20.http://opinion.people.com.cn/n1/2019/0325/c1003-30993928.html.

一、金融学课程应用“八个相统一”的实践

（一）坚持政治性和学理性相统一

政治性，意味着有明确的政治立场和原则；学理性，即学科专业理论。两者在思政教育的统一，意味着教与学的过程中都要既学理论知识，也要明确自己的政治立场和原则。

融通资金的各种形式都是金融，股票市场资金流动激励企业做大做强，商业借贷引导资金流动，缓解资金紧张；可高利贷茹毛饮血，不仅利滚利，更有各种错综复杂收取高额费用的方式，有的甚至披上“校园贷”“消费贷”的外衣，走进校园，祸害学生。金融学的课程，不仅要让学生掌握金融学的理论，也要告诉学生类似高利贷的金融形式就是政治不正确，既不能自己受诱惑，也不能利用自己的专业理论从事高利贷活动陷害他人。从事正常资金融通的行为没有问题，但支持破坏社会稳定的筹资活动就是在大是大非面前丧失了政治性。金融是政治的重要支撑，坚持政治性和学理性相统一，是培养金融人才的必达项。

（二）坚持价值性和知识性相统一

知识和价值在不同领域不同流派有不同的定义，落实到金融学的课程中，知识是一条条公式和定义，是对金融体系各要素的理解和表达，其价值体现在能否产生效益，产生增值。价值性和知识性，相辅相成，互生共赢，没有知识，价值就没有抓手，没有价值，知识就无用武之地，只会渐渐消沉。要注意的是，价值性和政治性一样，包含了方向与原则，思政教育强调的就是正确的价值性，分辨并远离错误的价值。

掌握了关于商业银行主要业务的知识，结合当下资管新规，就明白理财和存款以及保险在兑付上的区别，无论是对学生还是对学生家庭投资规划都具有很高的价值性。明白了风险和收益均衡的理论知识，也就能真正为自己和投资者创造适合他们的价值。但是，如果利用监管漏洞，利用自己所学的金融知识，开展非法融资，就直接丧失了价值性。金融学本就在应用经济学领域，价值性和知识性相统一也是金融学课程的内在要求。

（三）坚持建设性和批判性相统一

建设性，就教学来说，也就是在原有课程知识、理论和价值的基础上有新的构建，有创造性。时代在前进，新生事物层出不穷，唯有跟上时代步伐甚至引领时代，才能创造更大价值，金融学的课也才更有意义。建设性的基础正是

批判性，辩证地、唯物地、批判性地看待现有知识体系、各种现象和事物的优缺点，才能有所发现，才能有所建设。思政教育的最终目标之一就是培养思想健康的人，会独立、辩证地思考。

讲授货币政策的时候，我们批判性地分析每一种货币政策工具的优缺点，也看到我国央行不断学习国外发达国家经验，相继推出上海银行间同业拆放利率，中期借贷便利，并于 2019 年 8 月推出贷款基础利率，货币工具的不断完善正是在建设性和批判性相统一的合力推动下进行的。金融学的教学更应该切合时代的发展，带领学生跟上现实世界，实现教学的建设性和批判性相统一。

（四）坚持理论性和实践性相统一

知行合一，方能成事。落实到金融学课程教学中，结合所处的时代，我们不仅有各种软件工具模拟操作，也有同学们家庭相关的各种金融需求，为学生实践自己所学理论提供了便利。我们教金融市场，教股票期货，教各种金融投资理论，我们也有实践操作课程，上机模拟操作，这些课程的组合，正是理论性和实践性相统一。

对于思想政治上的理论性和实践性相统一就更加重要。商业银行失败案例中，很多关键业务人员都是知道理论，知道对错，但是面对高回报等诱惑，却忘记了风险，没有做到知行合一。同学们之间的借贷也一样，可能明明知道借出去的钱用去挥霍，并且没有可靠的还款途径，依然可能受同学间感情的影响。坚持理论性和实践性相统一才能让知识和理论真正创造价值。

（五）坚持统一性和多样性相统一

如同社会核心价值观一样，大的方面统一概括为 12 个词，24 个字，但具体表现细节可以各有不同。金融学课程的思政教育也一样，以党和国家意志出发，在大是大非原则性问题上保持高度统一，但具体到我们金融学的各门课程，就可以结合当下热点、时事、教师的经历、班级的规模、学生的不同情况等，进行多样化的教学。

（六）坚持主导性和主体性相统一

思政教育的教与学，是相互融合的，无论是在年龄、阅历、知识储备、实践经验上，教师都具有天然的教育优势，要充分发挥主导作用，引导学生，特别是帮助学生从未成年人过渡到成年人，思想上也要跟着成熟起来。教育的主体是学生，学生的主体性也时刻提醒教师教育的目的是要让学生掌握知识，学生的思想政治要达到思政教育的目的。坚持主导性和主体性相统一，就是重视教师教与学生学的双向互动过程。

（七）坚持灌输性和启发性相统一

这一条着重于教师的教学方法，育人如树木，要灌输营养、灌输水分，同时也要启发引导，充分调动学生的主观能动性，让灌输的营养得以发挥效用。我们给学生讲借贷，讲从私人借贷发展出的商业借贷到商业银行，讲中央银行存在的必要性，也启发学生思考为什么要有监管，监管的方向是怎么样的，促使学生理解整个金融体系的运作，进一步提高自己的思想政治素养。

（八）坚持显性教育和隐性教育相统一

显性教育是公开的、有组织的教育，隐性教育是相对于显性教育而言的，它更侧重于用文化、环境、情境、行为去感染、启迪学生，达到教育的目的。如果学生在课堂上听到教师讲信用、讲金融风险，课下却发现教师从事非法集资，对央行监管视而不见，不仅课堂教学的效果全然丧失，甚至还会起到反作用，对课程及课程所包含的思政要素充满怀疑。因此，坚持显性教育和隐性教育相统一，才能真正达到教育的效果，否则只能南辕北辙，事倍功半。

二、应用“八个相统一”的教学问题反思

高校思想政治教育已经从“思政课程”逐渐转变到“课程思政”，作为应用经济学的一门学科，金融学课程的思政要素有很多可以结合当下进行分析。虽然有了习近平总书记的“八个相统一”的原则作为指引，但如何将知识教育、理论教育与思政教育融合起来，依然有很多方面需要注意。

（一）教师没有对思政教育进行充分准备

虽然教研室提炼了金融学课程，如金融学每一章的思政要素，但具体到教师讲的时候，经常比较随意，把思政要素当作一个知识点去讲解，而不是融合在课程本身。这个问题，实际是对思政教育没有充分重视与准备，没有给思政教育预留足够的准备时间以及课堂上与学生沟通交流的时间，导致最后往往达不到思政教育的目的与效果。

（二）教师自身实践经验不够

讲到期货的风险，教师本身没有这方面的经验，所以在授课过程中，变成

了强行完成授课内容，有照本宣科的嫌疑。虽然期货有风险，或者期货不在个人选择的投资范围内，但是也可以借助模拟软件等进行预先的实践，才有亲身感受告诉学生。

（三）课程思政的多样性没有得到体现

不同专业不同班级课程安排不一样，前序和后续课程也不一样，课程思政的多样性没有得到不同的体现。另外，处的成长阶段不同，不同兴趣志向、不同阶段学生的思想差别较大。如果一味一模一样地进行思政教学，可能会让学生失去兴趣，也会达不到效果。

（四）说得太多，听得太少

由于课程时间所限，教师往往将更多精力和时间花在讲课上面，讲自以为学生不懂的，讲想重点介绍给学生的。教师想灌输自认为正确的给学生，却没有足够的时间听学生到底怎么想，学生想听什么。但是如果缺乏了学生的反馈，教师的输入又有多少能得到想要的效果呢。

三、应用“八个相统一”的思政教学建议

思政教育跟所有教育一样，考虑最重要的就是教育主体——学生。高校思政教育的主体——大学生的特别之处在于，通常他们年龄上已经成人，但却突然从高中紧张的学习到了较为放松的大学环境，作为步入社会生活的过渡时期，高校思政就显得尤为重要了。世界观、价值观、人生观在此阶段逐渐形成并稳定，思想思考的方式方法也较为成形，政治方向及相应的原则也更加清楚，不仅如此，他们有了一定数量的金钱可供支配，还有了更多时间可以花钱，可以做学习以外的很多事。思政工作教育得当，我们就培养了一个有利于社会主义建设的青年，做得不好，可能只会培养出一个精致的利己主义者。“八个相统一”给了我们原则和指引，实际上也给了我们更高的要求。结合这些，建议如下：

（一）听学生谈困惑，明确学生需要的课程思政

思想政治教育，首先要了解的就是学生，知道学生具体情况，了解学生的困惑，才能有针对性地进行课程思政，为学生提供指导，才能坚持统一性和多样性相统一，价值性和知识性相统一。

本科初期，学生刚结束高考的压力，此时大部分学生尚未确定职业生涯规划，高校课程安排往往以通识类课程为主导，专业类课程为辅且尚未分流。学

生之间的课程相关性较高，教师在引导学生探索专业兴趣的同时，不妨引导学生锻炼团队协作、人际交往等能力，进行集体座谈教育。本科中期，学生对自身认知以及职业认知进一步加强，专业课教师可以引导学生思考毕业之后的去向，如直接就业、考研，还是做西部志愿者回报社会等，进行包括人生理想教育、道德理想教育、职业理想教育和社会理想教育四方面的理想教育。本科后期，学生各方面发展趋于完善，此时应加强道德教育，培养学生正确的道德评判能力，知法守法，维护社会稳定。

（二）准备更多，实践更多，互动更多

作为教师，思想上重视课程思政后，就应在课堂教学设计上分配给课程思政足够的精力和时间。在充分了解学生的思政需求后，就应有针对性地选择案例、选择情境来灌输思政理念，启发、引导学生思考问题，不断修正自己的思想。案例教学在过往的教学经验中都被认可，正是因为其联系实际，让学生有代入感，而不只是空洞的理论。思政教育也要运用更多案例，更多运用可以让学生有代入感的案例进行分析。互动的过程就是学生有所思考、有所感悟、有反馈的过程，同时，也是不断让教师掌握学生思政状况的方式。这也是坚持建设性和批判性相统一、理论性和实践性相统一、统一性和多样性相统一、主导性和主体性相统一、灌输性和启发性相统一的重要方法。

充分准备的一大利器就是列清单，可以对每一个知识点进行有无开展思政要素、有无互动可能的检查。列入清单，就不容易遗忘，也更有助于分配时间。

（三）不断反思、不断改善

每一次互动都会给我们新的启发，也会发现新的问题，唯有不断改善，形成良性循环，才能让课程思政工作越做越好。

相信有了“八个相统一”作思政教育的指引，通过教师和学生的共同努力，肯定会为培养合格的社会主义事业接班人做出应有的贡献。

参考文献

［1］习近平.用新时代中国特色社会主义思想铸魂育人 贯彻党的教育方针落实立德树人根本任务[EB/OL].2019-03-19/2019-08-20.http：//cpc.people.com.cn/n1/2019/0319/c64094-30982234.html.

［2］沈嘉祺.论隐性教育［J］.教育探索，2002（1）：54-56.

［3］任宇涵.高校德育工作中的隐形教育探析［J］.文教资料，2013（25）：102-103.

课程思政在“金融市场学”课程中的案例探索

浦江燕　许劲超[①]

一、研究背景

2013 年 11 月党的十八届三中全会，通过了《中共中央关于全面深化改革若干重大问题的决定》，强调要深化教育领域的综合改革，要全面贯彻党的教育方针，坚持立德树人，加强社会主义核心价值体系教育，完善中华优秀传统文化教育，形成爱学习、爱劳动、爱祖国活动的有效形式和长效机制，增强学生社会责任感、创新精神和实践能力。2016 年 12 月全国高校思想政治工作会议，习近平总书记强调，做好高校思想政治工作，事关党对高校的领导，事关全面贯彻党的教育方针，事关党对高校的领导，事关全面贯彻党的教育方针，事关中国特色社会主义事业后继有人，要用好课堂教学这个主渠道，思想政治理论课要坚持在改进中加强提升思想政治教育的亲和力和针对性。2017 年 9 月，中共中央办公厅、国务院办公厅明确指出要健全全员育人、全过程育人、全方位育人的体制，加强德育课程、思政课程，并要创新思想政治教育方式。

课程思政就是将思想政治教育融入课程教育的各个方面，是建立高校“大思政”教育体系的重要举措。习近平总书记强调办好思想政治理论课关键在教师，要配齐思政课教师队伍，发挥教师的积极性、主动性和创造性。习近平总书记曾提出有理想信念、有道德情操、有扎实知识、有仁爱之心的“四有”好老师标准，这是对全体教师的要求，2019 年 3 月在学校思想政治理论课教师座谈会上习近平总书记进一步提出思政课教师政治要强、情怀要深、思维要新、视野要广、自律要严、人格要正。这六点要求可以说标准更高，更有针对性，不仅指明了思政课教师的职责使命和努力方向，而且是提高思政课教师素养的根本遵循。

---

① 浦江燕，理学博士，上海立信会计金融学院副教授，主要从事最优投资组合的教学和研究，主持和参与国家自然科学课题多项。
许劲超，金融学院 2016 级 cfa 班学生。

二、课程思政改革的重点

进行课程改革的第一点是要坚持以教学为中心的理念，育人是高校的根本，而教学则是达到这一根本的中心任务，高校要坚持教学的中心地位不动摇。教师要踏踏实实把课上好，把知识点讲透，这一点是根本的。在上好课的基础上，再辅助其他的形式，如线上线下结合、反转课堂，等等，提高学生学习的主动性，让学生更容易吸收知识。否则各种形式看着搞得挺热闹，但教学没有提高，也丧失了高校教育最基本的职责。

进行课程改革的第二点是内容的创新性。课程思政就是将思想政治教育融入教育课程的各个方面，办好思想政治理论课，最根本的是要全面贯彻党的教育方针，必须培养一代又一代拥护中国共产党领导和我国社会主义制度、立志为中国特色社会主义事业奋斗终生的有用人才，在这个根本问题上必须旗帜鲜明，毫不含糊。

课程改革上，我们在教学内容上有所调整，重点是能在传授专业知识中，润物细无声地讲好中国故事，融入理想信念层面的精神指引。我们思政课的教学内容从三个方面进行考虑：第一，联系学生生活，既要关心学生的日常生活，也要从长远角度致力于学生的事业和职业，拓宽学生视野。第二，要把新时代党的理论创新成果带进课堂。第三，要联系社会，既要展现社会特色，社会主义带来的巨大成就，增强中国特色社会主义道路自信、理论自信、制度自信、文化自信，厚植爱国主义情怀，也要呈现中国改革进程中出现的问题、挑战和机遇，把爱国情、强国志、报国行自觉融入到坚持和发展中国特色社会主义事业、建设社会主义现代化强国、实现中华民族伟大复兴的奋斗之中。

三、金融市场学课程思政改革

金融市场学是金融专业的基础课和专业课。课程介绍了金融市场体系的基本结构和基本功能，对构成金融市场体系的几个主要子市场，如货币市场、债券市场、股票市场、外汇市场、金融衍生品市场和住房抵押贷款市场等进行具体的介绍和阐述。本文主要研究课程思政在金融市场学课程中的实践探索，在知识的传授中用新时代中国特色社会主义思想对同学们进行“润物细无声”的引导，具体地，课程在以下方面有所调整。

在货币的时间价值一章中，除了常规介绍现值、终值、利率的概念外，我们还结合校园中的校园贷进行分析。在校园中经常能看到无抵押贷款，一周借1000元，一周以后只需要还1010元。看上去一周只需要10元的利息，非常便宜，但是我们转化为年利率却高达 67%。这种无抵押贷款，表面上看借钱非常便捷，但这本质就是一种高利贷，一旦不能按期还款，还款压力是非常巨大的。我们也经常在新闻中看到某同学当初只借了几千元，但还款时却发现负债几万元，甚至几十万元，顿时手足无措。学习金融专业就是要具备专业的金融素养，辨识出金融陷阱，理性消费，也要向周边人普及金融知识，自觉维护社会稳定，和谐社会。

在债券一章中，除了常规介绍如何计算到期收益率以外，我们将补充介绍我国现在蓬勃发展的绿色债券。我国的经济增长举世瞩目，但与此同时，经济增长背后的环境代价也日益引起公众重视。推动生态文明建设和经济社会可持续发展，是我国发展绿色金融的重要目的，而绿色债券作为我国绿色金融发展中的重要金融产品之一，是当前企业在资本市场上进行绿色直接融资较为有效的金融工具。2019 年上半年，我国绿色债券的发行规模再创历史同期新高，合计发行 1432.91 亿元，债券品种也进一步得到创新。绿色债券的蓬勃发展为实现习近平总书记提出的“追求绿色发展繁荣”提供了重要的保障，让中国的绿色发展理念、绿色发展方式和绿色发展智慧为建设美丽中国提供了不竭动力，也为开创全球绿色发展新格局提供了重要牵引力。

在住房抵押贷款一章中，除了常规介绍如何计算月供等以外，我们还介绍以房养老的概念。从 2013 年开始，我国提出以房养老的政策和试点，但是根据我国的国情却很难广泛开展和推广，甚至出现了打着以房养老为幌子的骗局。老龄化社会以及养老是一个非常重要的民生问题，我国也给予其相当高的重视。在党的十九大报告中，习近平总书记强调把防范未来重大风险作为未来中国发展中的重大战略考量，其中，人口老龄化就是一个值得全党全社会长期予以密切关注并积极采取防范战略举措的重大风险之一。我们一方面可以让同学们讨论为什么在西方国家盛行的以房养老方案在我国却受到了阻碍，让同学们感受我国正步入老龄化社会所面临的困难和挑战。另一方面，人口老龄化也蕴含重大机遇和发展活力。党的十八大以来，习近平总书记指出要“努力挖掘人口老龄化给国家发展带来的活力和机遇”，适时提出“要着力发展老龄产业”“要培育老龄产业新的增长点，完善相关规划和扶持政策”等一系列重要指示，让同学们感受到中国老龄化问题所带来的机遇与挑战，以及中国未来可能会有的改变。

在衍生品一章中，除了常规介绍期货、期权和互换的概念、交易策略和定价外，我们补充介绍了长期资本管理公司（LTCM）的失败案例，告诉同学们防范金融风险的重要性。该公司成立于1994年，拥有一个明星合伙人团队，这11位创始合伙人中7位有博士学位，且5位是或曾经是金融学或经济学的教授。该团队既有金融诺贝尔获得者Merton和Scholes，也有明星交易员Meriwether。正是由于有明星阵容团队做保障，他们有能力将金融市场的历史资料、相关理论学术报告及市场信息有机地结合在一起，再通过计算机进行数据处理，形成一套较为完整的自动投资模型，所以深受投资者的信赖。从公司成立时开始，数学家们的交易模型产生令人吃惊的业绩，在其运营的前10个月，即1994年2月到12月，长期资本管理公司扣除了大量费用后，为其投资者创造了接近20%的收益，而当年股票市场只上涨了1.3%。第2年的收益为43%，1996年的收益接近41%，1997年的业绩仍有17%。为了获利，LTCM公司曾加大杠杆，最高比率达30倍。这良好的发展势头在1998年8月17日戛然而止，那天，俄罗斯宣布货币贬值以及停止偿付高盛6个月前为其发行的卢布标价的国债，俄罗斯黑天鹅事件引发了全球的金融动荡，由于长期资本管理公司对趋势和交易策略的判断错误，几乎所有的交易头寸都在亏钱，8月21日星期五，该基金巨额亏损了5.5亿美元，这是合伙人们预计的最坏情形亏损金额的5倍。亏损还在继续，8月该基金的净资产价值亏损了44%。在黑天鹅事件后，仅仅150天，该公司净值下降90%，出现了43亿美元巨额亏损，走到了破产边缘。

以史为鉴，这个著名的案例告诉我们，小到个人，中到企业和金融机构，大到国家，在金融市场中发展，金融风险控制都是永恒的主题。对待交易，人们一定要慎重，对模型的错误理解，肤浅的应用，不考虑它的局限性，过于简化的假设和限制条件都会导致风险已经完全被消除的幻觉。然而哪怕出错只是极小概率事件，一旦发生，而不及时调整策略，就有可能全面崩盘，甚至是面临灾难。

对于我国经济社会发展，维护金融安全一直是一件关系全局的战略性、根本性的大事。从2017年7月召开的全国金融工作会议到党的十九大，党中央多次强调要把防风险作为今后一个时期我国金融工作的重中之重。2017年底的中央经济工作会议更是将防范化解重大风险列为今后三年决胜全面建成小康社会的三大攻坚战之首，并明确提出“重点是防控金融风险”，把防控金融风险上升到治国理政和国家战略的高度。作为金融专业的学生，未来都是社会发展的中坚力量，更要以史为鉴，从已有的失败案例中吸取经验和教训，牢记防范金融风险的重要性，以后为推动我国金融业健康和稳健的发展贡献自己的力量。

参考文献

［1］十八大以来重要文献选编［M］. 北京：中央文献出版社，2014.

［2］习近平在全国高校思想政治工作会议上强调，把思想政治工作贯穿教育教学全过程，开创我国高等教育事业发展新局面［N］. 人民日报，2016-12-09.

［3］中共中央办公厅 国务院办公厅印发关于深化教育体制机制改革的意见［N］. 人民日报，2017-09-25.

［4］习近平. 用新时代中国特色社会主义思想铸魂育人 贯彻党的教育方针落实立德树人根本任务［N］. 人民日报，2019-03-19.

［5］黄蓉生，崔健，唐斌. 党的十八大以来思想政治理论课教学改革的实践探索与经验启示［J］. 中国大学教学，2018（8）：12-18.

［6］张艳红，张澍军. 思想政治理论课教学方法改革之反思［J］. 教学与研究，2018（5）：97-102.

［7］George G.Szpiro. 定价未来［M］. 王彩虹，译. 北京：机械工业出版社，2014.

金融危机背景下，财经院校推进“十大育人体系”工作模式研究

陈曦明　杨瑜婷[①]

2017年12月4日，为认真学习贯彻党的十九大精神，进一步把贯彻落实全国高校思想政治工作会议和《中共中央 国务院关于加强和改进新形势下高校思想政治工作的意见》精神引向深入，并大力提升高校思想政治工作质量，要建立全员全过程全方位育人新格局。中共教育部党组印发《高校思想政治工作质量提升工程实施纲要》(以下简称《实施纲要》)。高校为贯彻落实《实施纲要》中提出的要充分发挥课程、科研、实践、文化、网络、心理、管理、服务、资助、组织等方面协同联动育人功能，切实构建一体化的育人体系，着力破解高校思想政治工作不平衡不充分问题，切实构建高校思想政治工作“十大育人体系”，有效回答高校培养什么样的人、如何培养人以及为谁培养人等重大问题，促进高等教育发展方向同我国发展的现实目标和未来方向紧密结合。金融危机的系列课程（如金融风险管理课程中的“魔鬼交易员”案例）切实融合了课程、实践、网络、心理等现代教育要素，加强对未来金融从业人员的职业操守教育，弘扬正能量，育心与育德相结合，发挥高校党委领导核心作用、院（系）党组织政治核心作用，把思想政治教育工作落到实处，并且在学生未来工作中发挥作用。育人是应用型本科高校最本质的职能和最终目的，育人的状况如何是衡量此类高校价值的核心指标和核心竞争力。因此，长期以来我国高校都把育人放在学校工作的重要位置上，也为国家经济社会发展做出了高校应有的贡献。中国高等教育发展70年来，特别是近40年，高校不断强化和创新育人的方式，从过去的教书、管理、服务“三育人”，到教书、科研、实践、管理、服务、文化、组织“七育人”，再到课程、科研、实践、文化、网络、心理、管理、服务、资助、组织“十育人”，育人的目标更加明确、形式更加多样、体系也更加健全。

---

① 陈曦明，上海立信会计金融学院金融工程系讲师。
杨瑜婷，上海立信会计金融学院教务处教职工。

一、“十大育人体系”与课程设计

（一）“十大育人体系”提升课程育人的时效性

笔者根据自身一线教学经验，尝试将“十大育人体系”建设落到实处，金融危机案例教学与课程设计、实践、金融行业从业人员职业道德教育相结合。在“互联网+”时代，大学生的独立意识和自我意识日益增强，传统“我讲你听”的“填鸭式”教育方法不利于学生对知识的吸收与理解。本文基于笔者之前的思政课程“魔鬼交易员”系列：18个由“魔鬼”交易员导致的金融危机事件，集图像、文字于一体，课后补充电影教学，创新、丰富了课程思政的教学方式。

（二）“金融危机案例+课程思政”模式建设重点

1. 价值引领

深入推动习近平新时代中国特色社会主义思想进教材、进课堂、进头脑，实施高校课程体系和教育教学创新计划，建立哲学社会科学专业核心课程教材目录，建立国家优秀教材评选奖励制度，制定高校课堂教学管理指导意见，培育学科育人示范课程。随着中国金融市场发展程度的加深，金融危机相关案例的“主人公”不再限于发达金融市场的从业人员，金融危机的发生频率和影响程度均增加，并向发展中国家市场转移。统筹推进课程育人、大力推动以“课程思政”为目标的课堂教学改革，优化课程设置，修订专业教材，完善金融风险与金融工程系列课程教学设计，加强教学管理，梳理专业课程所蕴含的思想政治教育元素和所承载的思想政治教育功能，融入课堂教学各环节，实现思想政治教育与知识体系教育的有机统一。

2. 注重隐性教育内容进课堂

由“思政课程”向“课程思政”观念和理念转变，借用案例的“隐性教育”功能，挖掘高校的课程育人功能，将思政教育浸入课程。“课程育人”在“纲要”中首次提到，并取代了过去常提的教书育人，把育人由过去的主体对象性活动扩展到育人载体层面，更加严密完整，课程也应体现思想政治教育的价值与功能。教师要充分梳理和挖掘专业课程所蕴含的思想政治教育元素和所承载的思想政治教育功能，把思想政治教育融于课堂教育各环节，实现思想政治教育与知识体系教育的有机统一、思政课程与课程思政的无缝对接，建立健全课程育人体系，使每门课程都有效承担起育人的责任和使命。

3.“金融危机案例 + 课程思政”模式构建的“十大育人体系”核心要素

挖掘育人要素，完善育人机制，优化评价激励，强化实施保障，切实构建“十大育人体系”。目前，上海立信会计金融学院各专业课教师都开展了“课程思政”教学设计。本课程系列案例着眼于金融从业人员的违规操作所导致的金融机构重大损失甚至公司倒闭和多米诺骨牌式金融危机，使学生对金融工作职业道德规范和社会主义价值观有充分的理解，从而落实“立德树人”高水平应用型本科教育的宗旨。

二、财经高校“十大育人体系”面临的挑战

首先，金融危机的严重性与常态化，金融危机常态化及单一“交易员”的道德瑕疵或操作失误会造成巨大损失，金融危机、遭遇周期已经成为新常态。

其次，在“十大育人体系”工作模式下，借助真实发生的金融危机案例，对财经专业学生的传统思政教育提出挑战，传统的思政教学面临教学资源、形式与考核手段等方面的调整。

最后，金融危机背景下，如何实现财经院校思政课程在“十大育人体系”工作模式下的课程思政改革，有针对性的思政教育是“十大育人体系”工作模式的一次有效尝试，并且可推广至其他应用型本科财经院校教学。

三、在哪些问题上将有所突破

研究领域的创新。随着信息技术的发展，“90”后和“00”后大学生接收的信息过载，但是大学生心智并未完全成熟，无从选择与判断，面对纷繁复杂的外在世界，大学生需要适应时代变迁带来的变革与冲击。

研究视角的创新。金融危机（“魔鬼交易员”案例）的系列课程，理论联系实际，是“十大育人体系”工作模式的一次有效尝试，涉及教学资源、学生学习方式等的改革，该教学模式适宜复制和推广。

四、“十大育人体系”对我校思想政治工作的启示

首先，我校作为财经院校，基于金融危机的思政课程具有重要意义，由于高中教育与社会的实际运行情况稍有脱节，通过初步的问卷调查发现，较少本科生（21%，来自 220 名在校本科生的数据）在高考选择学校时，能做到完全自主并且热爱金融行业。通过实际案例的学习，可以让大学生更加了解金融行

业和金融风险，激发同学们的学习兴趣。

其次，应用型财经类本科教育由于学分限制，缺乏法律方面的教育，而象牙塔式的大学生活，又营造了过于单纯的环境，造成大学生“法盲”现象。虽然对于财经类本科生的教育是培养应用型金融人才而非法律人才，但是与职业相关的法律和与生活息息相关的法律还是需要了解的。职业道德和职业规范已经被纳入证券从业资格考试大纲，虽然目前考试中尚未纳入案例考核，但是金融危机的案例学习对同学们加深法律相关知识的学习有重要意义。

最后，作为应用型本科，我校重点加强和改进思政教育，进一步加深对思想政治工作重要性、必要性的理解；要努力健全完善“三全育人”体系，务实推进思想政治工作，不断提升人才培养质量，培养社会主义的合格建设者和可靠接班人。

五、结论与展望

习近平总书记在全国高校思想政治工作会议上指出，要坚持把立德树人作为中心环节，将思想政治工作贯穿教育教学全过程，实现全员育人、全过程育人、全方位育人，努力开创我国高等教育事业发展新局面。党的十九大以来，聚焦实现全员全过程全方位育人，教育部启动“三全育人”综合改革试点，上海教育系统深化“三全育人”，上海立信会计金融学院把握立德树人根本任务，后续将继续思政理论的梳理，并在教学改革之后，对学生进行个别访谈、问卷调查及案例分析对比研究，做好金融危机、金融风险案例的引入与思政教育成果评估“十大育人体系”工作模式。

参考文献

[1] 中共中央文献研究室．习近平关于社会主义政治建设论述摘编［M］．北京：中央文献出版社，2017.

[2] 张正光．构建高校思想政治工作“十大”育人体系的有效路径［J］．高校辅导员学刊，2018（4）：1-4.

[3] 郑乐，姜良杰．基于辅导员慕课的“十大”育人体系建设路径研究［J］．改革与开放，2018（10）：58.

应用型本科高校推进课程思政建设的路径研究

李　威　姜雅净[①]

2016 年 10 月，习近平总书记在北京举行的全国高校思想政治工作会议上指出："要坚持把立德树人作为中心环节，把思想政治工作贯穿教育教学全过程，实现全程育人、全方位育人，努力开创我国高等教育事业发展新局面。要用好课堂教学这个主渠道，各类课程都要与思想政治理论课同向同行，形成协同效应。"这一重要论述为高校思想政治工作指明了方向，促进高校思想政治工作构建"大思政"格局，以及"思政课程"向"课程思政"转变。2019 年 3 月，习近平总书记在北京主持召开学校思想政治理论课教师座谈会发表重要讲话时强调："推动思想政治理论课改革创新，要不断增强思政课的思想性、理论性和亲和力、针对性。"进一步强调了课程思政建设的重要性。近些年来，伴随会议精神的落实，全国各地高校探索发掘专业课与思想政治教育资源相结合的路径，"课程思政"建设取得了一定的成绩。

一、应用型本科高校开展"课程思政"建设的必要性

习近平总书记在北京主持召开学校思想政治理论课教师座谈会发表重要讲话时强调："新时代贯彻党的教育方针，要坚持马克思主义指导地位，贯彻新时代中国特色社会主义思想，坚持社会主义办学方向，落实立德树人的根本任务，坚持教育为人民服务、为中国共产党治国理政服务、为巩固和发展中国特色社会主义制度服务、为改革开放和社会主义现代化建设服务，扎根中国大地办教育，同生产劳动和社会实践相结合，加快推进教育现代化、建设教育强国、办好人民满意的教育，努力培养担当民族复兴大任的时代新人，培养德智体美劳全面发展的社会主义建设者和接班人。"

过去，有部分高校存在一个误区，认为思想政治教育工作应当由思想政治课程来承担，专业知识技能的教育工作由专业课程来承担，由此可能导致思想

① 李威，男，金融学博士，上海立信会计金融学院讲师。
姜雅净，女，副教授，上海立信会计金融学院金融学院党委书记。

政治课程、专业课程、通识课程之间相对割裂，影响了高等教育的育人成果。在新时代的新要求中，认识到思想政治课程在青少年的健康成长中起到了树立精神信仰的作用，促进他们看清到时代的发展方向，自觉养成受法律、道德约束的生活方式，在意识形态正确的前提下认真学习专业课程和通识课程。专业课、通识课教师应当适应时代发展的需要，充分认识到实施“课程思政”教学改革的必要性，将思想政治教育资源隐性融入到课程中，覆盖到教学计划、课堂教学、演讲报告、实验实训的各个环节中，将思想政治工作贯穿于大学生成才的整个过程，形成“课程思政”有效运行的良性机制。应用型本科高校培养的人才多数直接踏入各类工作岗位，思想道德素质是否过硬直接影响到社会主义建设，因此，将思想政治教育与专业课知识相融合的“思政课程”建设显得尤为必要和迫切。

二、“课程思政”建设的现实意义

（一）课程思政是对加强高校思想政治工作要求的回应

习总书记强调：“办好思想政治理论课，最根本的是要全面贯彻党的教育方针，解决好培养什么人、怎样培养人、为谁培养人这个根本问题。”课程思政丰富和整合了社会主义大学中的专业课、通识课、思想政治课的体系建设，有助于提升高校思想政治建设水平以及思政教育与专业教育的融合，更好地贯彻落实高校教书育人、立德树人的主体责任，推动完成全员、全过程、全方位育人的要求，培养德才兼备、全面发展的人才，确保高校为建设中国特色社会主义伟大事业输送人才。

（二）课程思政有利于实现个人价值和促进社会进步

目前中华民族处于伟大复兴的关键时期，国际环境错综复杂，社会思潮多元化且观念交锋，网络舆情和非主流思想对大学生的人生观、世界观、价值观带来了较大冲击。课程思政是思想政治课程创新的依据和实践，也是对思想政治课程的有力补充，可以对正处于青年期的高校大学生感到困惑和迷茫的问题做出科学指引。专业课教师可以根据课程实际情况，在课堂教学输出专业知识的同时，加强大学生的核心价值观培养。让学生树立文化自信、家国情怀和良好的道德品质。时代社会的发展与个人的发展息息相关，学生正确理解个人发展与社会进步的关系之后，更容易在日后的社会工作中找到适合自己的位置，为社会主义事业的发展做出贡献，同时促进社会的进步。

（三）课程思政促进自然科学与社会科学的融合交流

教书育人的目标具有整体性，自然科学和社会科学中的各个学科之间在一定条件下可以实现观念互启、学科互构、精神互融，达成规律性与和谐性的共鸣。课程思政可以充分挖掘不同学科蕴藏的独特的思想政治教育资源，将思想政治教育融入教育教学实践的全过程，建立良性可持续的共生互通机制，培养符合中国特色社会主义人生观、社会观、价值观的人才。

三、"课程思政"实践的目标

（一）实现思政与课程的融合，构建全方位育人环境

将专业知识的显性教育与思政知识的隐性教育有机结合，在传授专业知识时强调思想引领，在传授思想时包含知识内涵，实现从思政课程到课程思政的教育模式升级。当前思想政治课程作为高校意识形态工作的主要方式，必须伴随新时代发展在创新中不断提高，切实起到引领教书育人和学科建设的作用。

（二）丰富专业学科教学体系建设

课程思政通过融合思政教育与专业课程知识，可以丰富教学方法，完善专业课教学体系，提升专业任课教师教学能力。专业课教师在教学大纲、课堂教学、实验实习等环节加强课程思政建设，有助于设定合理的教学目标，提高个人政治素养，改善教学效果。

（三）构建大学生正确的价值观体系

个人的发展与时代的发展息息相关，大学生对于时代的客观认知和理解对树立正确的人生目标，往正确的方向努力，在人生路上少走弯路，成为合格的社会主义接班人至关重要。课程思政让学生在学习专业课的同时，树立了正确的价值观体系，具有良好的身体素质、综合知识技能和健全的人格品质等。

四、"课程思政"建设路径探索

近年来，全国各地高校在"课程思政"建设方面进行了较多的研究，也取得了较好的研究成果。研究大多集中在"课程思政"改革方面，关于具体实践方面还有进一步的探讨空间。我校在"课程思政"建设过程中，立足应用型本科高校的实际，充分发挥课堂主渠道作用，不断深化"课程思政"教育教学改革，推动思政课与课程思政同向同行，切实将思想价值引领贯穿教育教学全过

程，取得了一定实效，经验总结为以下六个方面。

（一）深化思想认识

通过召开教学工作会议、教职工大会、工作推进会、研讨会及外出调研、专栏报道等形式广泛宣传。开展集体备课、集体研讨、领导听思政课等活动，将“课程思政”的价值取向定义为培养社会主义建设者和接班人，形成“课程门门有德育，教师人人讲育人”的共识。积极挖掘转化专业课育人资源，让所有课堂都发挥好立德树人的育人功能，让每位教师都“守好一段渠、种好责任田”，积极推动思政课程向课程思政转变，全力打造“大思政”教学育人体系。

（二）强化顶层设计

成立党政领导共同担任组长的课程思政工作组，学工部门、专业各系等多部门主要领导担任成员，各系成立党政一把手为组长的课程思政建设工作小组，保障改革的有效开展。制定《金融学院关于加强和改进新形势下思想政治工作的实施办法》，从设立工作机构、教改专项、政策支持、专家指导等方面进行总体谋划与顶层设计，系统推进课程思政教学改革。

（三）细化责任落实

始终牢牢把握住“课程思政”教育教学改革的主动权和方法，党委常委会研究部署全院课程思政实施工作。实施以点带面分步推进“课程思政”教育教学改革试点，明确落实各系党委主体责任，将各系推进课程思政教育教学改革成效纳入年度教学考评和党建工作考评，书记院长带头主讲思想教育课程。学院、教研室利用周三下午政治理论学习探讨“思政元素融入专业课”“思政元素融入专业培养方案”的课程设计、教学案例。举办各系课程思政大练兵讲课竞赛活动，营造浓厚的思政育人氛围。

（四）优化课程建设

一是要求各门课程教师积极参与“课程思政”教学改革，认真梳理学科、专业及课程所蕴含的思想政治教育元素和德育素材等，开展教学研究，做好教学设计，形成明确的教学主题内容。二是各系组织“课程思政”教学研讨、备课活动，共同研讨“课程思政”教学设计，探索课程教学与思政教育的有机融合。三是教学名师积极带头，率先开展“课程思政”教学改革。四是每个专业认定“课程思政”示范课堂，引领带动“课程思政”教学改革，逐步形成全员育人格局。五是组织开展“课程思政”教学改革专题培训。

（五）强化技能培训

成立课程思政培训团队，研发课程思政培训专题，针对新进教师、专业课教师分类制订并实施培训方案。将课程思政引入新进教师岗前培训内容的同时，坚持深入开展课程思政培训。积极探索课程思政教学改革经验，抓好示范课程教学，形成可复制、可推广、具有特色的“课程思政”品牌。开展课程思政建设质量评价，把教师参与课程思政教学改革情况和课程思政效果作为教师考核评价、岗位聘用、评优奖励、选拔培训、职称晋升的重要依据，将课程思政纳入教师职业发展的内化要求。

（六）硬化制度保障

研制、修订相关制度文件，将课程思政示范课程建设提升到教改项目、教学成果等高度，作为教师职称晋升的参考条件。开展“课程思政”竞赛练兵活动，将活动中认定的示范课纳入院级“课程思政”示范课程项目予以重点建设。修订教学大纲，认真梳理学科、专业及每门课程所蕴含的思想政治教育元素和德育素材，融入教学各个环节。

参考文献

［1］习近平．在全国高校思想政治工作会议上的讲话［N］．光明日报，2016-12-09（01）．

［2］习近平谈治国理政［M］．北京：外文出版社，2014.

［3］习近平谈治国理政（第 2 卷）［M］．北京：外文出版社，2017.

［4］习近平主持召开学校思想政治理论课教师座谈会［EB/OL］.http：//news.cctv.com/2019/03/18/ARTIQfuAgYriqdIP8wfUszCe190318.shtml ？ spm=C94212.PV1fmvPpJkJY.S71844.135，2019-03-18.

［5］肖香龙，朱珠．“大思政”格局下课程思政的探索与实践［J］．思想理论教育导刊，2018，238（10）：149-151.

［6］王婕．应用本科院校思政课教师队伍建设策略［J］．农村经济与科技，2016，27（4）：150.

［7］于慧，丛艳丽，孙丽丽．新媒体时代高校思想政治教育创新研究——完善发展高校思政教育的“四个课堂”［J］．学理论，2015（10）：219-220.

［8］高锡文．基于协同育人的高校课程思政工作模式研究——以上海高校改革实践为例［J］．学校党建与思想教育，2017（24）：16-18.

［9］江颉，罗显克 . 新时代高校“课程思政”建设的路径探究［J］. 中国职业技术教育，2018，684（32）：85–88.

［10］成桂英 . 推动“课程思政”教学改革的三个着力点［J］. 思想理论教育导刊，2018，237（9）：69–72.

［11］毕玉江 . 财经类高校专业课程推行课程思政的对策建议［J］. 大学教育，2019（9）：131–133.

［12］李焦明 . 如何实施“课程思政”［N］. 中国科学报，2019–09–04（004）.

［13］唐伟元 . 依托“互联网 + 课程思政”模式创新高校思政教育工作实施路径分析［J］. 佳木斯职业学院学报，2019（9）：21–22.

［14］耿彦新 . 关于构建高校思政课教学共同体的探讨［J］. 吉林工商学院学报，2019，35（4）：116–118.

［15］赵偲雨 . 新时代高校思政课教学改革策略研究［J］. 科技风，2019（24）：60.

“银行信贷管理”针对思想政治教育的创新和实现途径

刘 松 张 红 朱 滢[①]

大学生思想政治教育是一项系统、复杂的工程，需要调动各方面的力量共同参与。肩负教书育人重要职能的专业课教师，应结合专业知识特点发掘整合教育资源，积极参与大学生思想政治教育工作，这样才能形成全员育人的强大合力，增强大学生思想政治教育的效果。习近平总书记在全国高校思想政治工作会议上提出了将思想政治工作贯穿教育教学全过程的要求，银行信贷管理作为高校培养信用管理人才的重要课程，在通过专业知识加强课程思政教育方面有很大的拓展空间。

一、经济高速增长时期高校思想政治教育面临的挑战

改革开放30年我国经济取得了巨大增长，然而有学者指出，经济快速增长的国家其社会动荡的可能性比衰退国家更高。[②]在我国对外开放和经济全球化等复杂的时代背景下，道德缺失、贪污腐败、享乐主义、金钱至上、读书无用等负面思想蔓延，诚信、社会责任、奋斗精神、团结互助等品质有所淡化。很多亟待解决的社会问题、各种价值观和文化思潮通过网络等渠道强烈地冲击着大学生们，他们正处于世界观、人生观和价值观的形成期，对新奇事物有强烈的好奇心，同时又缺乏明确的思想政治立场和成熟的良莠鉴别判断力。混乱的思想容易产生失望、愤怒的情绪进而导致错误的行为，如果被不良势力所利用，将会影响个人发展甚至危害社会稳定。因此，加强对大学生的思想引导，帮助他们树立正确的世界观和人生观，形成成熟稳定的人格，对于大学生个人和国

---

① 刘松，管理学博士，上海立信会计金融学院讲师，美国特拉华州立大学访问学者。主要研究方向企业信用管理，发表论文多篇，参编教材2部。
张红，经济学博士，上海立信会计金融学院副教授。主要从事信用管理方面的教学和研究。近年来重点关注信用规模、储蓄率和货币政策等主题。已在国内外公开及核心刊物发表论文近20篇，主编教材2部。主持国家社会科学基金课题一项。
朱滢，上海立信会计金融学院2016级信用管理一班学生。

② 张宇燕．经济增长与社会动荡的“托克维尔效应［N］．上海证券报，2006-05-16.

家来说都是非常重要的。

目前，国内高校迫于就业率压力，不得不将有限资源向专业学科倾斜，使人文基础学科建设相对落后，很多学校专职思政人员配备不足，经费也非常有限，思想理论教育重担落在辅导员以及思想理论课程上。而且大班授课、课时不多的思想政治理论课的教学内容集中在理论、政策解释和宣传方面，无法顾及需长期德行教化的人格培养、德育教育等实践性内容。另外，大部分专业课和思政教育在教学和考核安排上没有交集，一些专业教师认为课堂是传授知识的场所，应该保持“价值中立”，不应涉及思想道德、价值观。而且，如何保证专业教师在思想政治理论方面也能专业呢？专业课程与思想政治教育应该在哪些方面进行结合？怎样理解和体现思想政治教育在经济学科中的地位？这是将来研究的方向，银行信贷管理课程可以从我国信贷管理发展演进历程出发结合科学发展观、信贷管理过程的操作规范、贷款审批发放对信用和道德的考量和监督等方面做出有益的尝试。

二、银行信贷管理课程与思想政治教育结合的必要性和可行性分析

（一）经济相关专业教学融入思政内容的必要性

西方的价值观和道德观最早都是通过经济渠道渗入中国的，哈佛大学中国史专家费正清曾说过，“美国的纺织机是和美国的哲学一起进来的”，这种进入是不易察觉、不知不觉的。[①]在信息爆炸的时代，面对思想文化的冲击，逃避和退让是没有出路的，只有通过研究思想渗透的载体——经济和金融现象，才有更多机会揭示商业行为背后的政治目的。

改革开放以来，国内经济学类专业教学对国外的概念和经验过于倚重，成为西方经济学理论和概念的“实验室”和“练兵场”。但是如果不加分析地用西方主流经济理论来随意“裁剪”中国丰富的实践素材，[②]脱离和轻视社会主义发展观来研究分析经济现象和规律，就意味着资产阶级思想体系的加强，这是十分危险的。所以，我们在科学研究中，必须运用马克思主义立场、观点、方法辨明各学科研究方向、掌握科学思维，将中国特色社会主义的理念、精神和信仰烙进专业知识，引导学生做出正确的判断。

---

① 罗国杰，夏伟东，关健英，等．德治新论［M］．北京：研究出版社，2002.

② 周文．习近平新时代中国特色社会主义经济思想的显著特征与理论突破［J］．紫光阁，2018（3）．

（二）银行信贷管理课程推动思想政治教育的可行性分析

立足于思想政治教育的银行信贷管理课程改革，可行性到底有多少？我们可以通过对课程现有资源和条件的分析，以不断创造条件、克服困难的方式逐步实现预期目标。

1. 银行信贷管理课程发展成熟，适合进一步扩展

我校银行信贷管理课程开立于 2014 年，是校级重点发展课程。时值上海立信会计金融学院与中国农业银行上海市分行签订战略合作协议，共建浦江学院浦江班，以“订单式”人才培养为特点，农行上海分行为课程建设提供了师资、素材和资料。经过几年发展，课程已有完整成熟的教学模式，课程资料丰富，师资力量强大，实训单位完备，适合进一步扩展增加思想政治教育内容，形成协同效应。

2. 银行信贷管理课程是大学生思想政治教育较好的载体

从内容上看，大部分信贷管理理论和实务都能体现政治、思想和道德方面的要求。如普惠金融信贷哲学、助学贷款政策支持与全社会弘扬友善互助的社会主义核心价值观一致；央行的宏观信贷政策从过去的行政干预逐步向市场化的指导性调控，是社会主义市场经济改革和社会主义科学发展观的最好注解；针对消费信贷和房地产信贷的政策和措施可以从习总书记的人本经济思想进行分析。企业和个人信用评估对诚信、职业发展、社会责任的依仗，挪用贷款用途导致信贷风险等现象是进行道德和价值观教育的良好素材。可以预见，和信贷管理知识结合的思想政治教育将不再是空洞、刻板的，它与金融实践密切相关，是有温度和有情感的。

3. 教师团队支持

英国著名课程学者斯滕豪斯认为“教师即课程研究者”。[①] 教师是课程实施的主体，他们的素质决定了课程改革能否深入。我校银行信贷管理课程的教师都是博士，是学习型加学者型的教师团队，他们具有不断学习、研究、反思的能力。此外，课程教师们大部分都是共产党员，他们定期学习党的思想和方针政策，能够很好地将专业知识和思想政治教育相融合。专业课程教师和学生接触时间较长，有条件通过以身作则、潜移默化地进行德育教导。

---

① 陈庆文 . 普通高等教育“十三五”师范类应用型人才培养实训规划丛书教学研究能力实训教程［M］. 成都：西南交通大学出版社，2015.

三、银行信贷管理课程针对思想政治教育的改革思路

银行信贷管理课程将从以下方面挖掘课程的思政元素，改善专业课程重智育、轻德育的现状。

（一）调整教学理念，激发学生创新能力

信贷是商业银行本源业务之一，也是关系银行生存的主要利润来源。从我国商业银行发展来看，监管机构对信贷的重视从来没有放松过。人民银行、银监会发布了一系列指导和监管贷款业务的规章、制度和法律。商业银行本身也会制定详细的各类信贷业务手册、制度和指引用于指导和管理具体业务。根据教学大纲的要求，教师需通过有限的课堂学时讲解信贷制度和传授贷款基础知识，要求学生掌握主要的概念、流程和制度。但是，这类知识、概念和流程如果没有实际操作经验将是十分枯燥和较难记忆的。知识只有转化为能力技能才能改变生活和命运，而创新是最主要的转化途径。比如鼓励学生参与贷款案例，挖掘贷款问题后面隐藏着的人文因素。

我们的每一类信贷业务，从其发展历程看，都能找到其外国原型，但每种业务在我国经济环境下都有其特殊的、长时间的演变，借款人、贷款人和监管者不断上演着规避制度、发现问题、制度弥补的角力。在教学大纲侧重于知识讲授和流程了解的时候，教材内容不能反映现实中贷款业务的政治、思想背景的时候，教师并不能墨守成规，应以学生现实需要为出发点，在教学实践中不断探索创新途径。

有时候，教授的内容和课本内容不完全一致，学生会无所适从，甚至会有所抵触。这种现象在我国大学中非常普遍，因为我国传统教育体制培养了大批的应试教育精英，他们善于通过复习课本获得考试高分。当学生思想波动，不愿意配合的时候，应立即从德育培养视角出发分析原因，进行坚持、创新、努力、独立等价值观的教导和解释。达到培养学生自主学习的能力，激发学生对思想政治理论的学习热情，引导学生关注社会现实，思考社会问题，提高思想政治理论素质。

（二）丰富教学内容，寻找学生关心的现实问题作为思政教育的契入点

为了丰富教学内容，须紧扣大学生身心特点，从改革开放和社会主义现代化建设的实际出发，积极寻找理论知识和学生关心的现实问题的契合点，调动

学生的学习积极性。

银行信贷管理中有个重要理论叫信息不对称理论，它是贷款风险的主要因素，以前讲述的时候都是用信息不对称理论解释贷款风险产生的内外部原因。殊不知，在这里都有思想品德的内涵在其中。如银行内部员工合谋骗取贷款导致的贷款风险，这个内部操作风险在 20 世纪 90 年代非常常见。在教学上，我们不但可以向学生讲解风险类型，总结防范措施，关键还要向他们讲述对这些内部合谋人员的处罚，并从道德的角度来分析，从而告诫学生，任何时候都不能心存侥幸、见利忘义。还有在讲述消费信贷管理的部分，教学重点是个人信用分析的模型、各类个人消费贷款介绍，教师应该结合社会主义经济发展过程分析普惠金融政策、小微信贷政策对个人和弱势群体发展的重视。教师不断学习国家的大政方针，了解时事热点新闻，及时更新政治和专业理论知识，在教材的知识结构内填充最新、最具现实意义的论证资料。课后作业内容也可将金融时代特征与“三观”教育紧密结合，开展如小论文竞赛等活动。

另外，教师应该利用教学实践活动，依靠专业资源，为学生创造出别开生面的思想政治教育场景。例如，参观模拟银行实验室时，教师可综合考量思想政治理论，从仪表仪态、待人接物方面介绍如何提前准备，用自己稳定成熟的道德和人格魅力取信于客户。因为对于金融服务业的商业银行来说，员工服务是其核心竞争力，服务虽然可以训练，但是从本身的人格培养角度来说，成型的人格是稳定成熟的，这样的服务质量才是长久和优质的。

（三）走下讲台，做学生的朋友，尝试新的教学方法

教学方法是教师与学生沟通的桥梁，银行信贷管理课程有什么样的教学方法？邱正福（2014）对学生进行的问卷调查中发现，“在思想政治理论课教学活动中，哪些要素能激发你的学习兴趣？（多选）”，位列第一的是“学生有较多机会参与教学（88.7%）”，其后依次是“理论紧密联系实际”“老师恰如其分的教学组织方法”“老师生动有趣的语言艺术”“多媒体等丰富的教学手段与形式”。[①]可见，学生认知、情感、技能的协同不可能仅仅通过一种教学方法获得，需要对启发式、参与式、互动式、案例式、研究式等教学方法[②]进行有效整合，使其彼此相关或互补优化。

---

① 邱正福 . 高校思想政治理论课教学创新研究［M］. 济南：山东大学出版社，2014.

② 这几种教学方法是 2005 年中共中央宣传部、教育部《关于进一步加强和改进高等学校思想政治理论课的意见》所倡导的方法。

教师有必要将传统的讲员角色转变为朋友角色，首先要做的是走下讲台了解学生的社会背景、家庭情况、兴趣爱好、职业规划、心理变化、发展特点等，并成为学生的朋友。与个性差异大的学生一起交流、活动和学习，可以培养民主的氛围。鼓励学生发表意见，可以让学生感受到教师平易近人的品德魅力。这种个别化指导使学生在有问题和想法时，便于与教师沟通，思想政治教育才能得到落实。

目前，很多课程的教学开始借助于互联网络平台来进行，这与传统的在校面对面教学非常不一样。以 MOOC（慕课）、Coursera 为例，是很容易获得的在线课程，教学质量高、价格低廉。如果线下课程不对课程设置和自身的教学风格做出相应的调整和改变，我们的教学很有可能无法吸引思想活跃的学生，无法发挥有效的思想政治功能。因此，从教学改革的操作层面来看，为提升教学质量，课程可以考虑开放教学资源，打开评论区，欢迎所有人提出建议和意见。

四、专业教师参与大学生思想政治教育的有效路径

（一）优化制度和资源配置，鼓励教师多种渠道关注大学生

专业教育和思想教育结合无疑给高校教师提出了更高的要求，但是高校教师教学和科研任务繁重，没有太多精力承担专业和思政过多的校内校外教学实践活动。学校教学和教改部门根据工作给予相应奖励之外，也应对教师的思想政治教育任务做出制度规范，特别是对课内思政工作量的认定。

（二）加强教师思政培训，提升教学团队的整体素质

如前所述，专业教师在思政教育方面并不一定专业，高校应该加强教师思政培训，加强党员教师的理论修养，增强政治敏感力，培养高尚的道德情操。党员教师首先要有坚定的共产主义理想和社会主义信念，要在行动上自觉与党和政府保持一致，才能通过非权力影响引领帮助学生明辨是非，树立正确的人生目标和政治立场。

（三）创建良好、宽松的育人和学习环境，允许不同观点的交流和讨论

高校应强调宣扬人与人之间的互相尊重、互相理解、互相帮助，形成人与人和谐相处的氛围。另外，为师生创造优美、温馨、和谐的学习、工作、生活环境，利用社团、刊物等媒体为师生提供发表专业和思想政治见解的平台，激发师生的协作发展。

参考文献

［1］胡飒．新时期思想政治教育基本经验论［M］．北京：知识产权出版社，2012.

［2］周文．习近平新时代中国特色社会主义经济思想的显著特征与理论突破［J］．紫光阁，2018（3）：23–24.

［3］邱正福．高校思想政治理论课教学创新研究［M］．济南：山东大学出版社，2014.

［4］赵斌．国外教学新方法的创新路径［M］．咸阳：西北农林科技大学出版社，2015.

［5］湖北省高校思想政治教育研究会组．在创新中前进——湖北省高校青年德育工作论文集第2辑［M］．武汉：中国地质大学出版社有限责任公司，2014.

［6］关海霞．高校思想政治教育理论与实践［M］．哈尔滨：哈尔滨地图出版社，2008.

［7］梅茹．大数据时代大学生思想政治教育工作的优化研究［M］．北京：中国纺织出版社，2019.

文化自信融合“信用卡业务管理”课程思政建设的路径研究

周珊珊　黄　燕　丁玮姗[①]

一、导言

自习近平总书记在全国高校思想政治工作会议上指出“用好课堂教学这个主渠道，其他各门课都要守好一段渠、种好责任田，使各类课程与思想政治理论课同向同行，形成协同效应”，我国高校都逐步把思政全程、全员、全方位地融合到各门课程的教育教学中。

而信用卡业务管理作为我国信用管理专业选修课，具有专业性强、实务操作性高、与实践紧密联系的特征，是一门应用性、实用性很强的专业课。其教学目的就是通过学习信用卡业务管理的基础理论知识，从根本上掌握信用卡营销和风险管理的方法和基本流程。信用卡业务管理起源于西方，所以我国信用卡业务的开展时间远远晚于欧美发达国家。但由于信用卡有助于提升客户黏性，各金融机构也都不断加大信用卡业务的发展。经过近 20 年的发展，特别是近几年的迅速发展，我国商业银行信用卡业务已经逐步发展成熟，特别是银联卡的发展取得了很大的突破。

信用卡业务管理是一门新兴课程，全国各财经院校对其教学模式，特别是思政建设都处于摸索和研究阶段。信用卡业务管理作为一门金融类偏业务的课程，在课程的讲授上可以逐步融合我国社会主义建设的主流文化，提升学生的社会主义文化自信。

---

① 周珊珊，经济学博士，上海立信会计金融学院讲师，美国哥伦比亚大学访问学者。主要从事创新经济和信用管理方面的教学和研究。已在国内外公开及核心刊物发表论文近 20 篇，副主编教材 1 部，合著 1 本，参编多部。
黄燕，经济学博士，美国陶森大学访问学者，现为上海立信会计金融学院讲师。主要研究领域为宏观金融、信用管理。近年来在国内外期刊公开发表论文 10 余篇，参编《国际金融学》《银行监管学》《商业银行信贷管理》等教材。
丁玮姗，本科生，上海立信会计金融学院学生。

二、探索文化自信与信用卡业务管理课程的融合点

文化自信是人民对于自己国家的文化有着坚定信心，是对自身文化价值的肯定。文化自信的发展与一个民族建设发展成正比，我国有悠久的文化历史和丰厚的文化遗产，这是我国文化自信的依赖（邓楠，2019）。把文化自信理念有机融入高校各项课程的思政教育中，是高校思政教育紧跟时代的一个重要方面，推进文化自信理念深入大学生的价值观，促进我国文化强国战略的实现。强大的文化自信关键在于文化建设中吸收外来精髓，去除其中糟粕，形成中国特色的社会主义文化自信。而我国信用卡业务的发展也是在吸收西方的发展经验逐步探索，在我国经历了从无到有，到大力发展，到逐步"走出去"全球化的过程，对这一过程的总结和分析，有助于提升我国青年人才的文化自信。文化自信与信用卡业务课程建设的融合点可以从以下方面展开：

（一）文化自信与银联业务的"走出去"

自 2002 年 3 月中国银联成立以来，中国银联迅速发展。从 2013 年 1 月 1 日起，中国银联卡可以在缅甸合作社银行的 ATM 机上取款，开始了银联真正意义上的国际化。2014 年 10 月，银联国际与苏里南银行宣布发行苏里南首张银联卡，从此银联走向拉美地区。《中国银行卡产业发展报告（2019）》显示，2018 年银联交易金额占全球银行卡清算市场份额第一，银联卡全球发行累计超过 75.9 亿张，银联卡全球受理网络已延伸到 174 个国家和地区。分析银联卡产业迅速发展背后的中华文化，可以让学生结合当下的实际来更好地理解中华文化。当代大学生是我国未来发展的希望，是民族和国家的未来，是实现中华民族伟大复兴中国梦的中坚力量。教育当代大学生分析中国迅速发展背后的文化精髓，对理解中华文化具有十分重要的意义。而结合我国金融产业"走出去"和银联业务"走出去"的案例分析，有助于当代大学生对中华文化的理解并树立文化自信。

（二）信用卡风险的防范与文化自信

虽然我国的信用卡业务在近 20 年才迅速发展，但是我国也在借鉴国际经验和结合本国实际的基础上迅速建立和调整了相关监管措施，在信用卡迅速发展的同时，在信用卡风险防范上也取得了不错的成绩，特别是在第三方支付方面。中国支付清算协会颁布了《中国支付清算协会自律监督检查办法（试行）的通

知》与《支付机构互联网支付业务风险防范指引》等文件，使第三方支付行业在加强自律等方面发挥了巨大的作用。教育当代大学生了解我国信用卡发展的超高速背后，各级政府在我国金融风险的防范、金融稳定的维护方面做出了不懈努力，也有助于加强我国大学生对社会主义新时代发展背后的中华文化的理解，树立当代大学生的文化自信。

三、文化自信融入信用卡业务管理课程的教学过程

（一）通过对信用卡业务管理课程思政教学大纲的调整融合文化自信

在信用卡业务管理课程中融入文化自信，首先要根据课程的特征，紧密结合社会主义新时代的发展要求，制定出合理有效的教学大纲。教学大纲作为教学工作的纲领性文件，是教学目标的指挥棒，是教师教学目标的依据。而我国商业银行信用卡业务在制卡、发展、国际化的过程中，无不融合着优秀的中华文化，我们可以在课程设置的纲领性文件中体现出信用卡业务管理课程思政的内容。

（二）通过案例分析融合文化自信

通过对具体的商业银行具有中国风格的各种城市信用卡、联名信用卡等的案例分析，让学生了解我国各大商业银行信用卡的中国特色，让学生在信用卡业务的学习过程中体验到中国传统文化，促进学生对本土文化的崇敬。在信用卡业务案例分析的过程中融入中国传统文化教育，有助于学生理解中国传统文化的内涵以及传统文化对我国发展的重要性，有助于提升学生对中国传统文化的认同和理解。

（三）通过课堂讨论提炼文化自信

文化自信一方面体现在对中国传统文化的崇敬，另一方面也表现在对外来文化的态度中。文化自信不是漠视或排斥外来文化的价值，而是持有一种开放的批判借鉴的态度，敢于直面外来文化的挑战并主动做出取舍（马靖宇，2019）。因此，在信用卡业务管理的课程中，对国际和国内信用卡业务管理的相关内容进行比较分析，组织学生多方面、多维度地开展讨论，启发学生，从而让学生在思辨的过程中加深对文化自信的理解。

四、关于文化自信融入信用卡业务管理课程的几点建议

（一）高校搭建文化教育平台，提升教师对文化自信的理解层次

当前我们高举的中国特色社会主义文化自信既包括我们中华优秀传统文化，也包括近现代中国共产党人以马克思主义为指导，运用马克思主义解决中国革命、社会主义建设和改革开放过程中所形成的革命文化和社会主义先进文化（张明，2019），是一个较为复杂的文化体系。但由于从事金融专业教学的专业教师多是理工科生，可能对人文、历史、艺术和哲学等方面虽然有一定自己的理解，但是文化素养和积累还不足以支撑教学。因此，一方面，学校可以要求教师自己积极学习，与时俱进，不断提升文化素养和能力。另一方面，高校也可以多层次、多方位地进行文化教育专题培训和文化专题讲座，提升金融专业教师对传统文化的理解水平和层次，从而更好地融合高校思政教育到专业课程的教育中。

（二）财经高校统一规划研究文化自信与高校课程思政

在中国特色社会主义进入新时代的当下，中国特色社会主义进入了高质量发展的新阶段，但也面临着前所未有的挑战和世界各国多元意识形态的冲击。而文化自信可以作为财经类院校较好的突破口，引导学生对专业特点和专业历史进行分析，让学生在学习专业课程的同时研究文化背景，提升学生的社会主义文化自信。文化自信，可以引入大集体智慧，甚至引入外来智囊，站在较高的角度提炼和提升文化自信并融入高校思政课程建设的具体实践中。因此，财经类高校可以统一规划研究，运用集体的智慧挖掘更好的教育方法，探讨如何更好地将文化自信融入高校课程思政教育。

参考文献

［1］邓楠．高校思政教育视域下的大学生文化自信研究［J］．智库时代，2019（8）．

［2］马靖宇．专业课堂融合文化自信教育的研究实践［J］．课程教育研究，2019（13）．

［3］张明．文化自信与高校“课程思政”的交集与补集［J］．桂林师范高等专科学校学报，2019（5）．

［4］毕玉江．财经类高校专业课程推行课程思政的对策建议［J］．大学教育，2019（9）．

［5］季禄燕．浅谈我国商业银行信用卡风险及防范措施［J］．现代经济信息，2019（2）．

［6］张英．“大学物理实验”教学中“课程思政”的探索［J］．广东化工，2019（16）．

［7］何佳炜．“大思政”视域下高职院校思政教育的困境及对策［J］．智库时代，2019（8）．

“信用管理学”课程思政的实践探索

高晓娟[①]

课程思政的提出，旨在恢复到教育的本质，教书育人。课程思政，要激发教师的主动性、积极性和创作性，把思政教育融入日常教学中，弘扬社会主义核心价值观，帮助学生树立正确的价值观、世界观和人生观，实现知识传授与价值引领同频共振。在现代网络经济时期，价值体系的多元化、信息数据的实时性、网络资源的丰富性，使高校学生面对更多的诱惑和选择，如何发挥高校的主阵地，发挥课堂和教师的作用，使青年学子具有爱国主义情怀和人文精神，树立法治意识和社会责任感，高校教师责无旁贷，所有的课程教学都应纳入其中。

一、信用管理学思政课程建设实践

信用管理学作为信用管理专业的基础课和主干课，其专业核心也承载着培养学生诚实守信的品德特性，因此在多年的教学中，把信用的理念蕴含在日常教学中，思政教育的思想扎根于教学活动中。通过十几年的课程建设，基于思政课程角度，构建了“课堂—实践—网络—教材”四位一体的教学新体系，并取得了良好的效果。信用管理学 2008 年成功申报校精品课程，2010 年结项；2012 年列入上海市重点课程建设，2015 年结项；2018 年，成功申报校思政课程建设项目，2019 年结项。经过十几年的教学实践，贯彻“以学生为中心，提高应用性和实践性技能”的教学原则。信用管理学的课程教学一方面体现在信用评估、信用管理等专业技能上，另一方面旨在培养学生诚实守信、信用至上的优良品质。

（一）采取形式多样的课堂教学，提高学生的参与性

① 高晓娟，上海财经大学硕士，上海立信会计学院金融学院信用管理系主任，副教授。主要从事金融学和信用风险管理方面的教学和科研工作。在《国际贸易问题》《当代财经》《经济纵横》《上海投资》《河南金融管理干部学院学报》等刊物中发表论文多篇，参与和主持上海市教委、上海市政府政策咨询室、上海市人大等多项课题的研究工作。

课堂教学活动是思政课教学的起点。财经专业课程思政要求高校教师挖掘思政元素、课前认真备课，对思政元素的有效融入、教学方式的积极创新、学生的有效参与等要进行合理设计和深度思考。在授课中，任课教师的学识魅力和人格魅力更是起到了至关重要的作用。

在信用管理学的教学中，对课堂的设计，特别是一些重要的知识点与思政元素结合的方式，都进行了精心的设计。在编写教学计划、教案、思政案例以及采取合理的教学方式方面都下了很大的功夫。思政案例紧密贴近生活，同时更好地弘扬主旋律。如在“信用的概念”一节中，融入“感动中国——信义兄弟”，通过案例的情景回放，让学生更好地理解信用，传播正能量，培养珍爱信用、诚实守信的品质。在“社会信用体系”一章中，融入“因商而兴—因信而衰—因信而立（温州信用沉浮之路）”这一案例。在案例教学中，为增加学生的参与性和自主学习性，把学生分成不同小组，分别收集资料，形成文稿，课堂演示。学生在互联网上查询相关资料，并鼓励学生与长辈沟通，了解 20 世纪 80 年代人们对温州产品的印象和感触。在该案例教学的实践中，学生通过积极参与，有效融入，通过深入分析温州 20 世纪 80 年代失信泛滥、20 世纪初重建信用、2017 年底社会信用体系示范城市三个阶段的信用发展过程，让学生理解信用是市场经济发展的基石，温州经济的烈火淬炼和信用重生，是中国共产党带领全国人民敢于面对曲折，勇于修正错误，以永不懈怠的精神状态和一往无前的奋斗姿态实现中华民族伟大复兴的宏伟目标奋勇前进的历程。

（二）积极探索实践教学

课程思政实践环节是课程思政建设的核心，可以通过社团、社会实践基地以及相关知识竞赛等形式进行。社团是大学校园的特色，每个社团都有自己的鲜明特色和活动主题。课程思政可以利用丰富多彩的社团活动，专业教师可以发挥自己的专业特长给社团成员做专题报告，弘扬主旋律，传播正能量。学校还可以参观爱国主义实践基地，接受红色思想的熏陶。

在信用管理学的实践教学中，充分利用社团“经济学研社”，开展各种讲座，外请专家、企业高管做报告，介绍我国改革开放信用体系建设的成绩。每年组织案例大赛、知识大赛、调查报告等活动，培养学生解决问题、分析问题的能力，通过团队合作，提高学生的合作意识和团队精神。信用管理学教学团队的所有教师都参与指导案例大赛和知识竞赛，并担任比赛评委，提高学生的实践能力和专业能力。

在信用管理学课程思政的践行中，组织学生通过诚信考试宣誓、诚信青年等活动，自觉珍爱信用，培养诚信意识和提高信用水平。

（三）充分利用网络的优势开展思政教育

网络传播的实时性、开放性以及互动性，是传统媒体无法比拟的。网络信息数据的传输具有速度快、容量大和覆盖面广的特点，合理利用互联网，能取得传统教学模式无法达到的效果。现在普遍采用的微信、QQ、博客、微博等实时交流工具，可以开辟网络在线互动教学空间，学生可以随时向教师报告反馈自己的所思所想，使教师方便把握学生的心理动态，有利于及时化解危机。教师也可以在网上开辟工作室，主动和学生跨时空、深度交流互动，给学生减压释怀。这种网络模式能够减少面对面交流难以言喻的尴尬。

信用管理学的教学中，教师通过坐班答疑和自习辅导等方式解答学生的各种学业和生活的困惑疑虑；同时也可以充分利用互联网的优势，在线实时交流，随时帮助学生解决思想顾虑和心理问题，分享学生的所思所想。

（四）微课程的录制

信用管理微课程的录制是信用管理学思政教育的特色。该课程通过浅显易懂的知识讲解，让市民了解身边的信用，珍视自己的信用，自觉讲究诚信，从而约束自我，完善社会信用，构建全社会的信用体系。该课程进行了精心的筹划、选址、录制，微课程用于日常教学，不仅仅是信用管理专业的教学，作为普及型的知识资源，也可以作为非专业学生了解信用的学习资料。课程“经济身份证——个人征信与诚信”共分为四个微课程：诚信、征信 ABC、读懂你的信用代码——经济身份证、案例分析——我的信用我做主，每个微课程时长 20 分钟左右，主要从诚信、征信、信用报告等方面介绍诚信与信用等相关知识。

诚信微课程主要介绍中国古代诚信、西方契约诚信、中国诚信危机以及诚信建设等方面，从历史、文化、东西方价值观的角度分析东西方诚信的内涵以及构建，让市民理解诚信的由来，懂得中国自古以来就是提倡诚信的国家，诚信与文化传统、价值观体系有关，自觉培养诚信品质，提升道德水平，促进诚信国家的建设。征信 ABC 微课程是从征信角度讲述信用信息的采集、整理和评估的过程，分析征信机构职能、业务范围和工作职责，让市民了解征信的数据来源、信用评估的标准以及信用评估报告的使用等信用知识，使市民能够自觉关心自己的信用信息，维护自己的信用。读懂你的信用代码——经济身份证微课程是从个人信用报告角度，讲述信用报告的信息来源、信用报告的解读以及市民信用报告的作用与权利。信用报告是市民的经济身份证，它是市民贷款、求职以及日常信用行为的基础性报告，在信用经济社会中意义重大，通过学习，让市民懂得良好的信用记录和评分是经济生活中无形的信誉财富。案例分析——我的信用我做主微课程是采用案例的形式与学生互动，通过典型的案例，分析信用的缺失给生活带来的不利和利益的受损。该微课通过案例分析、学生互动提问交流等形式提出问题、分析问题和解决问题，答疑解惑。

信用管理微课程出发点是通过浅显易懂的知识讲解，让市民了解身边的信用，珍视自己的信用，自觉讲究诚信，从而约束自我，完善社会信用，构建全社会的信用体系。该微课系列是通过专业机构制作，精心选址，分别在图书馆、立信会计博物馆等地完成录制。系列课程中“征信 ABC”参加中国教育学会组织的第三届全国微课程优质资源展示比赛，获得三等奖。

二、思政课程建设的心得体会

（一）课程思政与专业课的有效融合

课程思政的核心或者说难点在于如何实现课程思政和专业课程的有效融合，在专业课程教学中，合理嵌入“立德树人”元素，润物细无声，向学生传递正确的价值观，引导学生自我修行，锤炼意志，提升自我。

在改革开放的大背景下，我国 70 年来经济强国之路的实践创新，是财经类高校专业课程教学与思政育人元素相结合最好的契合点。例如信用管理学的教学中的社会信用体系建设，近年来我国信用管理建设在互联网技术发展的推动下步入快车道，因此在教学中结合我国经济发展的大势以及我国诚实守信的价值观，在具体的授课中，教师首先梳理我国信用体系的发展进程和取得的成就，并结合我国经济发展进程，利用表格和数据，更好地诠释改革开放以来，特别是近十年来，中国信用领域建设取得的主要成就。例如，2006 年我国人均 GDP 超过 2000 美元，开始进入信用经济社会，2012 年，GDP 超过日本，成为第二大经济大国，信用经济进入高速发展的阶段。而我国政府顺应了信用经济的发展，适时提出加强我国信用体系建设的要求，从 2014 年开始，“社会信用体系”连续六年出现在政府工作报告中。2014 年 6 月，国务院印发《社会信用体系建设规划纲要（2014—2020 年）》。2016 年 6 月国务院出台《关于建立完善守信联合激励和失信联合惩戒制度加快推进社会诚信建设的指导意见》（国发〔2016〕33 号）。2017 年 5 月，国家发改委发布《关于加强和规范守信联合激励和失信联合惩戒对象名单管理工作的指导意见》（征求意见稿）。中央政府密集出台政策，表明政府建立健全信用体系的决心，真正实现政府职能改变，让信用成为生活的一部分，信用让生活更美好。在分析过程中，结合习近平总书记在党的十九大报告中指出，转变政府职能，深化简政放权，创新监管方式，增强政府公信力和执行力，建设人民满意的服务型政府。

从教学组织环节，采取学生互联网查阅资料、课堂讨论与教师讲授相结合的方式，提高学生的自觉性、自主性和参与性。从教学实施效果反馈看，通过案例和理论相结合，以及思政元素的有效融入，使学生了解了我国社会信用体系取得的巨大成就，对诚实守信的价值观有更加深刻的认识，以及深入了解“守信者奖，失信者惩”的奖惩机制，信用奖惩机制的建立是为了让生活更美好，我国社会主义制度的优越性将得到更好的体现。

（二）充分发挥教师在课程思政中的主导作用

在课程思政的建设中，高校教师是责任主体，其核心任务在于以课程为载体弘扬主旋律，实现“知识传授与价值引领相结合”的有效路径。这对高校教师提出了更高的要求。教师承担的责任在于：①课堂教学需要重新精心设计与组织，在专业课程的讲解中“润物细无声”地融入思政元素，帮助学生树立止确的价值观、人生观和世界观。从这一点上，教师需要将更多的精力和时间放在教学上，在教学内容的改革、教学方法的探索、教学技术的运用上下功夫。②作为学生的表率。教师在思政教育中，传播和树立我国的传统道德理念和社会主义核心价值观，引导学生坚定社会主义信仰。同时也要求教师严于律己，以德服人。课程思政教师在进行思政教育中，立德树人，先使自己成为“有理想信念、有道德情操、有扎实学识、有仁爱之心的”的好教师，才能以理服人，起到思政教育的作用。

在信用管理学课程十几年的教学中，坚持以学生为本，以提高学生的综合素质为目标。教师一方面在课程教学中以身作则，严格要求，做好典范；另一方面，从日常的作息时间、上课等方面严格要求，为学生优良素质的养成打好基础。

（三）改进教学设计，创新教学方法

随着现代信息技术和互联网技术的突破性发展，网络已经成为各种最新信息的集散地、思想观点的碰撞平台。数据信息的泛滥化、多元化和原生性对大学生的政治态度、道德观念、价值取向、行为模式乃至心理状态都产生了强大的冲击，极大地改变了高校思政理论课的教育环境，增添了思政理论教学的复杂性和难度，但同时也带来了新的机遇。高校教师应顺应这一发展，更好地利

用网络资源，以改革的勇气引领“教”的创新，用探索的精神服务“学”的成长，在把握主旋律不变的情况下，与时俱进，充分利用互联网等新媒体使思政课焕发新的生机。

近年来，对信用管理学课程的实践和探索，通过深入剖析在现代化科技网络技术条件下，加快推进教学模式由传统知识传授型向学生参与共建型转变，努力构建以学生为中心，以教师为主导的课堂教学、实践辅导、网络助学、教材案例研学“四位一体”的教学模式，为创新人才成长搭建宽广舞台，有效促进学生诚信守信的道德素质与创新能力的提升。

参考文献

［1］习近平就高校党建工作作出重要指示：坚持立德树人思想引领加强改进高校党建工作［N］. 人民日报，2014-12-30.

［2］李国娟 . 课程思政建设必须牢牢把握五个关键环节［J］. 中国高等教育，2017（15）：28-29.

［3］陆道坤 . 课程思政推行中若干核心问题及解决思路——基于专业课程思政的探讨［J］. 思想理论教育，2018（3）：64-69.

［4］蒲鸿志，韦静月 . 新时代高校思想政治理论课实践教学创新路径［J］. 大学教育，2018（10）：119-122.

“证券投资学”课程中的思政案例探析

——以A股上市公司股权分置改革为例

张　云　张　堞[1]

一、引言

世界观、人生观、价值观是决定人们思想与行为的“总开关”和“总钥匙”（习近平，2014）。思想政治教育对于社会主义核心价值观的弘扬与践行意义重大。课程思政的概念源于2014年上海高校对“大思政”理念的初步探索，意旨以“同向同行”为指引，在传统的思想政治教育的“主渠道”——思想政治课程或思想政治教育活动之外，深入挖掘专业课、通识课等课程中的思政元素，将其自然地融入相关课程的日常教学活动，以期在发挥“智育、体育、美育”等显性功能的同时，潜移默化地实现“德育”的功效（赵继伟，2019）。课程思政的内涵契合了习近平总书记的“盐”之喻，即好的思想政治工作应该像盐，要讲究方式和方法，不能直接吃盐，宜借助其他载体，润物细无声（张智，2017）。目前，课程思政尚处于探索阶段，暂未形成普适性的实施策略。学者们普遍认为，强化教师对课程思政的认知，充分发挥教师的主动性，深入挖掘课程内容中的思政要素，积极探索教学方法的创新是实施课程思政的关键（赵晖，2018；刘淑明等，2019）。

案例教学能够激发学生的学习兴趣，拓宽学生的视野，提高学生认识问题和分析问题的能力。挖掘教学案例中的思政要素，浸润到案例的讲述与分析中，契合了课程思政“隐性思想政治教育”的定位，有望以“滴灌”之优势助力思政课程的“漫灌”之力，协同推进思想政治教育的体系化与常态化。目前，已有大量学者对高等数学（刘淑芹，2018）、财务管理（曹净植、李宝琴，2018）、财务会计（李雪琴，2018）等课程中的思政案例进行探讨，挖掘课程中蕴含的思政要素。本文在借鉴相关研究的基础上，以A股上市公司股权分置改革为例，深入探索如何厘清教学案例的内容，激发学生的兴趣，提高学生的

---

[1] 张云，上海立信会计金融学院讲师，研究方向：绿色金融、碳金融。
张堞，上海立信会计金融学院本科生。

共情力，进而实现家国情怀、四个自信等思政元素的润物无声。

二、A 股上市公司股权分置改革的案例内容

从坚持中国特色社会主义道路自信、理论自信、制度自信、文化自信的视角，系统追溯股权分置改革的时代背景、历程及效果与深刻影响，可作为证券投资学课程中辅助学生理性认识中国证券市场发展变迁路径的案例。

股权分置改革是中国资本市场发展中的重要事件，也是具有中国特色的典型事件。股权分置改革的起点可以追溯到 2004 年 1 月 31 日国务院发布的《关于推进资本市场改革开放和稳定发展的若干意见》，其中提出“要积极稳妥解决股权分置问题”。随后，2005 年 4 月 29 日，中国证监会发布《关于上市公司股权分置改革试点有关问题的通知》，进一步明确了股权分置改革的具体方案。股权分置改革的根源在于上市公司股权分置的局面及其存在的隐患。

（一）A 股上市公司股权分置的由来

上市公司的股权分置是指 A 股上市公司同时存在流通股与非流通股。流通股是可以上市交易的股票，非流通股主要是指国有股、法人股、自然人股等不能上市交易的股票。股权分置问题的产生具有其历史性与必然性。20 世纪 80 年代我国股票市场构建之初，对资本市场姓“资”姓“社”的讨论非常激烈，同时对于如何规避国有企业上市后国有资产的流失亦存在普遍担忧。鉴于此，国家做出国有股份暂不上市流通的制度安排。1990 年，上海证券交易所（1990 年 11 月）和深圳证券交易所（1990 年 12 月）相继成立，开启了资本市场发展的新征程。1991 年 6 月 15 日，《深圳市股票发行与交易管理暂行办法》把上市公司的股份划分为国家股、法人股、个人股、特种股，在地方立法的层面明确了股权分置的结构。1 年之后，财政部、人民银行等相关部委在《股份制企业试点办法》中提出，根据投资主体的不同，股权设置国家股、法人股、个人股、外资股四种形式。1994 年，国有资产管理局发布《股份制试点企业国有股权管理的实施意见》，进一步明确规定在特定行业及特定企业，要确保国家股的控股地位。此后，与国有股相对应的法人股、自然股也先后采取不上市流通的制度安排。至此，上市公司股权分置的局面逐步形成。

（二）A 股上市公司股权分置存在诸多隐患

股权分置被视为悬在中国证券市场上的“达摩克利斯之剑”，其造成的最直接的影响是“同股不同权，同股不同利”。流通股股东与非流通股股东在公司决

策、收益来源等方面存在显著差异。从公司控制权来看，据证监会披露的相关数据显示，在2004年末，A股上市企业总股本为7149亿股，其中非流通股为4543亿股，占比高达64%。从收益来源渠道和目标函数来看，流通股股东主要通过公司的股利分配及股票价格的上涨获取收益，非流通股股东寄望于公司净资产的增加来实现自身财富的增值。因此，流通股股东与非流通股股东虽然存在共同的获利路径——提升公司业绩进而增加公司利润，但二者之间亦存在明显的利益冲突。从理性投资者的视角，拥有公司控制权的非流通股股东关注的焦点并不是二级市场（流通市场）股票价格的高低，而是每股净资产的多少，故而会倾向于以牺牲流通股股东的利益为代价，在二级市场上采用高溢价融资的方式提升净资产。与此同时，由于非流通股不上市交易，因而监管侧外部收购等监督方式失效，进一步加剧了非流通股股东与流通股股东的利益冲突。

（三）政府大力推动A股上市公司股权分置改革

面对A股上市公司股权分置累积的负面效应，国务院于2004年1月发布《国务院关于推进资本市场改革开放和稳定发展的若干意见》（亦称“国九条”），提出尊重市场规律，积极稳妥解决股权分置问题，防止国有资产流失，切实保护投资者的合法权益。2005年4月29日，证监会发布《关于上市公司股权分置改革试点有关问题的通知》，股权分置改革正式“破冰”。1个月后，金牛能源、三一重工、紫江企业、清华同方4家企业被列为试点企业，率先进行股权分置改革的尝试。其中，三一重工最早开始股权分置改革方案的探索。三一重工的董事长梁稳根认为“中国可以没有三一重工，但不能没有一个健康的资本市场”，表明了壮士断腕的决心，亦凸显了气势磅礴的家国情怀。2005年6月1日，证监会启动第二批改革试点工作。

2005年6月17日，国务院、国资委在《关于国有控股上市公司股权分置改革的指导意见》中，明确了国有控股上市公司应以促进资本市场稳定发展为目标，根据国有经济的总体结构和布局，合理确定股权分置改革之后国有股的最低持股比例。

后续，国家各部委陆续出台相关政策，为股权分置改革创建了良好的制度环境和政策环境。截至2007年末，1300余家A股上市公司完成了股权分置改革。自此，股权分置改革的大幕落下。

（四）上市公司股权分置改革对资本市场发展产生深远影响

从短期来看，最为显著的影响是上市公司股票价格的波动（如表1所示）。

表 1　我国完成股改后上市公司股票复牌首日涨跌幅对比统计数据
（2005 年 5 月至 2007 年 3 月）

涨跌幅	上市公司（家）	占比（%）
-30% ~ 10%	73	6.07
-10% ~ 0	173	14.38
0 ~ 10%	248	20.62
10% ~ 30%	414	34.41
30% ~ 90%	255	21.20
90% 以上	40	3.33
合计	1203	100

资料来源：李曜，游搁嘉 . 证券投资基金［M］. 北京：清华大学出版社，2014.

自 2005 年 5 月到 2007 年 3 月，3.33% 的公司股改完成后上市首日股票的涨幅超过 90% 以上，24.53% 的公司股票价格涨幅在 30% 以上，另有 75.47% 的公司股票价格波动区间在［0，30%］，即超过 3/4 的公司股改后上市首日股票价格的波动在相对合理的区间之内。

从中长期来看，卸掉了股权分置的包袱之后，资本市场迎来了“股市的春天”，即新一轮长达两年的牛市，股市从 1000 点开始逐步上升，最高达到 6124 点，其更为深远的影响体现在有助于资本市场回归到科学合理的定价机制，有助于上市公司优化公司治理结构，有助于证券市场的健康发展。然而，在推进中国证券市场快速发展的同时，股权分置改革亦伴随并遗留了一些问题，例如，股改过程中如何避免国有资产流失，股改如何规避非流通股股东转变为大股东之后侵占小股东利益；如何应对非整体上市在信息披露方面存在的缺陷等（如表 2 所示）。

表 2　股权分置改革积极影响与消极影响的对比

积极影响	消极影响
（1）推动资本市场构建科学合理的定价机制 （2）提高资本市场兼并收购的效率 （3）终结“同股不同权”的局面，优化公司的股权结构 （4）优化公司的治理结构，提升公司经营管理水平 （5）激发市场活力，推动市场创新	（1）国有资产流失的风险 （2）股票供需失衡问题 （3）股东利益冲突问题

资料来源：笔者根据相关材料整理得到。

总体来看，股权分置改革是我国证券市场发展历史上浓墨重彩的一笔，根治了早期制度设计的缺陷，极大地促进了后续的市场创新，为我国资本市场的长远发展奠定了良好的基础。

三、股权分置改革案例中思政成分的挖掘

通过回顾 A 股上市公司股权分置问题产生的时代背景、由政府主导层层推进的改革进程以及股改之后对证券市场所产生的深远影响，在理论学习方面，帮助学生更为深刻地理解股权分置改革的前因后果，增强师生对中国证券市场发展变迁路径的认知，为后期理论知识的学习奠定基础。在情感方面，帮助师生还原证券市场构建之初的历史画面，由师生一起体会在亟须发展资本市场的关键阶段，国家如何坚持道路自信，采取股权分置的方式避免国有资产的流失，同时平衡不同主体的利益。当股权分置逐步演变为制约证券市场进一步发展的瓶颈之时，政府如何当机立断，怀抱壮士断腕的决心，启动并发挥多部分的协同性共同推进股权分置改革的进程。在股权分置改革进程中，三一重工作为首批试点以及首个发布股改方案的公司，其董事长梁稳根的观点可以带动师生共同感受中国企业家的奉献精神与家国情怀。

A 股上市公司股权分置改革的案例介绍，旨在课程开始之初，以中国证券市场发展过程中具有特色化的事件为例，让学生对证券市场的发展建立初步的认识，帮助学生明晰什么是股权分置，为何会产生股权分置的问题，进而分析股权分置对公司治理及证券市场发展的负面影响，从而明确国家启动股权分置改革的动因，了解国家推进股权分置改革的阶段历程及其深远影响。通过师生共享上市公司股权分置的案例，有望实现三个教学目标：

其一，通过股权分置、流通股、非流通股等内容的介绍，结合案例帮助学生更为深入地理解、掌握证券市场的一些基本概念，为后期相关理论知识的学习做好铺垫。

其二，通过对时代背景的还原，带领师生用动态的、发展的眼光看待股权分置以及股权分置改革，共同体会在证券市场发展的关键阶段，国家如何构建利益协调机制，采取股权分置的方式破解证券市场发展之初面临的困境，当股权分置的隐患逐步显现时，国家如何当机立断，开启股权分置改革的进程，从而进一步坚定师生对中国特色社会主义的道路自信、理论自信、制度自信与文化自信。

其三，通过层层递进的分析模式，帮助学生构建分析解决问题的逻辑框架，提升学生独立分析问题、处理问题的能力。

四、思政案例的总结与反思

通过A股上市公司股权分置改革的案例，带领师生回顾中国证券市场发展变迁的历程，借由案例分析和共情效应，帮助师生重塑和强化“四个自信”的理念。

坚持动态发展的眼光，理性看待我国证券市场早期股权分置的制度设计。借由历史画面的再现，引导学生采取动态发展的眼光，结合股权分置的背景与缘由，明确在我国证券市场发展早期，政府提出国家股、法人股、公众股、外资股四种股权形式并存的制度设计，是为推动资本市场起步所制定的权宜之策。

坚持“四个自信”，正确认识股权分置改革的影响。股权分置改革打破了“同股不同权”的制度障碍，从重构市场定价机制、优化公司的股权结构、治理结构等方面推动了中国资本市场的快速发展，但也伴随着国有资产流失的风险以及股东利益冲突等问题。通过案例分析，引导学生坚持“四个自信”的理念，正确认识股权分置改革对于中国资本市场发展的重要意义，进而理性看待中国证券市场发展过程中的特色化事件。

参考文献

［1］曹净植，李宝琴．“课程思政”在财务管理课程的实践探索［J］．科技风，2018（9）．

［2］李雪琴．“财务会计”课程思政教育案例探讨——基于上海立信会计金融学院思政课程案例［J］．新会计，2018（11）．

［3］刘淑明，严菊芳，张丁玲，穆婉红．论高校课程思政的实施策略［J］．教育理论与实践，2019（15）．

［4］刘淑芹．高等数学中的课程思政案例［J］．教育教学论坛，2018（52）．

［5］习近平．习近平谈治国理政［M］．北京：外文出版社，2014．

［6］张智．习近平关于思想政治教育工作的五个比喻析论［J］．思想理论教育导刊，2017（5）．

［7］赵晖．“课程思政”推行中的若干思考［J］．湖北经济学院学报（人文社会科学版），2018（12）．

［8］赵继伟．“课程思政”：含义、理念、问题与对策［J］．湖北经济学院学报，2019（2）．

“金融礼仪”课程和思政教学有机结合的探讨

王云鹤　刘　学　曹　灿　陈音妃[①]

一、引言

“十四五”规划中着重提出了“上海品牌”战略，“上海服务”战略作为五大品牌的发展重点之一，对产业结构重心向服务化方向转移起到重要作用，在经济服务化快速发展的今天，金融相关服务业越来越和人民生活息息相关，因此，金融服务礼仪也日益成为金融业最为关注的内容。礼仪是在一定的文化认同范围内按照既定的礼仪方式来律己敬人的过程，不仅体现了一个人的内在修养，也是为人处世和工作生活中的道德规范和行为标准。高校在制定金融专业人才培养方案、构思金融专业课程建设时增设金融礼仪课程，对于提高学生自我修养和综合能力意义重大。金融职业精神是金融行业从业人员必须具备的价值取向和德操情怀，是否具有良好的职业精神已经成为影响金融类高校学生职业发展的重要因素。

在全国高校思想政治工作会议上，习近平总书记强调指出：“要用好课堂教学这个主渠道，各类课程都要与思想政治理论课同向同行，形成协同效应。”因此，全国高校开始将课程与思想政治教育相结合的探索之路。另外“经济服务化”的发展速度正在加快，金融等高端服务已经广泛和深入地渗透到人们的工作和生活当中，更加凸显了金融礼仪对于金融从业人员的必要性，而如何以创新的方式将金融礼仪课程和思政教学有机结合、将金融职业精神的培养过程与金融专业课程的教学过程有效融合，是一个值得深究的问题。本文基于教学实践，探讨金融礼仪课程在思政教育培养中的重要作用，探索金融礼仪课程和思政教学有机结合的新途径。

目前，国外课堂教学强调“做中学”（learning by doing），重视职业教育的

① 王云鹤，上海立信会计金融学院教职工。
刘学，上海立信会计金融学院 2016 级金融国际化班（国际金融方向）本科生。
曹灿，上海立信会计金融学院 2016 级金融国际化班（国际金融方向）本科生。
陈音妃，上海立信会计金融学院 2016 级金融国际化班（国际金融方向）本科生。

特色；国内金融专业培养也在逐渐细化培养方向，对金融行业专门人才素质、技能的要求提高，很多高校在发展专业基础知识、强化专业技能的同时，也开始重视金融礼仪的学习和培训。思政教学是以增强思想性、理论性为改革创新的根本，在“课程育人”的过程中使学生坚定理想信念、端正价值理念、涵养道德观念。目前国内各高校在课程大纲中梳理每门课程所蕴含的思政教育元素和所承载的思政教育功能，力求融入教育的各个环节。然而，在学术研究方面，大多数学者都将思政教学在金融礼仪课程方面的应用研究集中在高职院校，对高等应用型本科大学的研究却很少。

二、金融礼仪课程和思政教学有机结合的必要性及研究意义

金融礼仪课程旨在培养学生在人际交往过程中能够表现出良好的仪态和风度，使学生不仅理论知识水平过关，更要达到知书达礼的高尚境界，符合金融从业人员交往中的礼仪要求，表现文明规范、恰当得体的金融从业人员素质。

“仓廪实而知礼节”，礼仪是思政教育的重要内容，金融职业人作为先进文化的承载者，也是参与社会实践和国际交往的主力军，追求自身完善已成为金融职业人群体的要求，注重礼仪，讲究道德，更是金融职业人必备的素质。在教学过程中应融合礼仪文化、礼仪实践、礼仪理论方面的建设，充分结合思政教学，以培养学生在人际交往和实际工作过程中良好的仪态和风度，在鲜明的职业导向中，以能力的应用为主导，将专业知识的应用、现场对课堂的应用和对中华传统礼仪的弘扬和发展有机结合。

当前思想政治教育中礼仪文化的缺失，使得礼仪类课程的建设在应用型人才培养模式中变得尤为重要，尤其对于在价值引导和立德树人方面将起着积极的推动作用。品格养成和职业素质是相辅相成的，根据当前应用型财经高校学生的思想状况和课程设置情况，提出金融礼仪与课程思政相结合的教学理念，对以后要进入金融服务行业的学生教育会起到潜移默化的作用，把思政元素融入金融礼仪教学，使学生做到知行合一，使课程实现以德树人。

本文基于教学实践，通过研究和分析探讨金融礼仪课程在思政教育培养中的重要作用，探索金融礼仪课程和思政教学有机结合的新途径，发现金融礼仪课程中的思政映射点和案例结合的实际应用方法。

三、金融礼仪课程融入思政教育的现状及存在问题

目前，部分应用型高校开设了礼仪相关选修课，包括社交礼仪、职场礼仪、

商务礼仪等，学生覆盖面较广，大多数是从礼仪礼节的理论出发，学习各种礼仪规范，在课程开展过程中存在以下四类问题：

第一，多数课程从宏观出发，较为笼统，学生在应用过程中很难具体操作，对礼仪文化的传播、主流文化的弘扬都作用甚微。另外，部分课程从应用出发，设定具体场景，例如商务礼仪、涉外礼仪、面试礼仪等，大部分是将该场景拆分出不同的礼仪场合并教授学生如何应对，但是这类课程内容不成系统，忽略了知识的系统性，学生很难宏观地把握礼仪文化的精髓，在实践过程中难以举一反三。

第二，教学忽视素质目标，思政教育渗透力度不足，教师相关专业知识不丰富，学生对思政教育接受不到位。由于缺少实践经验，当前教师多是从书本出发，向学生传授理论知识，很难将具体情形下的礼仪应变在课堂上展示出来，因此，学生在兴趣方面和理解方面都会产生偏差，从而难以达到教学目的。

第三，定位不够准确，注重传统文化而忽略行业和学科特色。学生更多地停留于对于金融礼仪理论概念和知识的掌握，缺乏将理论和实践相结合、与具体操作情况相结合并服务于职业的应用能力。

第四，课程思政教学方法缺乏创新性。一方面，礼仪是中华传统的延续和发展，因此在课堂中要保留传统的教学模式，使学生充分感受到中华传统文化的滋养；另一方面，理论知识的讲解过于枯燥和死板，学生难以感知相关的教学情境和应用方式。因此，在课程开发过程中，要注重学生的参与感和体验感，给学生在学习礼仪与服务知识的过程中带来更多的趣味和感悟。

四、金融礼仪课程和思政教学有机结合的探讨

本文从课程思政教学目标、教学内容、课程设置、教学方法等方面展开实践研究，旨在实现在金融礼仪课程中思政教育与专业教育的协同发展效应，提高培养质量和课堂教学效果。

第一，围绕“思政元素”优化金融礼仪课程教学内容。通过职业形象塑造、个人仪容仪表规范，从认知层面引起学生对于礼仪文化的重视；通过开展实践训练，在社交语言礼仪、日常交往礼仪、商务活动礼仪等方面进行从细节到整体的规范；通过涉外礼仪和各国礼仪文化的对比，拓展学生的国际视野、培养学生的文化包容性思维。

第二，围绕“思政元素”建立商务礼仪课程教学资源库。金融礼仪课程的重点在于应用性和实践性，因此通过设置教学案例，课上鼓励学生积极讨论与

实操，教师点评与反馈，实现积极的课堂互动；通过学生学习案例成果的反馈，整合教学案例数据库，实现资源的可持续应用。

第三，在思政教学的理念中，强化金融礼仪的运用。在学习中要以培养学生金融职业能力为基础，同时确立金融工作流程为主线，让学生系统学习金融礼仪修养的同时，将课程细化成具体专题加以实践，其中包括金融行业职员的个人礼仪、日常交际礼仪、商务谈判礼仪、电话礼仪、金融营销礼仪、公务礼仪、接待与拜访礼仪、涉外礼仪等内容。因为金融礼仪课程是一门实践性很强的学科，在安排学生学习金融礼仪知识的同时还要加强实践训练，并通过改变考核评价形式，增设班组情景考核、金融礼仪大赛形象展示，结合其他相关课程强化运用等来增强学生知识记忆，目的是规范学生的礼仪及行为，使之符合金融服务行业的标准，提高金融礼仪意识，展示良好的个人修养，综合提高学生的礼仪水平。

五、基于思政教学的金融礼仪课程建设的建议

首先，课程开发方面，要兼顾理论知识体系的系统性和实用性，在教学目标和内容上进行统筹，同时完善教学硬件配套设施、实训设备等支撑条件，在师资多样性建设的基础上重视应用型教学，注重综合性和较广泛的开放性以及可复制性。

其次，内容设计方面，我国高等职业教育多方面吸收和借鉴了国外的职业教学模式，在短时间内发展较快，尝试开发了多种模式；也适应了职业岗位需要的多样性，较能体现高职教育的特点并具有积极的推广意义。

再次，教学运行方面，在应用性的理念下，构建切实可行的理论知识体系。通过案例分析、模拟金融情境等课堂教学方式，培养学生的实践能力，实现教与学的双向互动；在课程考核方面，要面向以实际能力的掌握和应用为主，以适应职业岗位要求的最终目标。同时又鉴于职业岗位的要求，形成开放式的课程教学运行体系，实施个性化教学，采取网络课程、学分制、订单式培养等手段，教学与改革创新有机结合，切实提高教学的针对性和实效性。相对于案例分析、视频播放等传统教学方式，示范式互动教学的优点在于，能够形象生动地向学生零距离规范展示金融服务礼仪的有关仪态举止，同时实现与学生的即时互动沟通，教学的灵活性与趣味性大大增强。

最后，在授课方式上，以多种形式的模拟商务谈判、礼仪展示等来激发学生的文化与礼仪素养，培养实用能力，弘扬中华传统文化，为从业打好基础。

通过金融礼仪课程思政教学的开展，明确教学目标，优化教学内容，创新教学方法，建立教学资源库，对学生进行礼仪文化的培养和金融职业技能的塑造，使学生充分认识到中华传统文化的博大精深，并应用于职业实践中，同时认识到“课程思政”的重要性，从而实现思维模式的转变，实现立德树人的根本教育目的。

参考文献

［1］习近平．在全国高校思想政治工作会议上的重要讲话［N］．人民日报，2016-12-9（1）．

［2］崔光成，张晓杰，白丽．以职业情感为导向——医学人文素质培养的改革与实践［J］．中国高等医学教育，2014（4）：3-4.

［3］孙贺，高音，纪慧．关于提高医学院学生人文素质、专业素质、身心素质的思考——基于“三导向”教育模式的视角［J］．高等教育研究，2015（2）：72-74.

［4］廉洁，孙丽慧，郎尉雅．“三导向”培养模式在组织胚胎学教学改革中的应用和探索［J］．高校医学教学研究（电子版），2016，6（3）：19-21.

［5］陆婵娣．广东民俗文化融入沟通与礼仪课程教改研究［J］．太原城市职业技术学院学报，2016（1）．

［6］高建琳，李俭，戚林．护理礼仪课程多元化考核方法改革的实践探索［J］．职业教育，2015（20）．

［7］高德毅，宗爱东．课程思政：有效发挥课堂育人主渠道作用的必然选择［J］．思想政治理论导刊，2017（1）：31-34.

［8］赵金轶．传统文化与高校礼仪课程相结合探索［J］．辽宁师专学报（社会科学版），2015（1）：66-67.

［9］沈赤．找到从“思政课程”到“课程思政”的密钥［N］．人民日报，2018-03-29（16）．

［10］璟萍．传统礼仪的意蕴及其现代价值［N］．人民日报，2010-03-19（7）．

课程建设

“国际金融管理”课程教学经验与创新性探讨

焦　武[①]

一、引言

国际金融管理是国家教育部调整普通高等学校财经类本科专业后对金融学专业规定的主要专业课程。我们当前使用的《国际金融管理》教材是南京大学出版社出版，于润、张岭松编著的。该教材分为宏观（1~6 章）和微观（7~11 章）两部分。根据我校金融学专业已有课程设置，为了突出本课程教材特点，我们选讲本教材的 1~9 章。该教材整体编排结构尚可，但在多个学期的教学实践过程中，结合我校金融学专业学生的具体情况，我们发现该课程有待充实完善和创新之处如下：

首先，在基本理论知识传授基础上，根据我校定位，更注重学生对知识的灵活应用与实践。因此，在教学过程中我们更注重案例教学。根据讲授内容设计案例，且案例要紧扣当前国际、国内金融管理热点问题。

其次，该课程微观部分有些薄弱，针对这一点，我们在教学过程中大大强化了微观经济主体在国际经济交往过程中对汇率风险、利率风险、国际投资风险、国际银行经营风险等内容的知识传授力度。这部分涉及较多较复杂的计算，我们以问题为导向，通过不同的微观主体在国际化经济交易过程中可能遇到的实际风险防范、风险对冲设计计算题目，让学生在解决具体实际问题的过程中活学活用经典的风险对冲技巧与方法。

最后，宏观与微观两部分，在每一部分教学完成后，我们都会做一个总结性的专题讲座或者课程论文。每个专题讲座尽可能把该部分的核心知识内容串联起来，仍然以问题为导向进行系统总结、评述，目的是让学生了解、掌握各个知识点的连贯性，做到举一反三。通过课程论文，让学生围绕一些启发性的

---

① 焦武，男，金融学博士，上海立信会计金融学院副教授，主要从事国际金融方向的教学和研究。学术论文发表于《统计研究》《国际金融研究》《财贸经济》《财经研究》等学术期刊，出版专著 1 部，参编教材 2 部。

问题收集资料，分析问题，然后整理成文，得出自己的判断和观点结论。这对于学生全面系统地考虑问题和日后的毕业论文写作或者参加科创活动都非常有益。

根据教学实践，对本课程教学的一些创新性思考具体如下。

二、结合基础理论的具体案例设计是关键

一般来说，许多理论是比较枯燥甚至是晦涩难懂的。为了加强学生的理解和学习兴趣，适当的类比尤其是具体案例分析就显得非常关键。比如，本课程宏观篇第一章“国际金融管理的宏观环境”，会涉及国际经济学中一个非常经典的理论“三元悖论”（The Impossible Trinity），又称“不可能三角”（Impossible Trinity），该理论是开放经济条件下一国经济谋求内外均衡之政策选择与搭配管理的重要分析框架（Krugman，1999）。根据这一理论，开放经济体货币当局只能在资本自由流动、固定汇率和独立的货币政策三个宏观目标之间选择，最多只能择其二，而不得不放弃另外一个目标。这是客观经济规律，理论分析如此。

如果仅仅是介绍这一理论概念，学生可能会对这一问题似是而非，不会有清晰深刻的理解。如果我们在仔细、准确介绍这一理论后给出一个具体案例分析，教学效果就会有质的提升。“不可能三角”模型框架如图 1 所示。

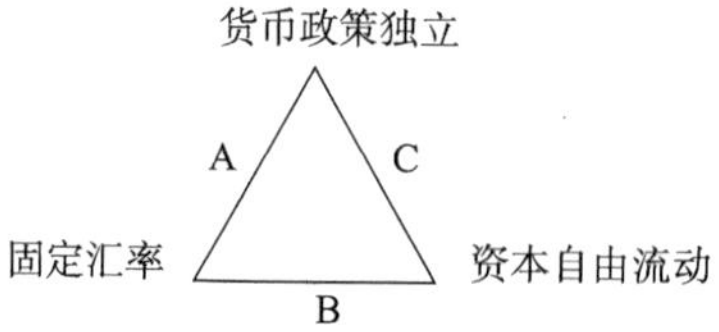

图 1 “不可能三角”模型框架

具体案例分析：

开放经济体三项宏观经济政策（货币政策独立、汇率稳定、资本自由流动）最多选择两项，即最多仅能选择上面三角形一条边（2 个顶点）所对应的 2 项政策，而放弃对应顶点的那项政策。

例如，中国当前是选择 A 边，即货币政策独立，固定 / 盯住汇率，但不得不放弃资本自由流动（中国资本账户有较严格控制）；中国香港是选择 B 边，即固定性很强的汇率制度，因为香港是自由港、国际金融中心，资本必须选择自由流动，于是不得不放弃了货币政策独立，被迫追随美联储货币政策；美国

是选择C边，放弃固定汇率（美元汇率自由浮动）。

一个国家或地区在开放经济条件下三者如何权衡是由这个国家或地区基本经济结构和发展阶段决定的。当前，由于中国金融市场开放度不够，外需在过去以及可预见的将来都是拉动中国经济增长的引擎之一，因此人民币汇率要保持相对稳定，再加上中国是世界第二大经济体，货币政策必须要保持一定的独立性，这些都共同决定了在相当长的时期内中国最合理的选择只能是A边。当然，随着中国金融市场化程度的深化，资本自由流动的利益越来越明显，以及人民币汇率市场化和弹性不断加强，中国未来的宏观政策选择应该是向C边逐渐迁移。

再举一例，本课程第四章“国际储备管理”，分析了国际储备管理的核心问题：适度规模与结构优化。不过，一个更基础性的实践问题“中国外汇储备究竟是谁的钱？能不能分？”曾经引发了当时社会普遍的思想困惑。课堂上提问学生此问题，也是七嘴八舌，观点不一。这时，可以引一篇《人民日报》2011年10月17日的调研报告作为案例，该报告在走访了大量群众、企业和专家后，对此问题以及相关问题给出了如下权威解读：

（1）外汇储备究竟是谁的钱？

外汇储备是央行的钱，也代表国民财富，不能理解成一般意义上中国老百姓的“血汗钱”，不能无偿使用。

（2）外汇储备多不多？

按照传统观点，我国外汇储备规模已远远超过最低警戒线，这么多外汇储备是传统经济发展方式运行的结果。

（3）外汇储备能不能分？

无偿分给民众会导致通货膨胀、央行破产等严重后果，“花”外储应坚持有偿使用、境外使用的原则。

（4）外汇储备投资是否划算？

持有美国国债不是最佳方案，而是现有条件下的现实选择，应适时、稳健地推进外汇储备资产多元化。

三、教材数据和案例经常更新是提升教学质量和吸引学生兴趣的重点

本课程选用的教材版本比较老（根据学生的学习能力以及国内现有教材难易和符合本课程宗旨等综合考虑暂用该教材），因此，许多数据都已经老旧过时，许多案例也不能充分反映和贴近当前国际国内的热点问题。本课程必须在

这两方面做出频繁、重大的数据更新和案例调整。这样，本课程虽然重复讲过多轮，也比较成熟了，但每一次的教学都依然充满挑战，教学工作量丝毫不减。对于讲授这门课程的老师而言，每次备课时的数据更新、新案例选编都是自己知识更新和教学能力的提高；对学生而言，每次都能接触到更新的数据和案例研究，必然会激发其学习兴趣和学习能力。

举几个例子：

第一章“国际金融管理的宏观环境”，经济全球化表征之一，贸易全球化，我们更新到最新的世界贸易数据和重要贸易国家数据（美国、中国、欧盟、日本等）；跨国公司是经济全球化的载体，关于跨国公司，我们更新了数据，并着重介绍跨国公司的代表，世界“500强”数据；对于资本流动全球化、自由化问题，我们以这方面的主要数据来源 BIS 网站的数据来更新。

第二章“国际收支管理”，我们介绍了 IMF 最新的 BPM6 版本的国际收支平衡表、最新的中国国际收支数据、最新的《××年中国国际收支报告》和它们的数据来源中国国家外汇管理局网站（SAFE）。

第三章“外汇和汇率管理”，我们介绍了 IMF 最新版本的《汇率安排和汇兑限制年报（AREAER）》，汇率制度的分类和中国在年报中被 IMF 认定的事实汇率安排，以及增补拓展了香港“联系汇率制度”之前世今生案例。对于此章的“美元化和欧元化”问题，我们提供了 IMF-COFER database，给出了实时更新的世界主要储备货币占比数据；对于本章的“人民币汇率改革”问题，我们提供了更新过的更长时间区间的人民币改革历程和重要事件、重要关键数据。

这样的数据更新和案例增补非常普遍，分布在全书各章节，在这里就不一一列举了。

四、问题导向的拓展教学与理论知识的实践应用是课程的灵魂

对于教学知识的传播虽然要立足课本，但也绝不可囿于课本本身。教学的一大任务是根据所学知识去激发、拓展新的思考。此举一例：在讲授课本中的开放经济体必须面临“不可能三角”之权衡这个基本理论问题时，可以进一步激发学生对当前世界经济“逆全球化”实践问题的思考。理论必须能够联系实践和分析现实问题才有生命力，才能学以致用，理论知识的实践应用是课程的灵魂。

就此，我们拓展讲授了“反全球化（Anti-Globalization）逆流”这一当前突出的现实问题。

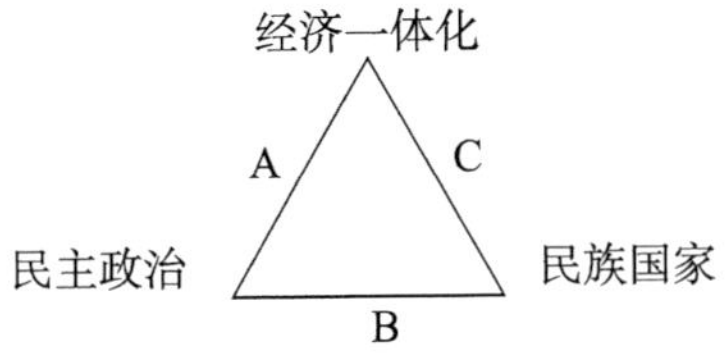

图 2　Rodrik triangle

Dani Rodrik（2000）认为尽管经济全球化势不可当，但蕴含着内在的危机。根源在于全球经济一体化与全球政治上层建筑间存在不可调和的矛盾。他提出了“全球化三元悖论”，即经济一体化、民主政治和民族国家难以同时兼得，最多取其二（如图 2）。简而言之，经济全球化要求各国采取削减贸易壁垒、统一税制与监管、开放资本流动等一体化措施，但这会对国家主权造成威胁。如果要在保证各国主权完整的前提下强行推进全球化，当国内部分群体利益受损时，则只能牺牲这部分人的利益，但这又违背了民主原则，于是乎保证民主和主权完整必然会使经济全球化放缓（如特朗普总统为了维护他的基本盘“铁锈区”选民的利益，必然会对钢铁制品贸易进行贸易保护，从而危及这一行业的自由贸易）。

破解“全球化三元悖论”的关键在于“自由流动”，包括资本、劳动力的自由流动（欧元区已实现），甚至权力的自由流动（欧盟没实现）。但权力的自由流动是不现实的，也许是人类社会永远的乌托邦。

所以，“全球化三元悖论”也是各国利益以及各国国内各利益集团激烈博弈下的权衡产物，当然，这种权衡也是不稳定的，是动态变化的。中国的态度是应该旗帜鲜明地反对这股“逆全球化”逆流，团结世界一切支持自由贸易的力量，结成联盟共同对抗这股逆流，维护经济全球化的大局。毕竟，中国是世界经济全球化的获利者，坚持和维护世界的自由贸易对中国利远大于弊。

五、本课程教学经验总结

20 世纪 90 年代中后期以来，国际金融环境发生了重大改变。经济全球化、金融自由化浪潮不断深入推进，强烈冲击着传统的国际金融体系和国际金融市场。发达国家的金融市场基本完成了自由化，新兴市场国家的金融市场也不断解除管制，日益自由化。此进程中伴随着国际资本流动规模与流动速度的不断放大和网络金融、金融衍生产品的迅猛发展。经济全球化、金融自由化一方面优化了资源配置，促进了当事国与整个世界经济的发展，另一方面金融危机频频爆发，严重威胁世界经济的稳定和可持续发展。

理论教学是为现实服务的，面对新的国际经济、金融发展背景，国际金融管理课程不再局限于微观领域，其教学研究重点开始向宏观经济领域倾斜。原因有三：

第一，国际金融危机的频繁爆发从一个侧面表明，传统的国际金融体系已经难以承受金融全球化的冲击。大多数国家国内金融市场在开放条件下变得极其脆弱，几乎不具备在金融全球化环境中依靠自身实力抵御外部冲击的能力。即便具备较发达金融市场的国家，由于金融体系天生脆弱性等内生性问题存在，金融市场系统性风险隐患始终无法根本消除。因此，近一二十年来，国际社会要求改革国际金融体系，要求强化国际金融合作的呼声变得日益高涨。关注并研究国际金融体系和全球金融市场的改革问题，构建新的安全、高效、透明、公正、普惠型的国际货币金融体系与市场就自然成为当前国际金融管理的首要目标。本课程第一章、第五章、第六章对上述问题展开深入理论分析，辅以我们精选的配套案例解读，以期达到理论必须与真实世界相结合，服务于真实世界，并且通过真实世界拉近学习距离，激发学生学习兴趣的教学目的。

第二，几乎所有的国家在经济全球化、金融自由化大背景下都面临着“内外”权衡困境。一方面，要推进市场化进程，不断开放市场，利用外部资源促进本国经济发展，提升本国国际竞争力，尽可能分享全球化的红利，但国内市场的开放，也会加速金融风险的累积、放大与传染，一旦爆发金融危机，会对当事国以及受危机传染国的经济带来严重冲击，甚至可能引发全面的社会政治危机；另一方面，如果继续实施严格的外汇管制，虽然可以更好地维护国内金融体系安全，但这些非市场经济的控制手段会严重侵蚀效率，产生诸如过度保护、道德风险等负面问题，其结果是很可能会陷入经济僵化、低效运转的泥潭无法自拔，长此以往也最终会引发国内严重的经济社会危机。因此，开放经济背景下，如何权衡金融安全与市场效率问题，成为国际金融管理始终要面对的难题。本课程第二章、第三章、第四章会针对上述某些议题给出分析与解答。我们理论教学与配套案例分析材料、辅助阅读材料的教学目的都是想让学生明白：同一时期不同国家，或者同一国家不同时期这种“权衡”都可以不同。效率与安全必须与一国经济发展阶段以及具体国情相适应，既不可以“跨越”也不可以“停滞”。

第三，作为微观主体的企业在经济全球化下所面临的市场环境发生了质的改变，跨国企业的市场运作会在一个越来越经济一体化、金融自由化的国际经济大环境下开展。于是，影响金融资产价格变动的不确定因素明显增多，衍生金融产品的泛滥、OTC 交易的普及使得企业国际经济交易的风险性与竞争性大大增强。面对动荡不定的国际金融市场，跨国企业在研判全球金融市场、金融资产价格走势时，既要分析影响资产价格变动的基本面因素，又要观察本国以及相关国家的政策取向、国际合作的政策安排、突发事件的影响，等等。这就要求跨国企业的生产经营必须以全球化的视角来研究国际金融管理问题。本课程第四章，在涉及中国企业“走出去”问题时，我们以具体数据和案例深入分析了该问题，并通过提前布置思考题让学生就此问题展开分组讨论，深化了学生认知。

总之，本课程力求大量引用和借鉴国内外国际金融管理领域最新研究成果和具体政策实践。同时，关注近期国内外重大经济、金融热点事件，选择相关事件按照本课程特点编辑整理，向学生们介绍，然后采取课堂讨论或课后作业形式共同分析、解读事件来龙去脉，始终抓牢学以致用这根主线。另外，本课程也特别注重培养学生独立思考的研究能力。通过经典论文详解，指导学生查阅文献，然后去发现问题、思考问题、解决问题。

参考文献

[1] 朱叶 . 国际金融管理学 [M] . 上海：复旦大学出版社，2003.

[2] [美] 贝克特，[美] 霍德里克 . 跨国金融管理（第 2 版）[M] . 北京：机械工业出版社，2015.

[3] 姜波克 . 国际金融学 [M] . 北京：高等教育出版社，1999.

[4] 刘园等 . 国际金融学（第 2 版）[M] . 北京：机械工业出版社，2016.

[5] 易纲，汤弦 . 汇率制度“角点解假设”的一个理论基础 [J] . 金融研究，2001（8）.

[6] 易纲 . 汇率制度的选择 [J] . 金融研究，2000（9）.

[7] 孙国峰，尹航，柴航 . 全局最优视角下的货币政策国际协调 [J] . 金融研究，2017（3）.

[8] Helene Rey. Dilemma not Trilemma：The Global Financial Cycle and Monetary Policy Independence [R] .NBER Working Paper，May 2015.

[9] Frankel J.A.No Single Currency Regime is Right for All Countries or at All Times [J] . NBER Working Papers，1999，No.7338.

应用型本科院校提升“国际结算”课程教学效果的有关探讨

李　峰　廖元琪[①]

一、引言

当今国际结算对人才的需求出现了以下新特点：第一，要求专业知识扎实，熟悉业务产品；第二，要求操作和实务经验丰富；第三，要求对相关政策和监管条例敏感；第四：要求英语应用能力强并拥有相关证书资质。使得国际结算本科人才无论在专业素养还是实操技能上，都面临着新的挑战。

应用型本科院校在有限的实践教学条件下，要想培养出实践能力强的应用型国际结算人才，建议可借鉴产教融合和课证融合人才培养模式，通过改进教学设计，增加企业案例分析及增强实际操作等模拟体验，调动学生的热情和兴趣，从而提升国际结算课程的教学效果。

虽然目前有关国际结算教学方面的研究颇丰，但大多都集中在教学方法、教材改编等方面，关于产教融合和课证融合人才培养模式在国际结算课程中的运用研究还较少。目前，国际结算教学中的问题主要体现在两个方面：一是在教学过程中无法全面体现该课程的应用性、操作性强的特点；二是对该课程实际应用部分的考核比较困难，传统的教学考核方式在衡量和考察学生实际应用能力方面作用十分有限。并且，目前对于产教融合和课证融合的人才培养模式的优势，很多应用型本科院校在认知度和运用等方面还不足。因此，本文对产教融合和课证融合人才培养模式在国际结算课程中具体运用方面的探讨，就具有一定的现实意义。

针对这一情况，本文首先介绍了产教融合和课证融合人才培养模式，再结合国际结算教学效果现存问题和人才需求的新特点，对产教融合与课证融合在

① 李峰，经济学博士，上海立信会计金融学院讲师，毕业于韩国全北国立大学。研究方向：国际贸易实务、国际金融、绿色金融。
廖元琪，上海立信会计金融学院本科生。专业：国际金融。

提升国际结算教学效果中的运用进行了初步的探讨并给出了相关建议。

二、研究背景和意义

（一）研究背景

1. 国际结算课程概况

国际结算课程是为国际金融方向开设的专业限定选修课，同时也是金融学方向的选修课。其培养目标是通过本课程的学习，令学生掌握国际结算和外汇结算等相关基本原理和业务知识。课程主要围绕国际结算中的票据种类、国际汇款、信用证、运输单据和其他单据、融资、银行保函以及非贸易结算等内容。

2. 产教融合

产教融合，首先要与常见的校企合作的概念区分开来。产教融合，一般是指行业企业和高等职业院校为了各自的发展需要彼此配合相互融合为一体，是一个双向发力的过程。校企合作，则是高等院校为了实现人才培养目标，主动向企业靠拢，寻求与企业的联合。目前校企合作的主体主要还是高校，是一个单向发力的过程，很难真正与企业形成合力，尤其是在地方本科高校转型之初，人才培养的特色和优势还没有形成、企业短期内还无法从高校获取人才红利时，这种合作效果还有待发酵。

3. 课证融合

课证融合，是实现充分就业与优质就业目标的一种高素质应用型人才培养模式。简单来理解，就是对应就业市场的实际岗位需求，将职业证书考试的内容与高校的实际专业教学方案相结合。这种模式，不仅可以及时修正学生培养的目标定位，充实和完善现有高校的培养体系，还紧跟人才市场需求变化，可灵活调整人才培养模式。本科“课证融合”人才培养模式是在当前校企合作培养应用型人才效果不佳的背景下由部分应用型高校率先创新的一种人才培养模式，最终的目的是要让高校的日常教学紧贴职业资格认证标准，并与劳动岗位需求相结合，最终使学生在求职过程中直接受益。

（二）研究意义

2015 年《关于引导部分地方普通本科高校向应用型转变的指导意见》中，

已对应用型本科院校未来的培养目标、专业设置、课程体系、教学模式做出了相关指引，主要强调要根据市场人才需求，进行理论和技术创新，突出培养学生的实践应用和解决问题的能力。

2015 年的全国教育工作会议和 2002 年国务院颁发的《关于大力推进职业教育改革与发展的决定》中，也已明确了产教融合和课证融合培养模式的重要性。然而，目前对于产教融合和课证融合的优势，很多应用型本科院校在认知度和运用等方面还不足，因此，对产教融合和课证融合人才培养模式在国际结算课程具体运用方面的探讨，就具有一定的现实意义。因此，为提升应用型本科院校国际结算课程教学效果，本文以产教融合和课证融合理念为中心，对提升应用型本科国际结算课程教学效果的相关问题进行了初步探讨。

三、国际结算课程教学现存问题和人才需求新特点

（一）现存问题

最近几年，部分本科院校已经在积极向应用型大学转型，也有了一些初步建设成效，但大多数院校的课程体系和考察方式依然沿用以往的模式，相应的人才培养标准也还无法达到对标水平，从而导致国际结算课程在教学及实践中出现了以下常见问题：

1. 合作模式单一不够深入，融合渠道不贯通

我国地方应用型本科高校目前正处于转型发展的初期阶段，因而所谓的校企合作，还主要局限于共建学生实习基地、顶岗实习和订单式培养等，总体合作模式较单一，合作内容不够系统深入。原因主要包括合作模式不够深入、融合渠道不贯通、认知缺乏等。一方面企业由于自身逐利的需求，对合作缺乏动力和热情，另一方面高校对校企合作也准备不到位，并未提出科学合理的合作方案。

遗憾的是，虽然一些地方政府也出台了推动校企合作的地方性文件，如 2007 年，上海市出台的《关于本市推进校企合作培养高技能人才工作的实施意见》，但提倡只停留在政策层面，缺乏刚性的约束机制。因此，目前大多数校企合作关系的建立与维系主要还是靠人脉关系和信誉，大多是短期的、难以持久的浅层合作。要真正解决问题，就要尽快由政府以立法形式制定有关校企合作的法规条例，从而明确政府、企业、高校在产教融合中各自的职责和义务。

2. 双师型师资团队力量欠缺

虽然很多转型发展的高校正在积极开展相应的双师师资团队的组建，但目前来看现状却不是很理想。一方面，很多转型中的高校已有的师资团队还是沿用过去的模式即以理论讲授为主，在实验和实践教学等应用型人才的教学改革中还难以适应。另一方面，来自企业的师资虽然在实践动手能力方面有优势，但又大多理论功底不强，缺乏高校教学基本技能和方法方面的培训。因此，现状就是师资队伍的能力薄弱，进一步制约了产教融合和应用型人才的培养。

3. 教学过程中普遍存在课、证分离的情况

以金融财经类本科学生为例，即使学完了相应专业必修课如金融、会计、税法等，还是无法完全匹配适合就业市场的职业证书考试科目，专业内容也缺乏实践创新内容。比如学完了国际结算课程，学生在备考相对应的职业资格证书，如国际贸易单证员证书、国际商务师执业资格等职业证书时，依然需要花大量时间在课外“开小灶”，以提升自身的专业实践能力和技能熟练程度，从而满足就业市场的人才需求。

4. 对课证融合重要性的认知缺乏

很多应用型本科学校课程体系的专业教师对课证融合的认识普遍不高。其主要原因有：第一，缺乏双师型教师，专业教师又普遍缺乏行业实践，相应职业证书知识的缺乏也使得教师无法给予学生及时有效的指导。第二，教师对人才培养目标认知普遍比较模糊，还是重理论教学，轻实训教学，并且目前大多的实训教学仍然是形式大于意义，无法取得既定效果。第三，缺乏职业教育的有效引导，导致学生对自身职业规划重视不够，不愿额外付出精力和财力去考证，或者能投入的精力受限，导致就算考了，通过率也不高。

（二）国际结算人才需求新特点

当今国际结算对人才的需求已出现了以下新特点：第一，专业知识扎实，熟悉业务产品；第二，操作和实务经验丰富；第三，对相关政策和监管条例敏感；第四，英语应用能力强并拥有相关证书资质。

从银行国际结算业务工作看，外贸企业对国际结算业务也有了一系列新的需求。过去外贸企业更愿意选择银行来办理国际结算业务，认为其信誉好以及专业程度高，而现在随着企业贸易融资需求的增强，也派生出了一系列新趋势，比如目前的国际结算界更倾向使用人民币，其套利属性正在增强，信息技术手

段应用更加广泛等。

过去国际结算课程的内容，包括汇款、信用证、托收等，都是围绕银行为核心进行的国际结算过程。但是，现今的企业则普遍倾向使用网银转账、支付宝、微信等高效简单的互联网支付手段，传统成本较高的信用证、托收等手段则逐渐被边缘化。据统计，目前国际结算中的汇款手段应用约占 80%，而作为过去教学比重最大的信用证手段在实际运用中却已下滑到只占 17%。

四、提升国际结算课程教学效果的建议

（一）产教融合的运用

1. 建议更新授课内容，拓展实训平台

首先，建议更新国际结算课程授课内容。需要教师根据新经济环境下国际结算业务的新需求，灵活调整国际结算课程的教学内容：一方面，建议调整传统知识点的比重分配，着重增加实务实操的内容，如融资、福费廷、进门保理业务、结算套利等。另一方面，建议增加第三方支付和跨境电商的内容比例，如支付宝、跨境电商平台操作、信用卡跨境使用等。

其次，建议加大建设国际结算实务实训平台的力度。以提升学生解决问题的能力为目标，结合线上线下混合方式，结合教学内容，灵活使用分模块教学等多种教学方法，培养学生的专业技能，提升学生的独立思维和创新能力。一方面，建议进一步丰富日常实验教学需要的数据库资源，增加获取相关行业数据的渠道；另一方面，建议进一步丰富行业实操案例库，力争将教学知识点与行业岗位需求相对接。比如为学生提供获得知名跨境电商平台数据的渠道，结合在线教学平台，学生可以在网络互动平台和教师交流，及时反馈教学效果。

2. 建议借助多媒体，引入多元化考核制度

首先，借助多媒体等教学设备。一方面，充分利用网络课堂，为学生提供资料和交流空间。教师可借助多媒体等教学设备讲述课程重点和难点，也可组织学生组成多个学习小组自学，之后再汇报研究成果并组织小组讨论总结。另一方面，教师可结合移动终端，如微信群、手机 APP 等平台，从案例库和数据库导入企业案例、布置学生课后测验等。也建议学校调动已有的企业人脉和资源，模拟合同洽谈、国际结算操作等真实场景，让学生感受真实的角色体验，真正实现从演习走进实战。让学生真正掌握国际结算实操技能，也有利于学生

未来入职银行国际结算中心或外贸企业等相关岗位。

其次，可尝试教师和企业专家双导师模式。以往仅仅使用卷面应试考试的考核方式造成学生平时不注意学习总结，只靠期末临门抱佛脚，教学效果非常有限。为适应新的国际结算人才需求，考核方式也应该多样化，加强对学生团队沟通、领导力培养以及解决实际问题的能力考察，比如可以适当结合公司银行的实际情景进行实景模拟等。

3. 建议进一步加强双师师资建设

国际结算业务新需求的不断涌现，也对教师和高校提出了与时俱进的新挑战。教师需要时刻注意对自身知识体系的完善和更新，高校也需要进一步推进双师师资建设，加强引进具有国际贸易专业能力和业界经验背景的师资人才。具体来讲，一方面，可引入银行国际结算专家，或者具有跨境电商等从业经历的人才，以讲座或沙龙形式走进大学课堂，与学生互动业界动态，拓展学生的知识面和实践能力。另一方面，也需要鼓励教师到银行或者外贸有关行业调研、挂职或者进修，共同联合开展横向课题项目研究等，在提高教师实践实战经验的同时，加强建设学生实训实践基地平台，真正做到产教融合。

（二）课证融合的运用

1. 建议将国际结算课程教学与考证教学相融合

以国际结算中常见的国际商务单证员考试为例，教师可以在教授课程大纲既定的内容之余，适当补充职业考证的试题内容，既能强化学生对国际结算基础理论的掌握，也能提升学生对国际结算实操技能的熟练程度，还可以调动学生对国际结算实务实际操作的兴趣，以提升国际结算课程的实际教学效果。此外，在有余力的情况下，教师还可组织学生参加单证员考试，真正实现课证融合。

2. 建议将国际结算课程教学考核与考证相融合

在课证融合人才培养模式下，对学生综合实践操作能力的考核是核心。为了顺利通过考核，需要学生在平时学习中持续认真听讲，这样既能改善学生的被动性和期末突击的现象，也能提升对教师教学效果和学生学习效果验证的全面性。相应地，建议教师也可适当在国际结算课程的平时成绩和期末考试中，试着融入部分考证的试题内容，以培养学生持续学习课程的主动性。

参考文献

［1］梁瑞，郭嘉楠，崔玮．课证融合视角下国际结算应用型人才培养模式探析［EB/OL］.Proceedings of 2018 4th International Conference on Education and Education Research（EER 2018）（Advances in Education Sciences），2018（15）.

［2］邓晓虹．基于产教融合的国际结算课程开发研究［EB/OL］.Proceedings of 2018 4th International Conference on Education and Education Research（EER 2018）（Advances in Education Sciences），2018（15）.

［3］杨莉．新经济形势下基于业务需求的国际结算课程教学改革研究［J］．湖北函授大学学报，2016.

［4］曹丹．从“校企合作”到“产教融合”——应用型本科高校推进产教深度融合的困惑与思考［J］．天中学刊，2015（1）.

［5］李敏．国际经济与贸易专业国际结算教学模式探讨［J］．当代经济，2015（32）.

［6］曹冬艳．应用型人才培养目标下“国际结算”教学改革研究［J］．江苏科技信息，2014（24）.

建立以金融市场实务为导向的外汇交易实训模块

——基于“金融市场学”和“国际金融学”课程共享模块的需要

徐笑丁　孙　涛[①]

目前国内高校金融专业本科课程体系中，大部分设置了国际金融和金融市场学这两门专业课。两门课在国际金融市场这一独立章节内容上是基本重合的，因此，可以考虑在两门课的教学中，共用教学内容和课件，而且为了加强学生的直观认识，在两门课的实践环节，加入外汇交易模块。在时间安排和技术要求上，具备可行性。

一、财经高校外汇交易实训现状

（一）外汇交易以及实训的范畴、适用对象

一般而言，外汇交易方式是指买卖外币计价金融工具的过程。根据实际需要分为实盘交易和保证金交易，后者拥有资金杠杆效应，因而可以进行多空双向交易（本文外汇交易不包括银行的本外币汇兑业务）。

外汇交易实训主要是针对金融学专业的在校本科生或专科生，一般在学生进入最后一年学习期间，在用人单位进行实习并签订工作协议之前开设专业实训，大多数设备归属于金融交易实验室，要求专设互联网通信、外汇市场信息系统、交易软件以及后台管理系统。一般要求学生已经接受过金融学或国际金融的理论课程培训。

（二）国际金融市场外汇交易的现状

随着我国金融业的对外开放，金融业务和产品日趋多元化、复杂化和全球

① 徐笑丁，经济学硕士，上海立信会计金融学院讲师，主要从事国际金融和金融市场的教学和研究。近年来，重点关注汇率风险管理以及跨境投资问题。已在国内外公开及核心刊物发表论文近5篇，参编教材8部，主持和参与上海市教委课题3项。
孙涛，上海立信会计金融学院2015级金融学专业本科生。

化，金融机构竞争的关键在于人才的竞争，而当前中外资银行、非银行金融机构都需要大量的国际金融人才，其中对于外汇交易方面的专才尤为需要，体现为：熟悉国内外经济金融法规以及知识，可以熟练运用通信设备以及交易系统，具备强烈的金融风险意识以及自我控制和管理能力。

现代外汇交易已经不再通过人工报盘和电话终端交易，基本通过互联网来实现，因此可以参与正在营业的其他国家外汇市场进行实时的 24 小时连续全球交易。同时，由于金融市场交易大量使用的新技术和设备，交易操作也从人工下单委托转为多操作平台的自动交易系统，因此，交易员本身要有足够的专业知识和经验积累，同时也应有较好的心理素质以及反应能力。而院校和实务部门可以提供较为系统的专业知识，但经验、心理和反应能力只能通过交易员大量的强化训练和交易获得。

目前，招募外汇交易人员的金融机构主要包括中外资银行、公募或私募基金管理公司、大型国有企业等，涉及的职位主要有金融产品销售、交易员、分析师、投资总监等。但从高校毕业生目前的职位来看，大多为初级的业务营销和文书工作，极少数在经历多年培养后能够真正从事外汇交易。

（三）高校外汇交易实训的现状

基于培养应用型金融人才，国内相关高校大多立足于已有的财经类专业实验室硬件，建立仿真式或者真实外汇板块业务综合系统（包括结算、汇兑和外汇交易），外汇交易系统多采用基于 Windows、Web、Java 平台的网络报价和交易终端，具备提供动态金融信息、主要市场价格和虚拟交易竞赛的功能。在实训课程中，学生担当教师分配的角色，根据指定的任务，完成相关指令。主要的交易委托经过终端界面发送到服务器，进行资金划转和过户。此外，由于类似模块是基于通用金融交易平台开发的，提供多种投资工具的交易界面，使用者可以组织校内金融交易比赛、校际交易比赛，根据品种不同可以分为证券交易大赛、期货交易大赛、外汇交易大赛。管理员可以指定学员为某一大赛管理人员，由其来发布交易大赛规则及信息，管理整个交易大赛活动。

二、外汇交易实训的意义与作用

（一）与传统教学方式相结合，提供更有效率的多样化教学手段

目前许多院校建立的金融专业实验室，旨在弥补通用计算机系统使用性不

足的缺点，此外，还设立专项资金购买功能模拟软件，将课程教学内容如汇率、外汇内容与实际外汇交易委托和市场动态信息紧密结合，达到教学相辅的目的。这样，通过高度仿真的交易系统以及网络环境，可以为国际金融教学和学生训练提供一个系统化的专业教学软件和硬件平台，使学生能够较全面、深入地理解并掌握学科专业的内涵和实际应用。部分网络接入功能甚至可以提供远程实习和教育服务，降低了实验管理部门的现场工作任务，但也对远程管理能力提出了新要求。

（二）为金融市场学、国际金融学建设共享教学科研平台

金融市场学在体系方面，除了金融市场分类、金融机构和工具之外，还包括国际金融市场等内容，而国际金融学在国际金融理论和实务之外，也专设国际金融市场的章节，其中对于外汇交易这部分的实际操作是国际金融市场实务的重点之一。然而单纯通过课堂教学讲授效果并不理想，而交易实训模块可以提供直观、完整的仿真环境，较好地实现教学目的。此外，在当前经济研究越来越重视数量化的背景下，财经高校引入金融实务部门的外汇业务系统，使高校科研部门在整合高校的研究资源的情况下，直观地观察和了解外汇业务流程、市场运作规律，进行市场数据处理以及分析，根据实训中产生的问题进行研究和反向设计，以此为基础开发有效的汇率分析模型和货币交易策略，甚至可以将科研成果（如市场有效性检验等）应用到模拟交易、实际交易中。

（三）增强毕业生实际应用能力和适应能力

由于银行等用人单位提供给学生的实际实习机会较少，尤其是外汇交易岗位，因此，很多院校不得不利用模拟实验室提供虚拟交易环境和工作平台，同时要求学生在毕业前完成至少一学期的实训课程并计入学分，这种做法强化了学生对于基本工作环节的认识，了解了部分工作岗位需要，缩短了毕业生从校园到工作岗位的适应时间，降低了用人单位的再培训成本。

（四）满足实务部门员工培训需要

某些院校利用较好的实验室环境以及丰富的社会资源，与金融机构和部门展开双向合作，不仅为银行输送毕业生，也能够为银行甚至是非银行金融机构的在职员工提供在职培训的软硬件平台。

三、外汇交易实训中现存的问题及思考

在国际金融市场快速发展的进程中，参与主体的多样化，以及我国金融业的对外开放，很多新型业务和工具逐渐被引入，再加上更多新技术、新工具和平台的涌现，现有的金融模拟交易实训系统已相对滞后，不能完全满足学校的实训教学、科研以及实务部门的要求。主要的发展瓶颈和原因在于：

（一）实训模块整体地位不高

目前，实训类模块尚未得到足够重视，导致资源的投入、参与、设计和使用不足，这是由于当前财经院校的金融核心课程教学仍然侧重课堂研讨，以抽象推理作为训练目标，而非基于实践培养学生的归纳和演绎思考能力，因而整个金融实训课程体系仍处于次要地位。此外，外汇交易实训弱化问题较为突出，在部分院校甚至没有开设专门实训，实训与专业课程的教学环节嵌入结合也有待加强，这导致各校现有金融交易实验室的实际利用效率不一，也造成了专业模块的资源浪费，部分设备闲置或留作他用。

（二）学生实训效果参差不齐

部分金融专业学生对于外汇交易有浓厚兴趣，但积极参与的比例仅占 5%以下，出现这一现象部分原因在于目前大多数学生以通过理论考试为主要目标，认为实训的内容与就业、国内外深造等个人目标关联不大，只需要了解委托终端基本功能以及基本交易流程，通过考核即可，而对于最核心的交易策略、资金管理、交易心理等基本不予重视。但同时也与下文所述的实训系统自身的不足、课程的设计不合理等因素有关。

（三）外汇交易实训课程设计不够完善

第一，课程培养目标不够明晰，且定位有局限性。由于多数院校培养目标定位于为银行类金融机构输送人才，因此，实训设计较为重视银行类金融机构的外汇业务从业要求，没有考虑到非银行机构如对冲基金、保险公司甚至是个人交易者的培训需要。

第二，实训任务模式设计相对简单，与实际结合不紧密，未能考虑不同部门、不同层次业务的交易目标，同时交易任务没有基于不同市场状态加以分类安排，也未设置团队合作任务以加强对抗性和团队合作。

第三，课程考核指标较为单一，一般要求学生掌握软件功能、信息解读、不

同工具模块以及实盘、保证金下单等，考核多以委托成交记录作为依据，并未对交易前准备、交易策略、资金管理等实际工作中的重要内容加以考察，实训过程以及效果并未设置硬性指标。

（四）实训软件存在的问题

各院校现有金融综合实验室硬件规模大，虽考虑到了主管部门的评估需要，但网络平台以及软件有所欠缺，可操作性与实际环境尚有距离，具体如下：

1. 现在的金融投资实训软件涉及的交易品种有限

由于我国外汇市场的快速发展，交易软件公司现有的产品大多根据商业银行的现有货币品种设计，仅有主要货币对，且根据教学单位需要做了删改，并未考虑金融交易活跃度在不同货币上的迁移，尤其是对美元货币对向对欧元货币的转向趋势，以至于与实际脱节。例如，图 1 为工行模拟外汇系统互联网版的主要品种，基本集中在以美元为主的货币对上，国外常见的交叉汇率和衍生品种并未提供，对于国际外汇市场的观察显然有所不足。

行情报价区

◉基本盘 ○交叉盘 ○所有盘 无优惠档次

无优惠档次

币种对	升降	买入价	卖出价	中间价	最高价	最低价
欧元/美元		1.3048	1.3078	1.3063	1.3070	1.3044
澳元/美元		1.0505	1.0535	1.0520	1.0550	1.0499
英镑/美元		1.5316	1.5346	1.5331	1.5332	1.5317
美元/日元		99.38	99.68	99.53	99.85	99.36
美元/加元		1.0132	1.0162	1.0147	1.0156	1.0140
美元/瑞郎		0.931	0.934	0.9325	0.9340	0.9322
美元/港元		7.7609	7.7639	7.7624	7.7630	7.7613
美元/新加坡元		1.236	1.239	1.2375	1.2389	1.2372
黄金/美元		1559.86	1560.16	1560.01	1561.10	1553.28

刷新

图 1　工商银行模拟外汇系统互联网版

2. 软件管理功能和环境仿真不足

由于基于传统外汇交易终端设计，实训软件不能体现交易的完整流程。同时，由于要兼顾教学管理的目的，在学生个人交易条件的设定上，多采用统一标准，如起始资金、保证金杠杆等，忽略了真实环境下个人、企业、银行参与者的不同交易条件。此外，现有实训软件对于外汇交易所面临的环境和对象没有充分考虑，仅仅提供了信息分析和委托交易两个主要环节，学生只按照银行或机构交易员权限登录系统进行操作，没有身份的调整转换功能，因此只能实现机构投资环境下的实训目标。

3. 软件的互动通信功能需要加强

目前多数实训系统只能进行简单的交流互动，学生之间及学生与管理员之间无法进行深入的交流互动，原因在于没有针对教学应用以及实务部门的环境来设计软件，只能用第三方邮件系统或者口头交流。

四、对于外汇交易实训课程建设的建议

（一）转变实训观念，逐步调整

1. 转变实训模块的辅助地位，优化实训模式

需要院校教学部门逐步改变实训模块作为辅助课程的传统观念，将其作为金融专业课程如金融市场学、国际金融学、投资学或者金融交易技术分析等的同步安排。这种同步安排对于课堂讲授和实训而言，内容上起到相互印证的作用，学习手段上达到相辅相成的效果。

2. 建立基于对象的任务引导型实训方案

表 1　不同行业岗位的实训要求

操作型	完成基本下单任务
交易型	有一定资金管理能力和权限，在前者基础上需要熟悉各类货币交易以及资金管理、心理训练
分析型	要求熟悉数据资料收集、挖掘和分析，以及相关数量分析工具
营销管理型	熟悉金融市场运作，尤其是外汇型金融产品原理

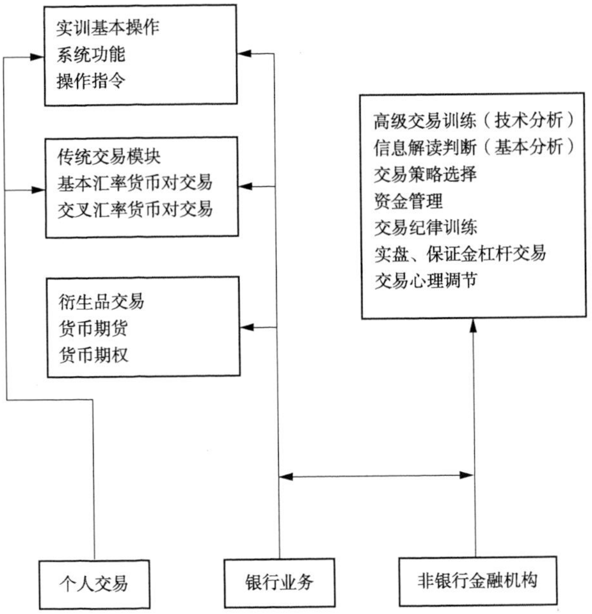

图 2　实训任务组合示意图

确立交易任务为中心的实训思路，内容组织、案例讨论、实训任务应以过程管理为中心。不应单纯为了教学以及模拟实训而设立实训课程，需要针对不断创新的金融环境、产品和实践，既保留基本的知识和应用模块，也留有动态调整的空间。一般可将银行外汇交易中的实盘和保证金交易作为基本模块，同时将可拓展的货币期货期权业务设置为衍生模块，分阶段设置任务和考察目标。

同时，也需要按照实务部门对于外汇业务人员的岗位要求、工作环境等多重目标对实训任务适当分类，进而设置组合式目标任务，经学生和教师交流后，根据个人进度和需要确定任务组合（见图 2）。

（二）院校与开发企业、实务部门充分沟通，联合开发并完善实训交易软件

为了避免纯业务软件不能满足教学需要，以及教学平台与实践环节不配套、脱节严重的双重矛盾，校企应当建立长期合作管理，在以下几个方向重点合作：

首先，功能改进交易软件和信息平台首先应尽可能接近实际环境，但应保留资金管理和杠杆选择的灵活性，以应对不同层次学生和不同任务的要求。应可进行外汇远期、期货合约大小以及期限设置，并保留一定的可拓展性，以便必要情况下实现仿真交易向真实交易环境转换。

其次，交易品种多样化应提供主要货币对，进行美元、欧元、日元、澳元、英镑、港元、瑞士法郎等外汇交易，以及与我国经贸往来密切的市场国家货币对人民币报价，并留有修改及新增交易品种的权限。

最后，辅助子系统设计。实训环境应提供动态监控和文字通信系统，有利于学生之间、师生之间双向交流，以及团队合作学习。同时，可以开放校内局域网的实时接收全球外汇交易行情数据权限，使学生可以在课外跟踪欧美亚主要外汇市场，形成连续交易的环境。

（三）改变传统实训方式，立足校内实训，加强校企合作实训

为了培养更适合实务部门需要的人才，需要开放思路，拓宽渠道，不再仅仅依赖校内模拟教学手段，可以借鉴国外院校的社会实习合作方式，与国内金融机构的外汇交易部门密切合作，更好地对接岗位需求并优化专业培养目标，也为科研工作积累大量经验数据，甚至可以引入实务部门资金，采取半商业化合作，对学生采用聘用制或者带薪实习方式。实务部门投入适当实盘资金，预先签订风险协议，学生在监管和指导下进行资金运作。

同时，国外一些高校设立商业化基金的方式也值得参考。一些私立大学由校董事会聘请投资行业人士管理募集基金，投资回报可以资助学校的运作。如美国哈佛、耶鲁等设有特定基金，募集资金定向于金融投资，所获收益用于学生奖学金或各种资助。

以上设想如果能够结合毕业生的定向培养、预先实习或签约计划，不仅可以提升就业率，提供合格的应用型、复合型金融人才，也可以更好地满足用人单位的需求，更可以在校企双方之间形成良性合作的循环，达成双赢局面，实现产学研的紧密结合。

参考文献

[1] 张艳英. 厦门校企合作人才培养动力机制研究——高职金融保险专业校企合作人才培养动力机制探索 [J]. 厦门教育学院学报，2010（1）.

[2] 陈伟芝. 构建科学完善的高职投资理财专业教学体系 [J]. 广东技术师范学院学报，2007（9）.

[3] 晏爱敏，冯月辉. 构建和完善金融学科全方位实验平台 [J]. 实验室研究与探索，2007（1）.

[4] 赵家敏. 从金融学科发展趋势看我国的金融人才培养——对金融学课程实验教学的思考 [J]. 高教探索，2003（4）.

[5] 王广谦.为金融事业培养更多的优秀人才[J].金融信息参考，2002（3）.

[6] 张亦春，蒋峰.金融学专业教学方法和教学手段的改进研究[J].金融教学与研究，2001（3）.

[7] 刘国梅，白首华.以就业为导向的毕业设计教学模式改革研究[J].河南教育（中旬），2011（9）.

从学英语到用英语学

——金融类专业全英语教学的本地化发展策略研究

邹兆敏　叶佳慧[①]

一、引言

相较于传统教学方式，全英教学金融专业课的最大特点就是英语的使用程度，这和大多数财经院校的类似专业课设计思路如出一辙。简而言之，就是带“国际”二字的专业都使用英语教学，以突出国际化特色。事实上，在现今专业课教学国际化程度越来越高的大趋势下，英语授课已经成为大多数院校的办学标配和着力打造的办学特点。首先，早在2001年教育部制定的《关于加强高等学校本科教学工作提高教学质量的若干意见》中，就已经要求各高校积极开展全英语（双语）教学，努力使5%~10%的课程能用外语授课，以培养具有国际竞争力的创新人才。其次，高等教育国际化发展也要求各校推进这项工作。当前很多欧洲和北美大学的商科专业教育均是国际接轨的，基本都采用全英语的授课方式。如果说国内高等教育国际化发展是一条必经之路，那么在当前留学浪潮的强烈冲击下，国内高校要谋求生存与发展，留住自己的生源，就可以遵循和国际接轨的思路，走国际化道路。而专业课程全英语教学是我国高校国际化的重点和难点。另外，为了应对高等教育的全球化竞争和切实推进国家“一带一路”建设，各高校也陆续扩大国际学生的招收比例，这其中尤以“一带一路”国家为主体。目前国际学生的主要来源是俄罗斯、印度、缅甸、新加坡、蒙古、津巴布韦、坦桑尼亚等国家，而且有逐步扩大的趋势。这些国家的学生精通中文的比较少，而英语是他们的第一外语或者是官方语言。因此，用英文授课是吸引这部分国际学生来华的必要条件之一。

---

① 邹兆敏，经济学博士，上海立信会计金融学院讲师，主要从事国际金融方向研究。近年来，重点关注人民币国际化和国际货币体系改革等问题。
叶佳慧，上海立信会计金融学院2016级金融学学生。

二、金融类专业开展全英语课程的需求分析

金融专业是很适合采用全英语教学模式的。笔者在教学实践中发现，英语在国际文化传播和财经活动中的优势使用地位对相关课程的教学有很大的影响力。有相当一部分英语专业术语很难准确地用汉语翻译，而用英语直接解释的效果反而更好。例如，在财会类课程教学中，对常见的三个“资”的解释，即资本、资产、资金，尽管它们的财会定义差别很大，但是在一些汉语教学课件中，甚至在一些不严谨的公开论文报告中，这三个词经常被混淆使用。如果用英文单词帮助理解，效果就好很多，资本是 Capital，资产是 Assets，资金是 Funds，三个英文单词差别很大，不会引起使用的错误。尤其是资产（Assets）在会计资产负债表中的特殊地位，让学生对其特性有了进一步的了解。又如，在概率统计中，学生因为对汉语“误差”有先入为主的理解，导致在教学中对标准误与标准差的区别辨识度下降。但如果使用英文单词，标准差为 Standard Deviation（简写为 SD），而标准误为 Standard Error（简写为 SE），其中的区别就比较明显。在实际教学中，英语的大量简写术语符号也会对有逻辑运算的表达式有相当大的帮助。由于大部分的财务和管理分析中的相关模型及其相应指标都是由英美专家学者制定并推广应用的，因此相应英文缩写的应用在相关领域非常普遍。比如市场营销领域著名的 SWOT 模型，财务分析中企业盈利能力指标 ROCE（Return on Capital Employed）等重要指标都是用英语表达。由此可见，在会计财务分析中，英语术语及其缩写的应用非常广泛。若是每个术语或模型都用中文翻译，不仅费时费力，而且由于文化背景差异，往往造成词不达意的情况，反而影响了学生理解。如果我们把视野放得再宽一点，就会发现无论文理科，越是专业程度高的课程，其英语词汇的使用频率就越高，相关的缩写用语就越多，且英语专业术语的特殊含义往往和其日常用意有很大差别。

综上所述，英语授课的效益是通过帮助学生避免中英翻译中产生的学习成本而来的，是经济学典型的机会成本概念的实际应用。这一特点凸显了开展英语教学专业课的优势，而这些优势主要是现代金融学发源成形并发展自西方，整个知识框架体系都是从西方引入的。要全面了解学科体系和最新理论，最好能直接阅读原版资料。专业核心课直接使用外国原版经典教材，能从教学内容上直接与国际接轨。如果专业知识都要等翻译以后再学习，其知识的时效性会大打折扣，不利于掌握最前沿的专业发展状况。而且全英语授课模式直接采用原版教材，能避免由于翻译而可能造成的概念不清或混淆。

二、金融类专业开展全英语课程的教学模式分析

一般认为，自教育部 2001 年提出本科教育要创造条件使用英语等外语进行公共课和专业课教学以来，专业课的英语教学大致有以下四种模式：

（一）学科专业英语阶段

本课程定位为英语课，教师多聘请外语系老师或者本系英语较强的专业老师，教学目的不是专业知识的传授，而是帮助同学熟悉领域内的专业词汇，是一门专业领域内的语言学习课程。这一类课程不能称为专业课，可以认为是传统开设的大学英语课程以及与专门用途英语（English for Specific Purposes，ESP）相类似的课程。它们大多以丰富和巩固学生相关专业课英语基础为教学目标，并不追求在专业领域讲授太多的知识点。

（二）专业课程双语教学

此类课程定位为专业课，代课教师一般为专业老师，采用原版教材，主要用中文（或者部分英语）传授专业知识，旨在与国际最新理念接轨，但是并不追求百分之百地使用英语进行教学和交流。双语教学法主张使用母语和外语混用来学习专业知识，它与学科专业英语教学的区别在于，它非常强调专业知识点的讲授。而和全英教学相比，它也适当放宽了母语使用的限制。

（三）以外教为主体的专业课全英语模式

这种模式受高校国际合作的推动，是目前专业课英语教学采用的一种比较成熟的模式。简而言之，就是聘请国外专业老师来中国授课。这种教学方式的优点是全浸式的专业课程教学，外教一般母语是英语，除了特别的口音，一般语言能力不会有大问题，但相应的对学生的英语要求较高。除了师资成本较高，教学周期短等不利因素之外，外教的授课安排一般以不影响其自身教学和科研为前提，这在客观上造成了来中国的外教往往采用高强度的短期集中授课，导致教师和学生都需要在很短的时间内互相适应，难度相当大，效果常常并不理想。

（四）以本地教师为主体的专业课程全英语模式

这是目前大部分高校积极推进的模式，虽然依旧处于发展阶段，但却是高校国际化进程中关键的环节。该阶段选拔专业知识和语言能力均强的本土教师用全英语讲授专业课程，即从教材、授课、讨论到作业和考试均用英语开展。

本模式的核心理念是从教学成本和安排的可操作性上使本地专业课程授课国际化，不仅培养了本地教师，而且在教学安排、授课内容和教学质量上都能稳定可控。

综上所述，我们基本可以得出两个结论：第一，全英语教学的趋势不可逆转。第二，本地教师为主体的专业课程全英语模式必然成为主流。虽然全英语教学有诸多优点，但是在具体实施的效果上依然不尽如人意，主要是在这高起点的课程名头之下，不少的学生和老师都感到英语教学专业课的收获远小于付出的辛劳。很多相关专业课变成了演示文稿朗读和阅读课，教学形式单一僵化。那么，是什么原因导致事倍功半的结果呢？这就需要我们从全英语授课的可行性细节上再作分析。

三、全英语授课的可行性分析

业内人士认为影响专业课程全英语教学效果的四大因素为：教学主体、教学对象、教学内容、教学理念和设计。笔者将从这四个方面一一阐述全英语授课本地化的可行性。

第一，高校专业课教师是当仁不让的教学主体，这里的关键词是“专业课”这三个字。近十年来，海归专业教师在高校教师的结构比例上升。相应地，本地教师中长期（>6 个月）的出国，特别是去英语国家进修访学的机会增多，比例逐年增大，这些都为全英语授课本土化提供了师资保证。所以，国内高校中具备全英语教学专业能力的师资力量正逐步增强。

第二，教学对象——学生的英文水平。客观上讲，我国学生英语学习所花的功夫（付出的成本）比起欧美非英语系发达国家是有过之而无不及的，但是成效却并没有和付出成正比，所以用“起得大早却赶个晚集”来形容一点不为过。所谓“起得大早”，是说我国教育系统在低年级就开设专门的英语课，并且学习英语受到全社会的高度重视。许多孩子接受义务教育之前就接受家长安排的额外英语课程。上学后，各种层出不穷的英语辅导班也是如影随形，直到考完雅思或托福出国算完结。国内一些学者，比如蔡基刚等就认为学生具备接受全英语教学的能力。他们认为，经管类全英语专业课一般在学生高年级时开设，在这个阶段，大部分学生的英文水平已达到了上全英语课程的要求。大部分学生都通过了大学英语四级测试，部分通过了六级考试。

第三，教学内容方面。一方面，金融方面专业课内容大多源于西方，因此本身就是英语内容。另一方面，相关的原版教材在国内市场的出版基本上可以达到和国外同步的水平。唯一的区别就是版本更新比较慢，但是仅限于数据和实事内容部分，在主要的理论方面并没有太大的变动。事实上，国内的经管专业教材出版社如中国人民大学出版社、机械工业出版社和清华出版社等也都设有经管类的原版教材系列，以及相应的中译本，这些都为全英语授课提供了教材保证。

第四，教学理念和设计。一般而言，制约教师全英语授课效果的主要因素不外乎三类：①专业知识；②语言能力；③教学理念和设计。一般而言，从事专业课程全英语授课的教师多为院系骨干专业教师，一般都有多年教授专业课程的经验。英语语言沟通能力确实让很多老师觉得有一定的压力。但综观美国的教育体系，教师的组成多元化特征非常明显，本土教师只占部分比例，有的甚至还小于 50%，即美国的大学课堂中，非美国裔教师的比例相当高，相当一部分教师的母语并不是英语。但是，在经过了一段时间的努力和适应后，绝大部分教师都能胜任大学的授课要求。因此，语言沟通困难迟早会克服，语言最起码不是主要障碍。

笔者认为制约全英语教学发展的主要障碍在于教学理念以及教学设计。对全英语教师的培养重点不仅仅是教师的英语水平，更是教师的全球视野与国际化的教学理念。专业课程全英语教学决不仅仅是指学生听教师用英语上课，教师只是把中文上课的内容逐字转化成英语传输，而是师生间用英语进行交流和互动。由于全英语教学必须用原版教材，而国外教材的编写是以西方授课理念和方式编制的，强调了以学生自主学习为中心的互动模式，因此，专业课程的全英语教学必须在教学方法上也同国际接轨。虽采用原版教材，但是授课方法仍然采用以单向传输为主的模式肯定行不通。那么，什么是适合的教学理念和相应的教学设计呢？那就要从现有英语教学专业课的教学理念偏差开始分析。

四、英语教学专业课的教学理念和具体实施方法的探索

（一）学金融英语还是用英语学金融

不可否认的是，现阶段有不少的学生和老师都感到英语教学专业课的收获远小于付出的辛劳。有学生反映，很多相关专业课变成了演示文稿朗读和阅读课，教学形式单一僵化。造成这一困局的原因就是教学理念出了偏差，由于英语教学定位不清，导致前后课程顺序安排混乱。一些院校对这一教学方式认识不足，与传统开设的大学英语课程以及专门用途英语（English for Specific Purposes，ESP），比如金融英语有所混淆，造成教与学双方的认识偏差。课程

定位的模糊导致教学目标偏差，对教学效果也无法有效评估。相关教师在教学过程中缺乏对学生的必要训练和引导，而学生对英语教学专业课的难度认识不足。如果双方均不能在整个学习过程中清楚学科定位，从而无法开发适合的学习方式，最可能的结果就是学生在专业领域英语词汇量上增加了不少，但对专业知识学习方面提升不足。

反观国外，西方非英语国家把外语沟通能力作为其学习的最终目的，这种工具导向的学习方式把培养使用英语的能力放在第一位，把英语本身的语法和发音规则放在相对次要的位置。因此我们经常在国际学术会议上听到带有浓重他国口音的英语表述，但是参会者并没有因此降低对其表达内容的重视。而我国还是将英语作为一项独立学科来建设，导致其工具属性没有得到重视，却突出了其翻译属性。换句话说，我国英语教学的重点放在了学习英语本身，而不是如何使用英语。这好比许多人对所使用工具本身的结构和特征了如指掌，但是却不会使用这种工具一样。这里需要说明的是，认识工具本身和使用工具两者有本质的不同，其学习方式、路径和成本也完全不同，前者是培养造车的技工，后者是培养开车的司机。两者的知识框架和范围虽然有交叉之处，但总体上其培训目标、内容甚至场所是截然不同的。而我们提升英语教学专业课教学效果的重要前提，就是要让学生具有一定的英语学习能力，成为开车的司机，而不是造车的技工。对车辆构造的了解不是这门课的主要考核指标，学会更好地驾驭汽车才是关键，但这两者之间的转换并不是想象中的那么容易。

笔者在教学实践中发现，虽然不同的学生对英语授课的适应度有一定差异，但大家在总体上依旧缺乏使用英语去进行专业课学习的相关能力。除了上文提到的，由于在口音上的自卑感，来自中西部的一些同学缺乏英语沟通能力之外，这里需要特别指出的是，许多来自东南沿海省份英语底子比较好的学生（特指那些已经通过大学英语四级考试的学生）也不能完全适应全英语教学，他们还是倾向于课后找中文教科书或者中译本进行辅助学习。如果一件事情能用母语沟通清楚，一般人不会愿意用非母语进行交流。从我们的成本效益模型来看，这是由于学习转换成本比较高，使用非母语学习带来的转换成本无法得到补偿。这好比采用某种新技术的学习方式效果很好，但是在前期需要的转换成本很高，以至于没有办法让使用者（学生）坚持到收到成效的那一刻。由此可见，英语教学专业课的具体困难主要集中在从学英语到用英语学的过程中产生的学习模式转换成本。在学习收益超过成本之前，学生无法真正做到用英语学专业，只能止步于在专业领域学英语。这就不难理解国外相关学者提倡要培养学生在完全英语环境中独立学习的能力，即直接用外语阅读、思考、理解、写作及表达。

教与学是双方共同努力的结果。如果教学设计有问题，教学效果不会很好。我国目前的高校本科教育就存在压力双方反向发展的不协调问题。从整个学制来看，给予教师的专业课课时数并不足够，随着课程的英语化教学，教学的强度陡然增加，专业教师在课程的初期准备阶段需要承担比同类中文授课更大的压力，而学生的压力随着课业难度的增大逐渐上升。由于应试教育的特点，从中学被动式的教育进入大学自主式的学习，很多大学生缺乏对全英教学强度和难度的心理预备，这体现在他们的课程学习上仍然以应试为导向，课程学习阶段松懈，只在考试前努力突击一下。这种学习态度是无法胜任专业课程全英语学习的。由于课程内容及考核内容一般都以英语为主，学生无法简单地靠背诵相关概念来蒙混过关。而另外一些学生尽管学习态度端正，但是由于专业英语生僻词汇带来的理解困难，加上缺乏有效课堂互动而产生的厌倦感，使其不太能进入有效学习的状态，导致最后的考试阶段压力巨大，最后决定放弃。应该说，处在这种因为语言隔阂带来的沟通障碍下，教学质量是很难保证的。教师不能很平缓地进入教的状态，花费大量时间和精力使用一门非母语的语言讲授内容，而学生处于专业词汇的理解困境中，无法进行有效的学习。解决这一问题的关键是要在师生之间建立良性的沟通机制，使师生之间在英语沟通上达到稳定状态。这也是具体教学设计要考虑的重点。

（二）具体教学设计：循序渐进的功能性英语授课

在具体教学设计上，我们按照专业课教学英语使用的频率和强度，从弱到强分为翻译法、英汉双语教学法和英语直接教学法。翻译法通常被认为是最传统的方法。在西方国家，翻译法源于传统的拉丁语和古希腊语教学方法。这种方法非常强调语言的语法结构，并且对死记硬背的学习很重视。课程以学生的母语进行，涉及学科的目标语言时进行翻译。事实上，翻译法对应的是专门用途英语课，用来讲授专业课就不合适了。

在实践中，我国大学专业课教学主要采用的是第二种方法：英汉双语方法，这种方法最早是由 Dodson C.J. 于 20 世纪六七十年代提出并用于外语教学的。Dodson 教授着力改进外语教学中的视听方法（与后面提到的直接方法有很多共同之处）。它最初主要用于非母语的外语教学，而不特定用于专业课的英语讲授。英汉双语方法利用传统的三个 P：Presentation（演示）、Practice（练习）、Production（制作），三个 P 是任何语言课程的三个主要阶段。首先，教师用母语介绍特定外语教学内容，然后师生一起练习，学生应该用他们的新语言知识（其中包括词汇和语法）创造或者生产出一些东西。事实上，许多年以来，英语直接教学法一直受到语言教师的青睐。直接方法广泛采用视觉辅助和角色扮演等，并鼓励学生使用归纳法来发现目标语言的语法规则。该方法试图模拟我们获得母语的条件，因此客观上需要压制母语的使用。

如果语言学习的最终目标是让学生成为完全的外语使用者，那么双语方法相比全英法有劣势，但如果我们的教学目标是专业课学习，那么这种方法可以尽可能地发挥两种语言的各自优势。所谓功能性的双语，就是要求学生开始他们的语言学习后，不断在母语和外语之间来回切换，尤其是在特定专业的技术性词汇中，扩大英语的使用频率。一般而言，双语教学方法的倡导者认为，学生的母语是语言学习过程中最大的资源，而不是一种障碍。对于七八岁以上的学生来说尤其如此，因为母语在学生心中已牢固确立。双语方法可以轻松地对困难单词进行有效解释和说明，并有效地解释语法点，以这种方式节省的时间可以优化学习效率。

虽然以使用人口数量而言，英语是世界上使用最广泛的第三语言，但它在科技和文化传播中的使用程度毫无疑问是第一位的，大部分的科学文献和商业往来文件都是以英语为媒介的。出于这个原因，全世界的学生都在积极地学习它，这对英语教师来说是个好消息。然而，对于专业课教学而言，纯英语的讲授一定程度上压制了母语的学习功能。双语方法的一个重要方面是承认学生的母语及其本国文化的重要性和沟通性。事实上，语言学习是人类文化交流最不可或缺的途径之一，它不仅仅是将一种通信手段替换为另一种手段，更意味着双方文化思想的融通和交流。而双语教学可以维持最低限度的可沟通性，这在金融专业课教学中非常关键。通过一定程度地使用母语，可以有效地传达意义，并且教师可以确保学生是否真正掌握了概念，从而相应地调整课程的节奏或进度。

参考文献

[1] 谢亚军 . CBI 教学理念下商务英语专业商科相关专业课的教学研究 [J]. 河北工程大学学报（社会科学版），2013，30（4）：96–98+125.

[2] 蔡基刚 . 全英语教学可行性研究——对复旦大学“公共关系学”课程的案例分析 [J]. 中国外语，2010（6）.

[3] 段平，朱梅萍 . ESP 的共核理念与 ESP 在大学英语教学中的定位 [J]. 中国 ESP

研究，2012，3（2）：1-10+114.

［4］郭卫红，刘婷婷，李明磊，郑胡镛．从“学习英语”到用“英语学习”——医学专业课全英语教学的体会［J］．首都医科大学学报（社会科学版），2011（00）：242-243.

［5］Pym A.Localization and the Training of Linguistic Mediators for the Third Millennium［J］.The Forum，2004，2（1）：125-135.

新时代“房地产金融学”课程教学的思考与建议

韩国栋[①]

房地产金融学是研究房地产行业资金融通的学科，属于金融学的一个分支，在我国属于一门应用性很强的新兴学科。从实践来看，房地产与金融的互动融合是金融业和房地产业相互需要和相互支撑的结果，在此基础上形成的房地产金融与传统的一般工商业金融相比，具有自身的特殊性。在新时代，我国房地产金融正处于转型升级的深化发展阶段，为房地产金融专业教育提供了良好的环境和条件。目前国内高校本科阶段的房地产金融学课程教学取得了一定的成效，但仍面临着巨大的行业需求和不足的教学供给之间的矛盾。

本文分析了房地产金融学课程特点和教学现状，指出了目前教学中存在的主要问题，根据房地产金融发展的现状与趋势，探讨了在新时代背景下如何进行房地产金融学课程教学改革和创新的思路，提出了完善高校本科阶段的房地产金融学课程教学的对策建议。

一、房地产金融学课程的特点

房地产金融学属于金融学范畴，聚焦金融在房地产领域的应用。由于房地产涉及领域很广，同时金融市场本身产品也很多，因此房地产金融的应用场景非常多，而且也很复杂。本科阶段的房地产金融学课程注重培养学生的自主学习能力、实践能力和创新能力。通过学习，学生将系统了解房地产金融的基本知识以及相关理论，掌握市场主体（如家庭和企业）的房地产投融资决策与管理、银行的房地产贷款决策与风险管理、住房抵押贷款证券化和 REITs（房地产投资信托基金）、房地产泡沫与金融风险等知识，从而理解房地产金融市场结构和运行机制。

这门课为高校本科学生提供了学习房地产金融理论和实务知识的机会，有利于培养其正确分析和解决相关金融实务问题的能力，为其进一步学习其他相关课程打下坚实的基础。同时，该课程的专业性、实用性，有利于高校培养适

---

① 韩国栋，上海立信会计金融学院讲师。

应社会经济金融和房地产市场发展需要的复合型、应用型专门人才。

二、房地产金融学课程的教学现状和存在的主要问题

房地产金融学具有很强的应用性和适用性，因此很受市场和社会欢迎，具有非常大的需求和非常多的受众对象。无论是房地产企业还是金融机构，都很需要懂房地产金融的专业性人才或者复合型人才。与这些巨大的市场需求比较，我国高校能够开设房地产金融课程的专业较少。根据教育部发布的最新版《普通高等学校本科专业目录》，在我国高校现行的 13 个学科门类中，与房地产金融学课程相关的学科专业主要集中在经济学类、工学类和管理学类。由于房地产金融学具有交叉学科的特征，因此偏文科类专业设置该课程时缺少房地产专业支持，而偏工科类专业设置该课程时也缺乏金融经济学专业支持，这导致课程设置相对传统的金融学课程或者房地产课程存在先天不足。

鉴于房地产业和金融业在我国发展的实际情况，很多高校在本科生课程设置上还是主动克服困难，主动设计房地产金融学或者与其相关的课程，例如房地产投资、房地产经济等课程。高校开设这些课程的出发点是帮助本科生能及时了解房地产金融的基本知识、原理和一些简单的实务知识，对于培养学生的综合素质和日后从事房地产金融相关工作有一定的帮助。从国内高校本科阶段已开设房地产金融学课程的教学现状来看，虽然这对学生学习房地产金融有所帮助，拓宽了学生的专业视野，但在教学中仍存在缺乏优秀的课程教材、缺乏具有实践实务经验的专业教师、教学方式以灌输知识为主等现实问题。笔者曾与国内一些金融机构和房地产企业的中高层管理人员做过交流，普遍认为房地产金融很重要，但很多人却是在高校毕业后在市场的摸爬滚打中学会的，主要原因是在学校接触到此类课程的机会比较少，或上过房地产金融相关课程后感觉实际收获不多。因此，如何在新时代搞好本科生阶段的房地产金融学课程教学，需要高校相关从业者进行反思。

三、新时代优化房地产金融学课程教学的必要性

房地产金融学发展离不开宏观时代背景和行业发展实践，因此，需要从教学理念和具体内容来优化房地产金融课程教学，做到与时俱进。

（一）适应新时代高校教育理念升华的需要

党的十九大报告提出了中国发展新的历史方位——中国特色社会主义进入了新时代。进入新时代，是从党和国家事业发展的全局视野、从改革开放近 40

年历程和党的十八大以来取得的历史性成就和历史性变革上所做出的科学判断。因此，高校需要主动适应新时代，贯彻教学新思想。具体到房地产金融学课程上，教学将突出“以学生为中心”的根本思想，需要遵循教书育人规律和学生成长规律，注重应用性和创新性，做到“因事而化、因时而进、因势而新”，最终为改革开放和社会主义现代化建设服务。

（二）顺应新时代房地产金融实践升级的趋势

自1998年住房制度改革和推行住房市场化以来，中国房地产市场发展取得了巨大成就，与之相伴的是房地产金融也获得了长足发展。虽然近年来我国房地产金融还存在很多现实问题和困境障碍，但是总体呈现出升级发展的稳健态势，从单一的信贷市场转型成资本市场和信贷市场并重发展，从传统的间接融资为主转型为直接融资和间接融资融合发展，从金融注重增量市场为主转型为金融支持优化增量和盘活存量共进发展。在新时代，我国房地产金融实践也将随着房地产和金融的深化发展而同声相应和休戚与共，表现出更加丰富的场景内容。

因此，在新时代，立足房地产金融的发展现状和顺应发展趋势，在新的教育理念和思想指导下，对高校本科阶段的房地产金融学课程教学进行优化是非常有必要的。

四、新时代优化房地产金融学课程教学的思路探讨

在新时代，优化房地产金融学课程教学的思路要以学生为本、以应用为核、与社会同行、用创新迭代。

（一）以学生为本

优化房地产金融课程教学需要不忘初心，以学生为本，认真思考我们的培养目标和方向。在具体思路上，课程设置和教学要考虑本科学生的多样性学习需要，注重将房地产金融学理论和实务相结合，一方面便于学生进入社会从事相关实务工作，另一方面为学生进行研究生深造和相关学术研究打好基础。

（二）以应用为核

优化房地产金融课程教学首先要明白知识源自实践，同时也要培养学生能应用知识于实践。在具体思路上，房地产金融学课程设置和教学方式要突出实务实战，以房地产金融现状问题为导向，聚焦培养学生的独立思考和分析房地产金融问题的能力，检验课程学习的效果应体现在能理解或解决多少实际问题上。

（三）与社会同行

优化房地产金融课程教学不能闭门搞教学，特别是培养应用型人才。党的十九大报告提出“产教融合，校企合作”。这是培养应用型人才的核心理念，也是优化房地产金融课程教学的重点方向。房地产金融的实践特点，需要教学中能与社会共建培养模式，让学生能够及时了解房地产行业发展现状与趋势。

（四）用创新迭代

优化房地产金融课程教学需要做好知识传承，为课程培养目标而持续创新。迭代是重复反馈过程的活动，其目的通常是为了逼近所需目标或结果。在本科生阶段开设房地产金融学课程，不是一时头脑发热，而是一个长期知识积累和创新的过程。通过创新不断逼近和提高我们的教学目的，追求教学的精益求精。

五、新时代优化房地产金融学课程教学的对策建议

基于房地产金融学课程的应用性特征和实践教学的重要性，特别是在新时代背景下又有新的内涵和特点，因此，建议在房地产金融学课程教学中积极创新，不断提高授课教师的综合素质、撰写顺应时代的课程教材、完善和创新课程教学方式，从授课教师、专业教材和课堂教学三个方面入手优化。

（一）提高授课教师的综合素质

大学，贵在大师。房地产金融学课程教学需要相应的专业教师队伍，为学生提供高质量的课程教学和答疑解惑。由于房地产金融学的实务性，对授课教师的实践性要求很高，但现实却是高校普遍缺少这类兼顾理论与实践的教师。因此，需要采取多种方式来提高授课教师的综合素质，逐步形成房地产金融领域“产学研一体化”的授课教师体系。

鼓励高校教师“走出去”，多交流，取长补短。利用已有的高校教师产学研交流机制，引导高校教师到房地产企业、金融机构或投资机构参与房地产金融研修，最好从房地产金融的前期介入，尽可能多地参与和了解房地产企业和项目融资、房地产金融产品设计和实施等操作流程。同时，鼓励高校教师多参加房地产金融主题的行业会议和高峰论坛，通过与业界的互动交流，不仅可以扩大视野和把握行业发展的趋势与规律，而且还可以与业内专业人士结对子、交朋友，可以深入了解房地产金融市场中存在的问题和成因，一起探索解决这些问题的方式方法，提高自身的专业素养，使房地产理论和实践能够相互融合。

引导校外导师走进来，多研讨，相互促进。高校在补强校内教师的专业素

质的同时，需要主动邀请校外房地产金融领域的专业人士进行专业交流。通过校外房地产企业和金融机构等业内专家的介绍，有利于高校教师对房地产金融行业的趋势分析，提高自身的专业技能。与此同时，高校教师可以和校外业内专家合作研究，通过共同分析和探讨房地产金融实际问题，邀请对方对学校课程教学提出建设性意见，从而提高高校教师队伍的教学水平。

（二）撰写顺应时代的课程教材

房地产金融学课程注重实战性，需要紧跟时代发展潮流，否则就容易造成与房地产金融实际脱节的现象。高校本科生本来就缺少对房地产实务的感性认识，如果没有好的课程教材，那就更不容易学好。综观市面已有的房地产金融学教材，普遍存在着教材内容不系统、章节内容不实用、行业信息不更新等痛点。因此，如何为本科学生提供一本符合新时代要求的房地产金融学课程教材就非常重要。

一本好的课程教材需满足以下要求：第一，教材内容要系统，通过学习，可以让学生全面了解房地产金融，从微观房地产金融到宏观房地产金融，从理论到实践都有相应的内容，确保学生学习的完整性；第二，教材内容要实用，撰写人员拥有较丰富的房地产金融理论知识和实务经验，力求将业界做法搬到讲堂，这就需要高校教师主动邀请房地产金融业内人士参与撰写，确保学生能学到一线实务知识；第三，教材内容要新鲜，在保证教材内容完整性的同时，除了房地产金融的基本理论和市场规律外，教材要与时俱进，让学生通过阅读材料及时了解房地产金融的发展现状、问题和趋势等；第四，教材内容要具体，通过案例分析方式详细介绍房地产金融工具的实施特点和难点等，让学生能够管中窥豹、举一反三。

（三）完善和创新课程教学方式

鉴于房地产金融实务的操作性和高校学生普遍缺乏对社会的感性认知，如果将课程教学停留在传统的满堂灌的方式，会让本科生很难体会到这门课程的精华，甚至失去对这门课程的学习兴趣。教育的魅力在于激发学生的学习潜能，在房地产金融课堂上，授课教师不仅要有“有教无类”的意识，还要有激发学生听课兴趣的技巧，积极引导学生从“要我学”转变为“我要学”。

如何提高房地产金融学课程教学效果？第一，课堂教学中要善于抛出问题。授课教师通过设计不同场景下的房地产金融实务问题进行引导，启发学生思考。例如，当学生面临买房时，如何根据自己的预算收入来选择最佳的住房融资方案？假设学生是一名国际投资经理，如何进行海外房地产项目的投融资设计？通过这些问题引导学生思考，鼓励学生通过自己搜集资料和论证分析，并与其他同学交流讨论来解决房地产金融实务问题。

第二，课堂教学中要开展案例教学。通过生动的案例，可以让本科学生更容易理解和掌握抽象的房地产金融知识。例如，如何让学生理解房地产金融风险对一国经济的影响？通过学习 20 世纪日本房地产市场泡沫案例来分析，了解房地产金融风险的来龙去脉及其对日本经济的各类影响，从而使学生提高对房地产金融风险的认知和判断能力。

第三，课堂教学中要增加学生体验。如果一直将学生当作被动的信息接受者，很容易将课堂教学变成一种单向的信息输送过程，常常使教师疲劳，而学生感到无趣。在课程学习环节中，教师可以组织学生参与教学设计，针对房地产金融的实际问题进行分组辩论，或者分组进行房地产金融案例收集和整理分析，或者就某个主题内容组织学生进行讲课和分享读书活动。通过这些学习环节，让学生能尽快地扮演学习者角色，变单一的课程信息接受者为双向的课程信息互动者，这样有利于激发学生的学习动力与兴趣，分享使他们能更快地成长。

总而言之，房地产金融学课程教学既是一门技术，也是一门艺术。面对日益复杂多变的房地产金融实践，高校不能自绝于社会，反而需要以开放姿态融入市场与社会，为本科学生提供高质量的教学体验，引导学生系统学习和积极应用房地产金融知识于实践中，为他们日后适应房地产金融市场打好基础。

参考文献

[1] 曹芳萍 . 房地产金融教学改革与实践探索 [J] . 现代商贸工业，2007（9）.

[2] 马翠花 . 基于学生实践能力培养的房地产金融课程教学思路与方法探析 [J] . 西部素质教育，2017（6）.

[3] 胡群 . 关于房地产金融课程教学的思考与建议 [J] . 高等建筑教育，1995（3）.

[4] 刘合群 . 房地产开发课程教学方法的现状分析与对策建议 [J] . 中国房地产业，2012（2）.

[5] 张红 . 房地产金融学 [M] . 北京：清华大学出版社，2014.

混合式慕课背景下的“金融学”教学模式探析

汪若君　吴　洁　杨一帆①

混合式教学（Blending Learning）伴随着慕课的兴起在教育领域迅速传播，已经成为一大趋势。混合式教学的原有含义就是混合式学习或结合式学习，即各种学习方式的结合。随着研究的深入和技术的发展，学界对于混合式教学的概念有了更多的诠释——有的学者认为混合式教学是面授学习（Face-to-Face Learning）与在线学习（Online Learning）的结合；有的学者认为混合式教学强调的是多种教学媒体的混合；有的学者认为混合式教学是“以教为中心”和“以学为中心”的教学模式的混合。本文认为混合式教学就是要把传统教学方式的优势和数字化或网络化教学的优势结合起来，既要发挥教师引导、启发、监控教学过程的主导作用，又要充分体现学生作为学习主体的主动性、积极性与创造性。

近几年，我国慕课教育蓬勃发展，为混合式教学创造了新的条件和环境。教育技术的革新带来了教育模式的改变，基于慕课的混合式教学应运而生。已有不少学者探讨了慕课技术在教学中的运用。门路等以“大学物理”课程为例，探讨了慕课的可行性；赵建明探讨了慕课技术在教师群体中的接受度；蒲华林探讨了云信息时代经济学本科教学的内容与方法。

本文将研究以慕课教学为工具的混合式教学法在金融学课程教学实践中的应用，希望为教学实践工作提供参考。

一、金融学课程教学中的难题

金融学课程作为金融类专业的基础课程，对于后续课程的学习起到非常重要的铺垫作用，然而这门课程在教学中却存在一些突出矛盾。

---

① 汪若君，经济学博士，上海立信会计金融学院讲师，主要从事金融学的教学和地方政府债务领域的研究。

吴洁，上海立信会计金融学院信用管理系讲师。

杨一帆，上海立信会计金融学院 2018 级金融学类本科生。

（一）基础理论较难理解

金融学课程是后续专业课程的基础，其中有很多的金融理论需要掌握，而这些理论都有一个特点：初看起来比较容易，但是想要熟练掌握难度却很大。金融学的基础理论如货币供给、货币创造等，在教学中学生能够大致了解，但是了解并不代表掌握，一旦在教学中改变出题方式，或者进一步问学生几个问题，往往就不能获得正确的答案，究其原因，主要是金融学理论其实和数学等基础学科一样，想要完全掌握，也需要大量的练习、阅读以及反复思考，而同学们在学习数学知识的时候，能够做到完成课后练习，但是对金融学这类偏文科型的理论，往往不愿意深入思考，学习上容易浅尝辄止，难以真正掌握。

（二）知识点更新较快

金融学课程中也有相当数量的实践性知识点，即金融理论的应用，这部分知识更新较快，学生难以把握。我国的金融体系还处于不断完善的过程当中，在这个过程中，市场出现较大的变动，例如，近几年来的地方政府债务监管中监管部门和被监管机构之间的博弈，导致政策的变动较大，又如，近期的贷款基础利率（LPR）改革，这些政策的变动或者新生事物的出现，给金融学课程的教学带来了很大的难度，教师在教学中需要时刻关注政策热点，不断补充课堂教学的内容。同时，金融作为经济体系的一部分，服务于整个经济系统，因此，金融学的教学还需要触类旁通，需要引入投资学、财政学等其他课程的相关知识点，并跟进其他学科领域的新发展。

（三）学生对知识的获取依赖社交媒体

近年来，社交媒体蓬勃发展，知识的传播越来越碎片化，学生又高度依赖社交媒体，就连专业知识的获取也从社交媒体中来。在教学中经常会有一个场景：老师讲了一个知识点，如果学生觉得有趣，或者觉得老师讲的有点问题，学生的第一反应不是课堂举手提问，而是去社交媒体上查询。此外，在新闻媒体上经常有财经新闻的报道，社交媒体上也有很多财经类大 V 或者公众号，学生在社交媒体上也会关注这些，这些大 V 或者公众号中有很多财经类专业人士提供高质量的财经知识，但是也有一些质量较差的信息，容易误导学生。因此我们可以看到，学生对财经类的应用类知识点非常感兴趣，老师需要在学生和知识来源之间起到桥梁作用，给学生提供一些高质量有深度的财经报道，同时也要提醒学生注意甄别财经类报道的正确性。

（四）知识碎片化

在互联网上获取知识具有典型的碎片化特点，碎片化的金融知识具有时效性、趣味性，但缺少系统性、理论性。在大学生越来越多地习惯通过网络获取知识的趋势下，如何处理好碎片化知识与系统性原理学习的关系，给现代高校教师的教学方式与授课内容带来巨大挑战。一方面，在互联网背景下，学生们处在一个知识爆炸的时代，其参与金融实践的途径大大增加了，“学生不仅可以到金融机构进行实习，还可以在金融实验室里真实地模拟各种金融业务场景，也可以真实地参与金融市场”（王辉坡，2016）。另一方面，学生不愿意花大量时间钻研某一个知识点，获取知识讲究短平快，不愿意深入思考。各种实践场景相互交织，致使学生获取知识的方式过载，教学时间碎片化，从而得到的知识也碎片化，这不仅对学生的实践能力，也对教师的教学能力提出了挑战。

二、混合式慕课在高等教育中的运用

（一）混合式慕课相较于传统课堂教学和慕课教学具有更高优势

传统的课堂教学主要依赖教师的课堂讲授，教师能够监督课堂，保证学生按时按点在课堂上学习，但是学生的参与度欠佳。而作为新兴事物的慕课，教学形式活泼生动，深受学生喜爱，但是有个严重的问题，就是学生辍学率较高。离开了传统学校的学分限制以及教师的日常监督，学生在学习的时候由于缺乏自律性，常常一看到某个课程非常感兴趣，就注册学习，学习中缺乏监督，就会逐渐落后于慕课学习进度，直至最后无法完成学习。一旦这种情况频繁发生，将会严重影响学生的学习积极性。而混合式慕课既有慕课的趣味性和参与性，也有传统课堂对学生的约束，能够在保证学生学习进度的情况下，提升他们对课堂的参与度和学习的主观能动性。

（二）混合式慕课打破了传统教育的限制

传统教学方式下，学生只能学习本校课程，而在慕课平台上，学生可以学习不同大学的课程，能够接触到最新的前沿动态。打破了传统学习的时间和空间上的局限性。特别是某一个概念如果上课学不明白，在课后可以通过慕课平台寻求更多的解答方式，提高了学生的学习效率。传统的教学中，教师难以兼顾所有学生的学习进度，而通过混合式慕课，学生可以通过电子资源课后查缺补漏，教师也能实时掌握学生学习动态，更好地指导学生。

（三）混合式慕课提高了课堂教学的效率

高校课堂上一个普遍的现象是“低头族”盛行。尽管有很多高校探索解决学生上课看手机的问题，例如人脸识别等，但难以取得效果，或者学生人虽然到了教室，心思还没到。笔者在教学过程中发现，“低头族”确实存在，但是如果在课堂上放一两个小视频，学生就会放下手机，主动观看。通过对视频的对比，课题组发现视频的时长不宜过长，太长的视频会让学生失去兴趣，同时视频的质量很重要，如果视频本身讲的含糊不清，学生马上就会放弃观看。因此，在教学中适当地加入慕课视频能够大大改变学生的学习态度，提高课堂效率。同时，学生普遍对小视频最后提出的问题更感兴趣，通过混合式慕课能进一步激发学生的学习热情，提高师生互动的效率。

（四）混合式慕课能帮助学生更好地捕捉金融学前沿知识

通过混合式慕课，教师可以及时向学生发布最新的财经热点，帮助学生更好地理解金融学科的新发展。金融学的学习仅仅依靠课本是不够的，还需要大量的课外阅读和学习。课题组在教学中发现，学生对金融学前沿动态非常感兴趣，但是受制于知识面，他们很难准确捕捉到最新财经信息，教师可以通过慕课平台，发布一些最新的金融知识微视频，既不影响课堂教学的连贯性和完整性，又能够帮助学生实时追踪金融体系的变化，提升教学成效。

三、基于混合式慕课的金融学教学设计思路

（一）教学观念的改变

传统的课堂是由教师来主导，教师按照教学大纲和教材进行教学，学生是处于被动的接受地位，而基于混合式慕课的课堂教学应该是教师和学生并重：既充分发挥教师在教学过程中的主导作用，又突出体现学生在学习过程中的认知主体地位。与此同时，教学系统设计也要从“行为主义、认知主义”主要强调“教”的设计和“建构主义”只强调“学”的设计，转向“学教并重”的教学设计。教师需要从传统的 PPT 教学和课堂提问中跳出来，充分利用各类教学媒体和学习资源，增强学生主动学习的意识和能力，使用教学媒体和各类资源来扩充学生的知识来源。教学媒体不再只辅助教师教，也帮助学生学，使学生的能动性更强。

（二）慕课视频的选择

金融学课程可以选择在线学习平台的相关视频。目前拥有较多注册用户的慕课平台主要有 Coursera 和 Future Learn 等国外网站，以及中国大学 MOOC、超星等国内网站。挑选慕课视频的标准有五个：①关联性，视频涵盖的知识点与教材内容关联；②趣味性，视频中包含丰富的动画、图片，能直观展示课程的主体思想；③难度适中，视频中的研究难度与学生现阶段的认知水平大致匹配，难度太高的需要老师反复讲解，不适合使用慕课视频来讲授；④逻辑清晰，逻辑清晰的视频有助于学生在较短的时间里快速理解和记忆；⑤平台系统较为稳定，稳定的系统能提高学生提交作业的成功率，减少课堂不必要的摩擦。

（三）课堂教学设计

在课堂教学开始时，教师可以用一个短视频来引出本节课讲述的主要知识点，既吸引学生的注意，也能起到活跃课堂气氛的作用。短视频的内容可以是最近的财经热点新闻，也可以是基础理论的解析。在课中，可以通过慕课视频的形式，介绍部分知识点，并与学生展开讨论，同时可以设置电子黑板，让学生使用手机等电子设备，直接在电子黑板上与老师展开讨论。同时可以综合利用不同平台、不同学科的视频，帮助学生了解该领域以及相关领域的最新动态。课程评价上，可以引入积分体系，将学生的课堂参与量化，并实时向学生公开，激发学生的学习热情。通过一系列的组合方式，帮助学生更好地融入课堂，创造轻松愉快的课堂学习氛围，让学生可以玩中学。

（四）将教学延伸到课后

目前的大学课堂，很多学生不愿意完成课后作业和课后阅读，课后忙于考证或其他活动，而疏忽了对课堂知识的复习。通过慕课视频的学习，可以使学生在课后也能回顾课堂的知识点，大学课堂内容较多，知识点较多，学生上课难免走神，后期如果不能补上，就会造成学生学习主动性下降。通过慕课视频，学生能及时查缺补漏，提高学习的主观能动性。同时，慕课视频的题库也能帮助学生复习所学知识，电子题库相较于传统课后作业，形式更加生动，同时相较于需要计算的理工类课题，金融类题目很多不涉及计算，或仅需要少量计算，学生可以在课间，甚至在睡前也可以进行学习，更符合青年学生的学习习惯。在线试题也能够通过趣味性的答题方式，提高学生的参与度，同时也能够帮助老师更好地了解学生的真实学习水平，有助于调整课堂学习进度。

（五）完善课程评价体系

不再仅仅局限于考试成绩，学习目标和学习过程应该同等重要。在学生的成绩考核中，应加入慕课学习的考察评分，在线学习时长、学生之间互相打分等也应该纳入考评体系中。由于慕课系统的电子化特征，使得学习过程的考核也成为可能。教师也更能掌握每一位同学的学习进度。对学生的考核由单一的考试成绩转变为多元化学习过程的考核，重视学生在教学过程中的参与度，能更加激发学生的学习热情，并构建更为科学的考评体系。

参考文献

［1］罗长青，杨彩林．基于 MOOC 技术的金融学专业教学模式创新研究［J］．鸡西大学学报（综合版），2016，16（3）．

［2］李洪梅．“互联网 +”时代我国高校“金融学”课程教学改革探索［J］．产业与科技论坛，2017，16（13）．

［3］门路，王祖源，何博 .MOOC 本土化的可行性和关注点——基于 MOOC 平台的大学物理课程混合式教学实践［J］．现代教育技术，2017（1）．

［4］蒲华林．云信息时代经济学本科教学的内容与方法［J］．中国大学教学，2017（12）．

［5］饶佩，周序．大学教师中心与学生中心的时代辨析［J］．当代教育科学，2016（1）．

［6］王含笑，刘蓓．应用型本科院校“金融学”课程教学中存在的问题及对策研究［J］．经营管理者，2016（34）．

［7］羊艳．“金融学”课程教学质量建设若干问题思考［J］．时代金融，2017（2）．

［8］王辉坡．“互联网 +”背景下金融学专业教师实践教学能力发展的新趋势［J］．教育教学论坛，2016（43）．

［9］赵建民，张玲玉．高校教师对混合式教学接受度的实证研究——基于 DTPB 与 TTF 整合的视角［J］．现代教育技术，2017（10）．

［10］詹泽慧，李晓华．混合学习：定义、策略、现状与发展趋势——与美国印第安纳大学柯蒂斯·邦克教授的对话［J］．中国电化教育，2009（12）．

论多种教学方法与手段的融合运用

——以“金融学”课程教学为例

徐 亚①

“金融学”是面向全校学生开设的一门专业基础课，这门课程与经济生活密切相关，是学生步入社会应掌握的必备知识之一。我们的课程目标是：拓展学生知识范围、掌握基础的分析方法、培养学生对金融领域的兴趣。

一、课程内容组织与安排

初学者往往感到金融学抽象、枯燥，对这门课程望而生畏。因此，在本课程教学中，需围绕课程的教学目标，根据课程的特点，遵循学生的认知规律，通过聚焦现实的金融热点问题来讲金融学，引发学生的学习兴趣，真正体验到金融学就在身边，从而产生自觉运用金融学原理分析现实问题的动力。

（一）课程教学内容

金融学课程教学内容涉及三个方面：一是“基本范畴”，主要阐述金融学中的一些基本概念，包括金融、货币、信用、利息、利率、汇率、国际收支等；二是“微观金融范畴”，介绍金融功能和现代金融学的发展现状，包括金融机构和金融市场，全方位地展示现代金融体系中的市场、工具、机构和支付系统，从而形成对现代金融体系的整体认识；三是“宏观金融范畴”，主要是货币均衡与宏观调控，介绍金融运行中的主要矛盾与均衡机制，包括现代货币的创造、货币需求与货币供给、通货膨胀与通货紧缩、货币和汇率政策、国际收支与国际储备等。

通过本课程的教学，使学生能够全面掌握金融货币知识，了解货币和货币制度、信用、利息及利率、金融市场体系；熟悉商业银行和中央银行的有关制度和业务；能较深入把握宏观经济与货币政策分析技能；较熟练地从宏观经济

---

① 徐亚，女，上海立信会计金融学院金融系讲师，经济师，主要研究方向：金融理论、商业银行经营。在核心期刊上发表论文多篇，获2015年上海市教学技能竞赛二等奖。

角度分析货币的供给和需求；较深刻地认识通货膨胀问题和熟悉中央银行的货币政策；能理解金融稳定的意义和了解中国的金融发展与改革，更好地培养学生对金融领域的关注度，培养学生对所学知识的应用能力，把独立发展的宏观调控与国际协调理论纳入视野。

（二）教学内容安排

我们从培养学生的知识目标、能力目标和素质目标三个方面安排课程教学内容。

1. 知识目标

使学生熟悉货币和货币制度、信用、利息及利率等基本金融学概念，掌握金融运作的两大渠道——金融机构体系和金融市场体系及其融资功能和业务操作，掌握金融服务业的基本架构及运行规律。

2. 能力目标

使学生能掌握金融学基本概念、基本理论，熟悉金融学分析问题的基本工具，能运用金融学的基本原理分析一些金融现象，能用金融学思维分析宏观经济政策。

3. 素质目标

培养学生金融学思维方式，锻炼学生解决问题的实际能力和创新能力，帮助学生参与社会经济生活，增强社会适应能力。

在教学内容安排上，我们以“提出问题—知识整合—分析问题—解决问题—拓展思考—知识运用”的路径展开，从而培养学生的知识目标、能力目标和素质目标。因此，在课程教学中，首先要注重学生学习兴趣的培养，学生对这门课感兴趣，就会有求知的欲望。其次要注重学生知识结构的系统化，让学生通过本课程的学习，掌握利用金融学分析问题所需要的基本概念和原理、基本分析工具和方法。再次要注重学生分析问题能力的提高，在对学生讲透基本概念的基础上，通过自学、小组讨论、模拟操作等多种教学手段，帮助学生提高分析问题的能力。最后要注重学生实际运用能力的提高，使大部分学生自觉运用金融学原理分析现实问题。

二、课程教学方法与手段

在教学过程中，我们应转变教学理念，改变传统教学中教师作为“权威施教者”的身份，转变为教学过程中的“组织管理者、引导帮助者”，充分发挥学生在教学中的主体作用，突出以“学”为中心，让学生在自己“动手”的实践中，建构属于自己的经验和知识体系，培养终身学习的能力，最终树立起“教为引导—学为主体—练为主线—用为根本”的现代教学理念。

（一）课程教学方法

在教学过程中，我们应突破传统“教”的教学形式，融合运用专题讲授、案例教学、任务设计、自主练习、辩论赛等多种形式，提倡启发式、参与式、研究式的教学方法，用通俗易懂的语言、生动鲜活的事例、新颖活泼的形式，激发学生的学习兴趣，增强教学效果。主要表现在以下几个方面：

1. 角色扮演教学法——侧重于学生学习兴趣的培养

在教学过程中，可以由学生扮演经济生活中的个体开展经济活动，让学生在虚拟的经济活动中切身体会金融学与自己的关系，以及金融学原理在实际生活中的运用，从而有助于培养学生的学习兴趣，加深其对金融学理论和原理的理解。

比如在讲述第一章商品的起源时，我们知道货币的出现是与商品交换联系在一起的，而交换先后经过了两个发展阶段：一是物物直接交换；二是通过媒介的交换。我们可以先给两位同学分发不同的商品，让两人完成交换；再扩大到给多位同学分发不同商品，让多人完成交换。在完成两人和多人商品交换的过程中，使其了解从物物交换到媒介交换的变化、出现媒介交换的原因、能够充当媒介的这些商品又应具备哪些条件，等等，最后引入马克思对货币起源的论证这一理论知识。

这种游戏教学方法可以将金融学原理深深地植根于学生的头脑中，培养学生的学习兴趣，是一种非常有效的教学方法。

2. 任务驱动教学法——侧重于学生分析问题能力的提高

在教学过程中，通过给学生设计项目任务，提出学习讨论的课题，以团队（学习小组）作业的形式提前布置给学生，让他们在课前完成知识铺垫，解决教学难点。团队（学习小组）完成后，由各组派代表上台阐述，各团队之间也可以参与讨论，由各组代表及老师打分给出成绩。

比如在讲述汇率这章内容时，可以设计一系列任务：

（1）某人用人民币去银行换汇时，使用哪种汇率？把手中的外币兑换成人民币时，使用哪种汇率？

（2）如果某人打算去欧洲旅游，应该如何兑换当地货币？在兑换外汇的过程中有限额规定吗？

（3）假如某人有 2 万元人民币，按照当日牌价，计算可兑换的欧元。

（4）假如某人要去巴西旅游，能否按照上述方式兑换当地货币？

学生在此任务中，可以循序渐进地完成相关知识点的铺垫：比如什么是汇率？汇率的标价方法有哪些？了解外汇牌价表，买入汇率与卖出汇率是如何报价的？我国的外汇管理制度和人民币可兑换的现状等问题。

这种任务教学法主要通过“项目设计—引出任务—围绕团队（学习小组）作业提出知识点—点评深化—总结提高”，一方面提高学生分析金融学问题的能力，另一方面也可以加强学生之间的沟通与交流，激发学生学习的积极性、主动性和创造性。

3. 情境引导教学法——侧重于学生实际运用能力的提高

在教学过程中，主要按照“聚焦社会热点问题来讲金融学”的课程设计思路，以案例为载体，采用“案例分析”和“视频片段、寓言故事片段”等情景演示导入教学内容。其中“案例分析”贯穿于本课程整个教学的全过程。比如前一段时间，我国一些基金经理频频爆出“老鼠仓”事件，轰动一时。这些基金经理不仅被收缴违法所得，市场禁入，名誉受损，并且身陷囹圄，接受法律制裁。面对为数巨大的不正当获利，如何守住道德底线，可以让学生谈谈自己的看法，帮助学生树立正确的价值观。

在教学中，本课程还通过视频片段、寓言故事片段等情景演示导入教学内容，通过看视频学金融学、听寓言学金融学等生动有趣的方法，增强学生对金融学原理在现实生活中运用的感性认识，加强对金融学原理的理解和掌握。比如大学生陷入网贷的新闻层出不穷，可以给学生观看一些视频，让学生更直观地了解“套路贷”的危害，理解什么是信用，如何计算利息和利率，从而引导学生树立正确的消费观。

这种情境教学方法主要训练学生的学习思维，提高学习能力，突出学生综合能力的培养。根据学生的实际情况和具体特点，为学生创设学习情景，让学生积极地、主动地置身于学习情境中，主动探索、主动发现，以充分发挥自己的主观能动性及其主体作用。

4. 讲练结合教学法——侧重于学生知识结构的系统化

本课程涉及的内容较多，课时又非常有限，教师讲解完重点与难点后，可由学生自己运用所学的知识完成一定量的训练任务。这样，既培养了学生独立分析和解决问题的能力，又提高了学生的职业素养。在学校的“课程同步实训平台”上，既可以以选择题、计算题、案例题等形式为学生提供在线自主学习题库，也可以以思维导图的形式提供指导性学习资源，引导学生加强课外学习。学生也可以通过网络学习资源，进一步熟悉金融学的基本概念和原理、基本分析工具和方法，系统掌握课程内容，从而完善其金融知识结构。

（二）课程教学手段

在教学中，充分应用多媒体技术和网络信息技术，不仅提高课程教学效率，而且优化教学过程，促进了学生的能力发展。现代教育技术手段的应用主要体现在以下几个方面：

1. 利用多媒体教学

在课堂理论教学过程中，可以采用互动的形式进行，教师通过多媒体课件演示，并讲解主要内容，多媒体教学可以将繁杂的数学推导和模型，各种复杂的交易过程转化变为直观生动的多媒体演示。比如在讲授金融市场这章内容时，可以通过 PPT 演示直接融资和间接融资的资金转移过程，引导学生掌握两种融资方式之间的区别。同时学生也可以有针对性地进行体验活动并进行训练，有利于提高课堂教学效率。当然，在利用多媒体教学的同时，必要的板书也不可缺少，以加深学生的理解。

2. 利用网络课程资源

前文讲练结合教学法中已提到，建立“课程同步实训平台”，制作相关课件，把教学大纲、教学计划等教学文件、教学录像、课程内容 PPT、各章习题与答案、参考试卷、主要阅读书目、案例分析、资源网站等教学资源全部上网，教师在该平台建设“标准化习题库”，并提供给学生进行“在线自主学习”。

同步实训平台可设有学生端和教师端，一方面学生在线完成课程习题后，系统可自动完成标准化试题的评分、提供标准答案，学生还可以查看教师对自己作业的评分和评语；另一方面教师通过系统分析可以实时了解学生的学习情况，及时调整教学内容和节奏，增强教学效果。

3. 引导学生参与社会实践调查

组织并引导学生参与社会实践调查，参观企业和金融机构，激发学生主动查找资料、思考分析相关现实问题，使学生能够运用基本金融学原理来分析微观企业主体、商业银行的行为，认识到政府在经济运行中的作用，了解政府制定宏观货币政策的原因及其实施的目的、效果等，有效地将金融学理论知识应用到生活中。

三、课程特色与创新

金融学课程经过多年的教学探索，已经积累了一定的教学经验和教学资源，课程特色主要体现在以下几个方面：

（一）教学设计充分考虑学生的认知特点

在金融学课程的教学实践中，充分考虑了学生的知识结构、理论水平和应用能力要求，按照教育部颁布的《高等学校思想政治理论课建设标准》，从诚信品质、职业道德、责任意识、敬业精神、社会责任等方面，将金融学理论知识与思想政治教育相结合，充分发挥学生在教学中的主体作用，更好地培养学生对金融领域的兴趣。

（二）教学内容密切结合社会经济热点

充分运用社会经济热点案例开展教学，特别是学生关注度较高的社会热点，从学生关注的理论问题出发，开展针对性的教学，这样既可以引起学生的共鸣，丰富教学内容，又可以引导学生自觉关注社会热点问题，使其掌握科学地辨析社会问题的思维能力，从而有效地提升课程的针对性与实效性。

（三）教学手段积极尝试理论课程的实践化教学

在授课方式上，充分利用学校地处上海国际金融中心的特殊优势，将校内多媒体教学资源与校外众多的产学研基地、金融机构相结合，与时俱进，开拓视野，既可以激发学生的学习兴趣，又可以培养各种能力，使学生能够正确处理利益诱惑与职业道德之间的冲突，守住道德底线，成为德才兼备的优秀人才。

四、结语

在这门课的授教过程中，我们将充分体现学校“诚信教育、学验并重、复合适用”的办学理念，紧密围绕应用型人才培养目标，以学生综合职业能力培养为重点，不断与行业企业开展合作，共同进行课程开发与课程教学，不断增强信息化、网络化教学手段应用的有效性，不断深化课程的专业内涵，不断拓展课程的适用范围，不断增强自编教材的影响力度，充分体现专业基础课的课程建设特色，达到良好的教学效果。

基于短学期制课程的教学改革探索

——以“互联网金融”教学为例

徐学锋 田思齐[①]

短学期制课程又称小学期制课程，其源于欧美高校，我国上海大学比较早引入短学期制教学模式，后来北京大学、清华大学等高校纷纷引入，我国高校根据自身不同的情况进行设置，现已成为教学中比较广泛常设的教学形式。[②]短学期制改革通过实现课程体系的优化和教学资源的共享，在提升学生的实践能力，开阔学生学术视野，实现应用性、实践性人才的培养定位和课程理念的转变等方面有较好的效果。

上海立信会计金融学院（以下简称“我校”）于2017年开始实行短学期教学，一般安排在学期的第17~18教学周，此时是期末考试阶段，学期即将结束，在学生考试及学业最为紧张的时期，如何安排好短学期的教学，在较短的时间里，使同学们能够学习和掌握到有用的知识，达到良好的教学效果，是短学期开课以来老师们一直在努力探索的工作。作为金融学的专业教师，根据学校教务处和院系的安排，笔者开设互联网金融短学期课程已有两年，在学校院系领导老师和教学督导的帮助下，在学生们的积极支持配合下，积累了一些短学期的教学经验，还进行了课程实验调查分析，得到了学生和相关课程老师的认同与好评，现从五个方面对短学期教学改革的工作经验进行总结，供大家参考。

---

① 徐学锋，男，经济学博士，上海立信会计金融学院副教授，美国陶森大学（USA，Towson University）高级访问学者。专业研究涉及宏观经济、贸易金融、风险管理、金融机构经营管理、金融监管与发展、跨境支付与投资、金融科技、投融资项目管理、自由贸易区与“一带一路”等领域。在全国核心期刊上公开发表专业学术论文十余篇；公开出版专著1部，曾获得中国金融教育发展基金会“金融教育优秀研究成果奖”；主编高等院校专业教材2部，参编专业教材2部；主持完成了上海市市级科研课题1项、上海市委厅局级科研课题2项。

田思齐，上海立信会计金融学院2017级金融1班在校学生。

② 上海大学．持续推进本科教育教学改革的实施路线图［J］．中国高等教育，2017（7）：33-36.

一、制订既切合教学改革要求又能较好地达到教学效果的课程教学计划

互联网金融是我国金融创新发展中发展起来的新的金融业态模式，它以电子支付为基础，以互联网为平台，推动了金融业发展，变革了传统的金融模式，引领了金融发展的潮流，也带来了新的风险。在我国，互联网金融作为一种业态，发展时间不长，但已经代表了世界发展潮流。近年来，互联网金融的教学研究发展起来，作为一门新课程也在各高校中逐步开设，但由于互联网金融尚处于发展阶段，还没有形成成熟的学科及课程，故处于不断完善建设中。作为一门尚未成熟的新学科，在短学期开设，如何做到既切合教学改革要求又能较好地达到教学效果，难度不小。

互联网金融课程在教学方面注重信息技术、计算机技术、网络技术在金融业务中的应用，是一门以技术应用为核心，以能力培养为重点的银行业务电子化的技术应用与技术维护的专业课程。要在比较短的两个教学周安排讲授完成这么多的教学内容是不容易的。在教学中，笔者根据学校对短学期必修课的教学要求，结合学生的具体情况，研究制订合理的教学计划，该课程是学校向金融学院金融学及其相关专业大三高年级本科学生开设的专业必修课程，根据这一特点，课程在内容体系方面，与正常学期的课程设置相比进行了大幅度的调整，在完整地保持课程结构体系的基础上，重视理论联系实际，力求在知识点和技能点上让学生在短学期学习中，通过理论与技术的学习与实践，较快地掌握课程的基础理论、基本知识和基本技能，以便能适应金融电子化业务发展的需要，为学生毕业后走向工作岗位或者进一步学习深造打下牢固而坚实的基础。

二、教学相长，寓教于乐，寓知于行

两周的教学时间安排紧张，合理地安排课堂讲授，既有利于较好地完成教学任务，又能够让学生提高学习兴趣，较好较快地完成学习任务，掌握好课程的基础理论、基本知识和基本技能。为此，笔者在授课时，参考研究了国内外大量有关互联网金融发展的历史、知识和前沿研究成果，通过课程主要知识点的讲授、著名案例的剖析、热点知识专题讲座、分组研究讨论和模拟场景分析等灵活生动的教学方式，积极探索一条教学相长、寓教于乐、寓知于行的

路子，经过两个学年的努力，取得了较好的教学效果，赢得学生、教师的普遍好评。

三、采取合理可行、形式多样的课程考核方式

短学期课程时间短，课程量大，课程考核的难度加大，同时由于临近学期期末，学生们的考试较多，又面临假期返程的安排，往往容易影响学习和课程考核，成为短学期经常出现的突出问题，如何既严格地遵照学校教学要求，又能根据短学期及课程的情况进行课程考核是笔者进行互联网金融课程短学期教学实践面临的主要问题之一。为此，笔者摸索出边教学边考核的短学期课程考核模式，在实施过程中方便、合理、可行。具体方法是，在教学中以平时考核为主，采取课堂考勤 / 课堂互动、课程实验、课外作业和测验四大类考核方式结合（见表 1），做到随堂考核、随课考核和随时考核，重视在教学过程中的及时考核，增强了学生学习的紧迫感，提高了教学效率和学生的学习兴趣，执行下来取得了良好的效果。

表 1　平时成绩考核项目参照表

考核项目	课堂考勤 / 课堂互动	课程实验	课外作业	测验
项目选择	√	√	√	√
考核次数	4	1	1	1
考核分值	40	20	20	20

注：平时成绩考核评定依据与标准：①每周考勤 2 次（随机），共 4 次，每次 10 分，共 40 分。②作业收 1 次，20 分。③课堂实验 1 次，20 分。④测验 1 次，20 分。

四、教学融入课程思政教学改革，注重正确价值观的引领渗透作用

依照《上海立信会计金融学院关于进一步推进课程思政教育教学改革的实施意见》要求，从 2018—2019 学年第二学期开始，课程思政教育教学改革成果推广到全部课程，笔者对互联网金融课程进行了改革调整，经过深入研究，笔者发现通过以马克思唯物辩证法关于世界是普遍联系的和永恒发展的理论来分析互联网金融发展，以此作为互联网金融产生发展的理论基础是具有现实意义的。同时，以网络经济特征和金融电子化为引导，以电子货币、网络金融产生

与发展、互联网银行业务营运模式、互联网银行服务与清算、互联网金融经营管理、互联网金融业务监督、互联网金融安全等为主要内容。互联网金融教材以专业技术与业务应用为特点突出针对性和实用性，有利于课程的寓思于教、寓理于课，从而使学生不仅能学习到互联网金融理论知识和技能，还能够在学习中正确认识和把握互联网金融的发展、创新趋势，端正学习态度，培养正确的学习研究方法，提高理论水平和正确判断事物发展的规律，更有助于在今后的学习和工作中不断发展与提升自己的能力。

我国互联网金融目前正处在一个金融改革不断深化、机遇和挑战并存、非银行机构纷纷涌入、银行同业竞争日趋激烈的大环境之中，因此，在教学时需要及时补充新的知识，将马克思主义的科学世界观、方法论与互联网金融实务相结合，将中国特色社会主义“五位一体”和“四个自信”教育及时运用到课堂教学中，使学生能够正确认识并较全面地了解互联网金融业务的创新及发展趋势，较好地贯彻课程思政教学改革新理念。教学内容、基本要求、课时分配见表 2。

表 2　教学内容、基本要求、课时分配

章节	教学内容	课时数分配		
		总课时数	理论课时	实验课时
第一章 第一节 第二节 第三节	互联网金融业务兴起 互联网金融发展之始 互联网金融发展概述 互联网金融发展的意义 以马克思唯物辩证法关于世界是普遍联系的和永恒发展的理论来分析互联网金融对金融创新发展的互联互通的普遍意义 基本要求： 掌握互联网金融发展兴起发展的原因 熟悉互联网金融发展的阶段 了解互联网金融发展的历史 重点难点： 互联网金融的形成	2	2	

续表

章节	教学内容	课时数分配		
		总课时数	理论课时	实验课时
第二章 第一节 第二节 第三节 第四节	互联网金融发展的基础 电子货币概论 电子货币发展对传统货币理论的影响 电子货币对中央银行的影响 电子货币产生的法律问题及监管 基本要求： 掌握互联网金融发展的理论基础——电子货币理论 熟悉电子货币理论的发展理论及其影响 了解电子货币产生的法律问题及监管问题 重点难点： 电子货币理论及其影响	2	2	
第三章 第一节 第二节 第三节	互联网金融支付的技术基础 网络支付体系的基础 网络支付的技术支持 国内外网络支付系统的发展和应用 基本要求： 掌握互联网金融支付的技术基础 熟悉网络支付的技术支持 了解国内外网络支付的应用与发展 重点难点： 网络支付的技术支持	2	2	
课堂实验讨论		2		2
第四章 第一节 第二节 第三节	互联网银行业务及其业务操作 互联网银行概述 互联网银行的系统建设与系统结构 互联网银行的业务发展 基本要求： 互联网银行的发展、业务系统及操作 掌握互联网银行业务系统 熟悉互联网银行的业务操作 了解互联网银行的系统建设与系统结构 重点难点： 互联网银行的业务操作	2	2	

续表

章节	教学内容	课时数分配		
		总课时数	理论课时	实验课时
第五章 第一节 第二节 第三节	互联网金融的业务风险与监管 互联网金融的业务风险 互联网金融的监管 互联网金融风险与监管的边界 基本要求： 互联网金融的业务风险、风险防范及监管 掌握互联网金融的业务风险范围、特征及监管 熟悉互联网金融业务风险及监管的重点 了解互联网金融风险及监管的边界 重点难点： 互联网金融业务风险的范围、特征	2	2	
第六章 第一节 第二节	互联网金融的发展趋势 国内外互联网金融的发展状况 互联网金融发展的优势与趋势 基本要求： 把握互联网金融发展的趋势 掌握国内外互联网金融发展的现状 熟悉互联网金融发展的优势 了解互联网金融发展的方向 重点难点： 互联网金融发展的趋势 进行中国特色社会主义的“五位一体”和“四个自信”教育，正确认识以互联网发展为主题的金融创新	2	2	
课堂实验讨论		2		2
合计		16	12	4

五、教学与科研结合，促进教学发展

根据教学安排，短学期互联网金融课程面向金融学院高年级金融学及相关专业的学生，涉及学生比较多，根据课程特点，为教学改革和对大学生消费习惯分析提供了比较好的调查样本。在课程教学中，笔者提供了课程学习需要的问卷，对学生对课程教学的意见要求进行统计，以便适时改进教学方式，提高学习效率。笔者还根据教学考核安排适时布置了学生课外作业，邀请学生根据自己使用网上购物和支付的习惯对自己的消费行为和支付行为进行分析，形成了300多份调查实践报告，为进行互联网金融的理论与实践研究奠定了良好的基础，培养了学生发现问题、认识问题和解决问题的能力，实现教学与科研结合，促进教学发展的良好态势。

在互联网金融短学期教学改革实践中笔者积累了一些经验，但由于笔者实行短学期课程教学时间不长，尚处于摸索阶段，还存在许多困难和问题，希望能够在探索中克服困难，解决问题，不断进行改革创新，提升教学水平，更好地服务于学生。

参考文献

［1］上海大学．持续推进本科教育教学改革的实施路线图［J］．中国高等教育，2017（7）：33-36.

［2］周永金．短学期制下新教师的教学思考与实践［J］．教育教学论坛，2014（46）：37-39.

［3］朱露露，蒋明宏．我国高校短学期制研究述评［J］．黑龙江高教研究，2013（9）：32-35.

［4］严怡，何晓阳．三学期制：高校学期制改革的反思与前瞻［J］．西南农业大学学报（社会科学版），2012（2）：177-180.

［5］苏炳均，李林．短学期实施“企业实训教学模式”的研究与探索［J］．现代计算机（下半月版），2012（16）：47-48.

［6］刘海，王福安，顾炜．基于“三学期制”培养创新型人才的实践与思考［J］．扬州大学学报（高教研究版），2011（6）：45-49.

［7］杨建辉．对短学期数学教师教育课程实施的思考［J］．乐山师范学院学报，2011（11）：35-38.

［8］王福有．钱伟长与上海大学短学期制［J］．现代大学教育，2010（3）：93-98.

［9］韩淑英．短学期4C模式在培养学生教学能力中的应用［J］．中国成人教育，2009（16）：104-105.

［10］邝小梅．高校推行三学期制改革的思考［J］．科教文汇，2009（34）：1-2.

［11］孙红艳．短学期实践教学课程设置及成绩评价［J］．中国成人教育，2009（17）：107-108.

［12］周伟，唐安国．短学期制课程设置的利弊分析——以上海大学的调查为例［J］．

大学研究与评价，2008（6）：34–38.

［13］邓学国.高等学校推行三学期制的必要性［J］.科技资讯，2007（35）：111–112.

［14］赵秀敏.多学期制应当慎行［J］.高等建筑教育，2006（2）：31–36.

［15］刘建春.新时期高校“短学期制”的思考［J］.中国科技信息，2005（14）：216.

基于金融学专业“量化投资”课程建设的探讨

尚秀芬　柳　杨[①]

一、引言

近年来，量化投资作为一种全新的投资分析方式，成为国际投资重要的证券分析方法，各类金融机构对量化投资专业人才的需求也在不断增长。因此，量化投资受到了实务界和理论界的广泛关注，也成为金融投资与管理的未来主要发展方向。随着我国量化投资行业的迅速发展，很多问题凸显出来，如优质量化投资策略的匮乏、风险控制手段的欠完备及金融衍生品数量的限制，等等。然而我国与国外量化投资发展的差距不仅表现在金融产品、投资规模及量化技术上，更多地体现在量化投资的专业人才培养方式上，尤其是高端量化人才的稀缺问题较为突出。

量化投资教学是培养学生理论联系实际、塑造学生解决投资实际问题、强化学生投资策略、实现投资能力和工程化观念的重要环节。深入研究、探索量化投资人才培养的有效方式和途径，已成为高校金融专业教学改革的重点和难点。本文就我国高校金融学专业开设量化投资课程的现状和问题进行分析和探讨，并提出改进的对策和建议。

二、量化投资及相关理论概述

一般来说，量化投资是现代金融理论、数理模型、算法及计算机技术的高度结合与应用，基于各种投资策略或理念，通过对市场及投资者行为的信息分析和预测，构建量化的数理模型，提交给计算机进行投资决策及风险管理的过程。

由其内涵来看，量化投资具有以下特征：

---

① 尚秀芬，管理学博士，上海立信会计金融学院副教授，研究方向：资产定价，金融风险管理。2018 年美国密苏里大学哥伦比亚访问学者，在国内外核心期刊发表论文 20 余篇，主持和参与上海市级以上课题多项。

柳杨，上海立信会计金融学院本科生。

（一）能有效避免投资者的非理性行为，决策过程较为客观

一般投资者在投资决策分析中，往往会受各种情绪及心理因素的影响，做出一些错误或非理性的决策。由于经验认知模式和框架依赖认知模式的存在，很多投资者是不完全理性的，会按照自己的认知模式进行交易决策，随着市场的变化，表现出种种非理性的投资行为，常常表现为过度反应、过度自信、后悔厌恶、神奇式思考、自我控制等。而量化投资决策一旦确定，交易计算机进行决策交易，能较好地克服投资者的各种情绪和心理的因素，有效实现投资决策过程的客观性。

（二）提高信息处理和对市场的反应能力，增强投资决策和风险管理的效率

现在金融市场的信息已表现为海量的多维数据，现代的算法及计算技术的发展，能大幅度降低人们的工作量，提高人们的工作效率。通过高频交易及程序化交易等，量化投资能对市场的变化做出迅速的反应，对相应的信息做出及时的处理，进而执行相应的决策，大大提高了投资决策和风险管理的效率。

（三）有效提高了投资的精准度

由于量化投资高效的信息处理能力和市场反应速度，量化投资能较精准地捕获市场瞬间机会，执行相应的交易策略，较精准地调节资产配置头寸和交易头寸，实现精准化的投资。

很多量化投资的理论、方法和技术都来源于数理金融学，数理金融学的理论是量化投资策略的基础。Markowitz 在 1952 年建立了以均值方差模型为基础的现代资产组合管理理论（PMT）。资产组合管理理论确立了金融学收益风险均衡的分析范式，标志着现代金融学的诞生。Sharpe、Litner、Mossin 随后研究了资产价格的均衡结构，于 1964 年、1965 年、1966 年分别独立导出了资本资产定价模型，成为了度量金融投资绩效的理论基础。1965 年 Samuelson 和 Famma 提出了有效市场假说，有效市场假说对市场进行描述，具有重要而深远的影响。

Black、Sholes 和 Morton 于 1973 年建立了期权定价模型，为衍生品定价问题确立了分析范式。期权定价模型被迅速运用于金融实践，金融市场创新得到了空前的发展。Ross 在 1976 年建立了无套利定价理论，又称为多因素理论，是对资本资产定价模型的一种推广，是量化选股的基础理论。Black 和 Sholes（1973）在期权定价方面的研究奠定了金融衍生品定价理论的发展以及期权在投资及风险管理中的应用。随着计算机技术的迅猛发展，人们利用远期、期货、

期权和互换等金融衍生产品进行量化投资及风险管理的技术不断创新，使得人们运用数学模型及仿真模拟等手段来解决各种量化及风险管理问题。

量化投资策略就是利用量化的方法进行金融市场的分析、判断和交易的策略、算法的总称，一般可分为趋势判断型和波动率判断型两大类。与基本面分析和技术分析的传统投资方式相比，量化投资策略具有纪律性、系统性、及时性、准确性和分散性等方面的优势。量化投资的内容主要包括量化选股、量化择时、股指期货套利、商品期货套利、统计套利、期权套利、算法交易、ETF/LOF 套利、高频交易等。量化投资是一种积极的主动投资管理，其策略构建的主要过程包括量化信号选择分析、投资策略构建、策略回测检验、交易技巧及风险控制等。

三、目前我国高校金融学专业量化投资课程的现状和存在的问题

众所周知，传统的投资方式有价值投资和技术投资。价值投资基于有效市场假说和均值回归理论。有效市场是指任何关于证券价格的信息都能够迅速地反映到证券的价格上，因此投资者不可能通过这些信息获取超额收益。均值回归理论是指短期而言，价格会偏离均衡价格，但是长期来看，价格与均衡价格之间的距离会越来越小。在证券市场上，价格由于某个未知的原因与价值发生分离，但最终会向股票的内在价值进行回归。技术性投资也是一种常见的投资分析方法，具体是以市场行为作为研究对象，以判断市场趋势和伴随的周期性变化对股票及其金融衍生物交易决策进行投资。技术性投资必须依赖于技术分析。

技术分析以股票价格涨跌作为主要研究对象，通过图表和技术性指标，对股票市场波动规律进行总结和对股价未来运行趋势进行预测。然而，大数据和人工智能时代，传统的投资方法已经适应不了社会的需求，目前较前沿的投资方法主要指量化投资。

量化投资依赖统计和计量方法，建立合适的投资策略，并通过计算机自动化（半自动化）交易方法获取投资利润，是统计、计算机和金融学科交叉结合的产物。智能化量化投资是金融领域的重点研究方向。2000 年以来，高盛公司逐渐研发具有复杂算法系统的自动化交易机器人来代替交易员，特别是近五年来正在加速，到目前为止，机器已经取代了 600 多个关键性的交易员（Chavez，2017）。然而国内量化投资如金融机构研发的智能投顾，其投资策略和风格都是比较传统的方法，主要适合为缺乏金融知识的个体投资者服务，离专业化的投

资，取代交易员还有较大的差距。主要是国内量化投资处于初步发展阶段，其研究和教学方面正处于探索阶段。课程建设方面，国内真正开设量化投资方面课程的院校不多，更多的是在统计或金融等专业课程里结合金融和计算机知识，涉及量化投资的相关内容，很少有专门的课程对量化投资及其实践进行系统性研究。因此，在大量需求的背景下，各高校有必要开设量化投资实践课程，从而弥补理论与实践的空缺。量化投资实践注重与计算机的结合，通过自动化编程对策略进行分析，主要体现在如下几个方面：

第一，高校面临的形势和处境需要。

当前，大部分高校面临的形势和处境是经济新常态下，大学生就业问题较为突出。为了适应这种新常态，一些高校特别是地方高校必须向应用技术型大学转型，紧密结合社会经济发展规律和行业人口需求特点，调整思路适应教育发展形势。在新开设的专业课程设置上充分地调研，科学合理地设置，为国家、社会培养具有过硬本领的专业人才。因此，量化投资课程作为证券投资的新课程，在高校金融类的专业课程体系中可以以专业必修的形式予以开设。

第二，金融类专业课程体系建设和人才培养的实际需要。

金融类专业是理论与实践并重的专业，国内高校的金融类专业培养出来的学生往往基础理论知识比较扎实。证券投资类课程的教学设计基本是在全面介绍理论的基础上注重模拟交易，而对更为高级的量化投资的理论知识和实际操作在教学活动中体现不足。证券投资作为金融类专业的核心专业课，教学中只注重理论和模型，而忽略发展前沿的教学设计会对学生以后的工作和发展产生一定阻碍和不利，这种教学特点在地方本科院校尤为明显。要克服这种人才培养的弊端，金融类专业课程体系建设就至关重要，在专业培养目标上一定要突出前沿知识的引入和加大学生实践能力的培养。因此，金融类专业的课程体系建设也应随着时代和技术的发展不断调整，引入量化投资课程。

第三，实施素质教育的重要手段。

高等学校的基本目标就是人才培养，而人才培养则和专业课程建设联系密切，因此，通过课程建设引入一些前沿的专业类课程，对提高学生科学文化知识及技能技巧，进而提高学生业务素质具有非常重要的积极意义。此外，人才培养也要紧跟时代步伐，结合行业和公司的人才需求进行培养。而量化投资作为国际投资界新兴的重要思想和方法，其稳定的收益与高效的风险控制，正日益受到国内外投资者的重视，发展势头迅猛。因此，金融类专业通过引入量化投资等专业前沿知识，对提高人才培养质量和学生素质，有一定的引导和带头作用。

目前，国内一些高校逐渐认识到量化投资人才培养的重要与紧迫，为配合深化教学改革，培养社会急需的实用性人才，扩大学校的影响和知名度，逐步开设与量化投资相关的课程。2000 年国泰安金融学院、上海交通大学安泰管理学院、北京大学汇丰商学院，相继建立专业的量化投资金融实验室，举办量化投资研修班等。2002 年，为培养量化投资人，清华大学深圳研究生院、上海交通大学金融工程中心与国泰安公司联合创办了中国量化投资研究院。举办“中国大学生量化投资策略大赛”，清华大学、北京大学、厦门大学、上海交通大学、、浙江大学等多个代表队参加了比赛，通过模拟实际操盘的方式演练量化投资技术，有力地推动了参赛高校的量化投资教学和改革研究。随着量化投资实践的发展，培养符合量化投资需要的人才已成为我国高等教育面临的一项重要而紧迫的课题，也极大地激发了高校进行量化投资教学的积极性。

目前量化投资课程常见问题如下：

（一）金融学专业对开设量化投资课程的重视度不够，对应专业课程设置不足

随着量化投资及量化投资品市场的发展，量化投资思想在国内产生了很大的影响，无论是高校还是证券公司等金融机构，越来越认识到量化投资人才培养的重要性，国内各实务部门在多层次上展开了合作和交流，对我国量化投资教育的改革与发展起到了很大的推动作用。目前，各高校在课程教学上主要有以下几类模型：①国内知名高校的商学院投资一定数量资金建立量化投资实验室，相继开办量化投资类的高级研修班；②国内高校与金融机构联合建立研究机构，进行量化投资的研究及教育培训活动；③高校在金融专业硕士培养中加入量化投资类培养方向；④部分高校在投资类课程教学里加入量化投资方法及实验课程类教育。但是，国内高校金融学专业专门开设量化投资类课程及量化投资专业方向的还比较少，本科阶段的专业培养方案还没有统一的标准。

（二）对量化投资课程的相关学科基础知识重视不足

量化投资方面专业人才的培养需要大量的数理模型、统计学、随机过程、人工智能算法等知识。面对日益复杂的金融市场环境及我国金融市场的快速发展，在量化投资方面的理论研究和实际应用中，会有大量数据处理及模型建立。由于量化投资对数学建模和计算机编程的要求比传统金融类课程的要求更高，因此要求学生在选修量化投资课程之前，需具备扎实的数理和编程基础。但目前各高校金融类专业基本属于文科专业，数学和概率统计相关课程在设置上难度都比较低，计算机编程、数据挖掘、人工智能等相关课程设置较少，这使得教师开展量化投资课程时理论上难以深入，在实践上只能从编程和数据分析软件的基本操作开始，较少涉及前沿知识。

（三）软硬件设施不完善，学生对数据获取、工具使用及策略开发等掌握不足

量化投资课程很多时候要面对金融市场的行情分析和投资实践活动，要注重和体现应用和实践能力的培养，而目前部分高校量化投资类课程教学对定价及投资类理论基础很偏重，而对金融产品市场及金融创新的发展涉及较少，对学生获取数据、分析处理及应用开发方面技能的培养略显不足。因此，量化投资教学除了正常的多媒体教学外，还需要建设专门的金融实训室，专业的金融交易多屏显示系统、量化交易软件和设备、良好的交易网络环境。当前大部分学生进入实践教学环境的机会不多，使得他们实践操作经验缺失和不足。

（四）教师素质有待提高

量化投资教学具有模块化、组合型、进阶式的特点，对教师的素质尤其是实践能力要求较高，教师的素质对教学效果影响极大。从师资来源看，现有教师大都是从事理论知识教学的，缺乏实践经验，对一般金融软件的接触较少。二是知识结构不适应。量化投资教学涉及金融量化计算及数学建模，对统计学和高等数学要求很高，一些教师也不具备金融建模量化分析的数学基础。三是动力不足。目前，不少教师缺乏提高量化投资教学的积极性，量化投资教学比课堂教学难度大，而教师晋升职称的主要依据是教学课时量和科研成果，导致其偏重理论研究，缺乏实践教学的积极性。

近年来，青年人才特别是高学历的人才不断流入高校，使高校师资队伍水平不断提高。这些高学历教师不但对专业知识的掌握比较扎实，而且对其他前沿知识的把握和学习能力也比较强。因此，对于量化投资这样的前沿课程，首先需要授课教师自身具备一定的交易经验和量化交易的实践基础，我国高校在办学的规模和质量上长足进步的同时，需要使“双师型”素质的教师队伍得到同步发展，为开设前沿专业课程提供必要的支撑。

（五）学生有热情，但能力有待强化和提高

随着时代的进步，学生为了提高自己的素质和就业能力而渴望获取前沿知识的愿望也变得强烈，对金融类专业的学生来说，这种愿望更为强烈。在经济活动中，各种创新活动集中在金融领域，而且都集中于国外且发展变化非常快。这里提到的量化投资课程就十分典型，起源于国外而且发展非常迅速。信息技术的突飞猛进及金融大数据的发展使得投资活动向量化交易发展，而这些变化正是在当前环境下学生所希望学习到的前沿知识，同时社会上对这种人才的需求是非常紧俏的，从而形成强大的学习动力。但是，学生们的相关能力还有待加强。

（六）实盘交易的资金来源缺失

实践是检验真理的唯一标准，实际操作仍然有两个主要障碍：一是所谓的实操还停留在模拟交易阶段，学生接触的仅仅是模拟账户和仿真市场。虽然模拟交易是学生必经的一个阶段，但是由于没有涉及自身利益，对模拟交易的兴趣维持时间很短。模拟交易跟真实的实盘交易还是有很大差距的，在实盘中，学生更能够感受到整个证券市场的脉搏，更能够历练其意志和信念，而这正是交易员最难提升的素质。但是学生个人资金有限，很难进行实盘交易。二是按传统的证券投资课程培养过程，一个成功的交易员，从零开始到在市场中生存下来，再到长期盈利，是个漫长的过程。

四、改进量化投资课程建设及教学建议

（一）在相关的基础课程中增加量化投资课程

量化投资是一种全新的证券投资分析方式和方法，已逐渐成为投资分析的主流。鉴于量化投资的特征和量化投资对人才知识结构及能力的要求，应加强对金融专业人才量化思想和能力的培养，在金融学、投资学及金融工程学等理论基础课程的教育中重视量化思想的引入，并融合数理模型分析及实证研究。在量化投资人才的培养上，综合金融专业课程资源，重视量化分析能力的培养，对提高学生的综合素质和能力也具有重要意义。

（二）注重数学和计算机编程应用等交叉基础课程的设置

理论上讲，金融是研究不确定条件下的跨期资源配置，在处理和研究金融资产定价、风险管理及投资组合等核心问题中，需要大量的概率统计、随机过

程、微分方程等数学基础知识和计算机技术的辅助实现。量化投资更需要学生具备数据分析及数理建模能力和运用计算机技术实现的综合能力。实时金融信息的处理、数据挖掘、量化策略模型建立、风险监控等都需要具备良好的算法和计算机编程等操作能力。如随机过程研究方面主要有：多指标随机过程、无穷质点与马尔科夫过程、概率与位势及各种特殊过程的专题讨论等。其中，马尔科夫过程很适于金融时序数列的预测，是在量化投资中的典型应用。另外，金融投资是一项复杂的、综合了各种知识与技术的学科，对智能的要求非常高，人工智能的很多技术可以用于量化投资分析中，包括专家系统、机器学习、神经网络、遗传算法等。在量化投资中，数据挖掘的主要技术包括关联分析、分类、预测、聚类分析等。

（三）突出量化投资的实务性，加强实验课程及案例教学的创新性

量化投资几乎覆盖了投资的全过程，如选股、择时、套利、资产配置及风险控制等方面。在课程建设方面更应该突出其实务性及与实际市场的结合，如量化投资、统计套利、高频交易等。结合金融各行业资产管理业务的发展模式及运用，尤其是运用量化投资技术和程序交易进行资产管理，如套利策略设计、投资方案实施、风险分析、市场预测等。同时应邀请政府和业内知名专家举办经济金融政策分析、金融监管、金融市场投资、风险管理等方面的专题讲座，尽量满足专业教育对实务性操作及市场的要求。学生不仅要掌握运用金融产品及投资理论进行资产管理的方法和技术，而且还应该通过不同金融市场的实务操作、案例分析、专题讲座了解现代资产管理的应用，掌握运用量化技术进行投资、融资、资产负债管理、财富管理等，掌握实务工作中必备的专业知识和技能。

（四）加强行为金融与大数据技术的课程设置和培养

行为金融理论是在对现代金融理论的挑战和质疑中逐渐形成的，该理论认为，证券的市场价格不仅由证券内在价值所决定，也很大程度上受到投资者主体行为的影响，如投资者心理与行为对证券市场的价格决定及其变动有重大影响。行为金融投资策略已经占据了主导投资理念的一席之地。在量化中，不仅要量化历史的数据、量化认知的东西，还要考虑交易对手或是市场。一直以来，对投资者情绪的量化是一个热点，目前，很多量化策略的开发逐渐尝试把行为和情绪量化综合起来。

（五）师资队伍的构建和培养

教师是教学活动的主体，师资力量的强弱决定了课程的教学质量，甚至专业人才培养质量。近年来，各高校金融类专业教师的学历层次不断提高，高学历的教师不断增多，尤其是国外留学回来的教师数量急剧增加。而“量化投资”课程属于一门交叉学科，既要求教师有扎实的金融基础，又要求教师有扎实的基础数学、概率统计、计算机编程、数据挖掘、人工智能等数理工程基础，还对教师的实盘操作经验提出了较高要求。绝大多数教师还不具备教授量化投资课程的知识储备，这就需要加强现有教师的学习，鼓励教师参加各高校和金融机构的进修培训，并组织他们到国外知名高校学习，参加学术会议。着力从国内外引进相关专业的新教师，专门构建和培养量化投资课程的师资。

（六）数据及软件资源的建设和整合

量化投资是以数学建模和计算机编程实现投资策略为主要内容的课程，包括大量实验教学，直接面向证券期货投资实战，涉及市场行情和经济资讯软件、数据分析软件、程序化交易软件的运用。各高校金融实验室需要保证可下载全球实时金融数据，提供这些数据的公司主要有万得资讯、锐思数据和国泰安三家，其中万得资讯的客户群体最大，包括90%的国内证券公司、基金管理公司、保险公司、银行和投资公司以及国外75%的已被中国证监会批准的合格境外机构投资者。此外，万得资讯还可提供实时的高频数据，而其他两家公司仅能提供历史打包数据，当然其缺点就是收费比较高，各高校可根据其需求和经费预算进行选择。

（七）拓展办学渠道，加强横向合作

从教育与社会实践相结合的原则出发，针对量化投资教学资金不足和学生上机操作机会少的实际，学校应创新办学方式，探索与金融机构合作的有效形式，实现优势互补，利益共享。如在金融实训室的建设上，可由金融机构承担部分软硬件建设和教学任务。从现实看，金融机构有合作的动机和意愿，他们有对人才和技术的迫切需要，而学校通过合作，可快捷了解市场的需求，及时进行教学设计、课程体系的调整。可以采取“订单式”培养的模式，学校按用人单位的要求来组织日常教学，培养应用型人才；可以邀请证券公司、期货公司、商业银行等机构的行业专家到校开展专题讲座；也可以带领学生前往相应的用人单位与其进行交流，让学生了解社会经济形势和金融市场发展趋势，了

解用人单位的岗位责任和技能要求，使学生更加明白自己的努力方向，从而最终达到突出专业特色、提高教学水平的目的。

（八）建设模拟实验网络平台及改革量化投资实验课程考核形式

建设模拟实验网络平台。在现有量化实验软件、数据库及校园网金融服务器集群的基础上，将预先设计好的实验项目嵌入实验网络平台。依托较为成熟的光纤高速校园网，打破实验室开放的空间和时间局限，实现所有实验项目在校园网上全天候操作运行。在课程考核时，探索以分组模拟实盘操作比赛进行课程考核形式的可行性以及具体实施途径，比较研究不同课程考核形式对改进教学效果的影响大小及作用机制。

五、结语

随着现代互联网技术及金融一体化的发展，大数据技术在金融市场及现代投资管理中的应用越来越多，同时，伴随着我国金融改革和创新的发展，创新型的金融产品也很多，衍生品市场也得到了很好的发展，金融数据的获取和量化投资技术的应用将在未来的投资与风险管理中扮演越来越重要的角色，尤其是运用量化投资技术和程序交易进行套利策略设计、投资方案实施、风险分析、市场预测等。金融机构、金融监管部门以及各类企事业单位未来管理量化投资专业人才的需求会很多，高校开设量化投资课程并建设较规范的量化投资课程体系，培养复合型量化投资专业人才是十分必要的。同时，量化投资作为一种新型投资方式在过去十几年中发展迅速，向高校人才培养提出了新的要求。只要开设金融类专业的高校勇于探索、不断实践，量化投资课程的开设指日可待，从而为社会培养出具有创新能力的高素质人才，为社会做出应有的贡献。

参考文献

［1］孔傲．关于金融类专业“量化投资”课程建设的思考［J］．科教文汇（中刊），2019（1）：99–101.

［2］付志刚，沈慧娟．“量化投资实践”课程建设方式探讨［J］．教育教学论坛，2018（21）：214–215.

［3］权培英，杜传斌．高等院校量化投资人才培养面临的问题与对策研究［J］．中共济南市委党校学报，2017（6）：75–79.

［4］杜红军．金融学专业“量化投资”课程建设思考［J］．教育教学论坛，2017（49）：69–72.

［5］赵周华．金融类专业开设“量化投资”课程的必要性和可行性分析［J］．当代教育理论与实践，2016，8（12）：74–76.

［6］高祥宝．量化投资创新性实验教学探索［J］．实验室研究与探索，2016，35（8）：281–284.

［7］高志．金融工程专业人才培养本科“量化投资实验”教学设计研究［J］．经济研究导刊，2014（18）：61–62.

［8］朱臻．将量化投资思想引入到“证券投资”课程教学中的探索与思考［J］．中国证券期货，2013（5）：58–59.

智能化时代课程教学改革的若干思考

——以“商业银行零售业务”为例

吴 洁 丁忠明 周媛玥 张峰野[①]

近年来，“人工智能”多次出现在政府工作报告中，意味着加快人工智能发展已上升为国家战略。在政策的推动下，人工智能逐渐遍布我们工作生活的各个领域，显著提高了社会工作效率，也促进了各行业的发展和转变，一些传统落后的生产方式将被逐步淘汰，一些行业将会在我们的生活中消失，一些新行业又会随之兴起，节省了人们精力和时间的同时，也从客观上要求我们每个人对未来的工作方式进行改进或变革。智能化时代背景下，金融行业同样会受到一定影响，岗位设置、工作内容和分工都会发生改变，这也决定了我们培养金融人才的高校要及时进行教学改革，调整培养方案，重新设置课程体系，改革课程教学内容和教学方式，服务于时代发展的需要，培养既有理论素养，又能实践操作，既有金融科班背景，又懂人工智能运用的复合型人才。

目前，国内绝大多数高校的金融专业已开设商业银行学课程，授课内容涵盖银行的各种业务类型，其中包括零售业务，但较少有学校会根据银行业务类型单独开设细化课程，比如商业银行零售业务。随着银行零售金融业务的不断发展和市场规模占比日益提高，亟须开设一门针对性强，且理论与实践相结合的课程，商业银行零售业务是顺势而生的新课程，教学内容明确且细化，尤其适合旨在培养实践性人才的应用型财经类高校探索顺应时代发展要求的人才培养模式。

一、商业银行零售业务课程的特点与现状

商业银行零售业务是一门理论与实践相结合的应用性较强的专业课程。本

① 吴洁，金融学博士，上海立信会计金融学院讲师，美国雪城大学和英国杜伦大学访问学者。主要从事信用管理和金融学的教学和研究。
丁忠明，金融学硕士，上海立信会计金融学院讲师，主要从事投资学和信用管理的教学和研究。
周媛玥，行政管理学硕士，上海立信会计金融学院研究实习员，主要从事教学管理研究。
张峰野，上海立信会计金融学院本科生。

课程立足于我国商业银行零售业务的改革和实践，基于对政策、法规的理解，结合案例教学，讨论商业银行零售业务经营背景、现状及特点，介绍商业银行主要的零售业务品种，探究零售业务管理方法，同时讲解国外商业银行先进的管理理念、管理技术和最新的理论研究成果，旨在让学生了解银行个人业务的同时，提高综合分析问题和解决问题的能力，促进金融专业的学生真正成为应用型、开拓型的专业人才。

（一）开设新课程是时代发展的需要

从国际银行业的发展历史看，商业银行在很长一段时期内，相比零售金融业务，更注重公司金融业务的发展，尤其是以大型企业为主要服务对象。我国商业银行业务结构的发展也经历着类似的发展过程，长期以来高度重视公司业务，零售业务除利用储蓄业务吸收更多的资金外，其他业务品种单一，发展缓慢。但近几年，随着经济的加速发展，居民收入水平大幅提升，中产阶级比例逐渐增大，家庭理财的需求向多样化的方向发展，介于目前投资渠道狭窄的现实局限，银行零售业务的发展受到社会和银行的重视，成为业务增长和利润来源的主要途径。零售业务发展呈现出产品向多元化、综合化发展，业务处理向规模化、集中化发展，服务渠道向自动化、网络化发展，客户服务向个性化、精细化发展的特点。

金融市场需求的变化，迫切要求商业银行供给侧改革，同时也要求高校尽快改革培养方案，细化课程设置，强化教学安排，培养更有针对性的专业人才。因此，在此背景下开设商业银行零售业务课程符合时代发展的要求和特点。

（二）课程的实践性较强

课程应充分考虑应用型大学学生的知识结构、理论水平和应用能力要求，按照教学计划的课时安排，遵循范围和深浅适度原则，在课堂讲授的教学方式基础上，综合运用多媒体教学资源，同时补充一定的讨论和案例分析，扩展信息面，开拓视野，让学生对课堂内容加深理解的同时，激发他们对金融经济问题的关注以及持续学习银行经营管理相关知识的兴趣。在加强基础知识、基本理论部分的基础上，强调理论与实践相结合。

商业银行零售业务的操作性较强，客户经理与个人客户打交道，面对的客户群体人数较多，且个体的差异性较大，智能化的发展又在逐步改变着银行员工与客户之间的关系，需要客户经理有较强的业务能力、沟通能力，需具有较高的专业敏感度，能及时洞悉经济环境变化带来的业务需求变化。因此，课程的内容设置既要体现理论性，更要注重实践性，让学生在掌握基础知识的同时，加强实践操作技能培养。

（三）新课程的建设有待加强

开设该课程的院校较少，缺乏前人的教学经验积累和借鉴；市面上缺少课程教材，相关专著和书籍的出版时间也相对久远，没有及时更新市场变化及新业务发展情况，脱离了银行零售业务日新月异的发展现状，也不能满足当前大学本科教学的需要。虽然部分高职院校编定了相应教材，但内容过于偏重操作性和实务性，不适合本科院校的教学特点，因此，编定一本适合本校专业建设和人才培养方案的教材迫在眉睫。

（四）人工智能的发展需要课程教学与时俱进

当前，人工智能技术出现在社会的各个行业，市场应用越来越广泛，对金融行业的影响同样深远。从行业变革的趋势看，传统金融行业的很多工作将逐渐由人工智能替代，其中，从事银行柜面基础工作的部分员工被机器替代的趋势最为明显。一线城市部分网点已经开始尝试撤销人工服务窗口，改由客户自行操作机器完成业务流程，即所谓的银行无人网点，这意味着银行基层工作岗位的大量缩水，对应用型本科高校培养操作型人才的目标提出了挑战。为使人才培养目标跟上时代发展要求，避免毕业等于失业的情况发生，金融专业教育应跟上时代步伐，根据社会发展趋势修订培养方案，调整人才培养的知识结构、课程设置体系和教学内容。以商业银行零售业务课程为例，要充分考虑到今后人工智能技术在零售业务领域的应用情况，以及对零售业务客户经理素质要求的变化，顺应行业发展需求去培养学生。

二、商业银行零售业务课程改革举措的思考

随着居民生活水平显著提升，家庭财富逐步累积，人们对金融服务的要求越来越高，对金融产品的需求呈现多元化趋势，国家金融监管又处于探索和改革过程中，在政策变革和业务发展的双轮驱动下，商业银行零售业务将会呈现加速发展的态势，因此，决定了商业银行零售业务课程教学要紧跟行业发展态势，要求教师动态跟踪业务变化，适时更新知识储备，及时补充课程内容、教学材料。

（一）建设过硬的教学团队

任何一门课程建设都需要一支优秀的教学团队的努力付出，建设政治思想素质过硬、师德高尚、教学能力强、成员稳定的教学团队是建设好课程的首要条件。教学团队要定期召开教学研讨会议，集中讨论在教学中遇到的问题，如何优化课程教学内容，如何精心设计课程教学实施方案，将课程所蕴含的思想政治教育元素融入课程教学各环节，积极拓展课程的深度和宽度，形成特色鲜明的课程教学内容。

课程团队双师型教师建设尤为重要，鉴于课程实务性强的特点，课程的双师型教师占比较高，教师可充分运用较丰富的实践经验，注重与学生的交流，指导学生实践。同时，聘请银行实务专家作为该课程的校外指导老师，进入课堂为学生做专题报告，拓宽学生的信息面，也为团队教师的对外交流提供机会。

（二）探索教学内容的选取

智能化时代背景下，经济社会变化加速，传统教与学的模式已经不能满足当今人才培养的需求，新时代要求学生不仅是知识的接收者，同时还应是创新创造者，因此学校要培养学生敢于思考、敢于尝试的意识，在课堂上充分发挥学生的主观能动性。

为应对智能化时代的挑战和要求，本课程遵循理论扎实、宽口径、贴近实务的原则，在教授学生基础理论的同时，扩宽课程内容，包括商业银行零售业务类型介绍、产品营销理论与方法、业务渠道管理、零售产品定价与管理、客户服务规范与技能以及未来发展与竞争分析等。为克服行业发展迅速与教材更新不及时之间的矛盾，教师团队每学期及时调整和更新辅助材料作为课程补充，并上传课程网站供学生下载使用。同时，根据教学章节编订习题库，题型多样化，其中以灵活运用知识解决实际问题的发散型题型为主，要求学生在每章学习结束后完成辅助练习，既让学生通过做题巩固理论知识，又能通过其中的案例分析题提升理论运用实践的能力。

（三）尝试教学方式的变革

商业银行零售业务是一门理论联系实际的课程，发挥双师型师资队伍特长，实现授课形式多样化，包括教师教授、学生参与专题讨论、案例分析、学生深入实践单位调研等方式。注重引入实践性资料和案例，激发学生参与课堂积极性，发挥师资队伍具有实践经验的特点。

首先，课堂讲授和主题讨论相结合。课程以课堂授课为基础，教师通过

PPT 和板书演示，系统讲解理论知识，介绍商业银行零售业务类型和特点，同时为学生设置讨论专题，每节课结束前，告知学生下次课的讨论主题，便于学生课后提前思考、搜集材料。在教师讲授结束后，要求分组讨论发言，把课堂主动权交给学生，尝试“翻转课堂”教学模式，鼓励学生充分表达对该问题的看法和思考。专题主要涉及当前行业发展的热点问题或者亟待解决的难点问题，培养学生独立思考和探索精神，提升理论运用于实践的能力。

其次，理论教学与实践教学相结合。优化实践教学环节，充分利用学校的教学软件资源，安排学生上机操作，不断完善课程实验和实训，开设探究性实验课，加强学生的创新精神和实践能力。依托仿真模拟平台，让学生完成零售金融业务中的储蓄、贷款、外汇买卖等业务流程，增强学生的业务操作能力。

最后，线下教学与线上教学相结合。建设丰富的网络教学资源，把零售金融方向的制度变革、业务发展情况、最新的咨询信息、研究报告、观点专题等资料定期上传到课程网站，丰富学生课后学习材料。为督促学生达到更好的学习效果，要求学生定期上交小论文作业，对课程材料中的内容发表自己的观点。同时，建设课后互动版块，定期更新商业银行案例例证，布置案例分析题，要求学生在线提交、在线互动。

（四）改革考核体系的构建

优化考核方式，以考核学生解决实际问题的能力和创新能力。打破传统的试卷考试形式，采取面试和案例分析的形式进行考核，并且邀请银行骨干人员参与学生面试考试，注重提升学生将理论知识运用于实践的能力。

与开放式教学内容和教学方式相对应，课程考核体系包括过程评价和最终成果评价两部分。过程评价包括平时课堂表现、专题研讨得分、案例分析得分等；最终成果评价以期末考试分值为依据，过程评价占总分的 50%，最终成果评价占总分的 50%。其中，过程评分既要有教师的评价，又要有学生的互评和自我评价，教师评价占 80%，学生互评和自评各占 10%。教师评价既要考虑团队得分，又要为每位成员评分，团队得分为小组成员的平均分数，参与度和贡献度较高的学生个人得分高于平均分，参与度和贡献度较低的学生个人得分低于平均分。

三、结语

商业银行零售业务课程具有较高的实务性特点，尤其在智能化时代，教学内容的选取既要注重理论知识学习，又要密切关注国内金融政策、商业银行业务发展情况以及人工智能对银行业的实时影响，及时更新扩充学习辅助材料，通过网络教学、案例教学等方式的综合运用，突出理论教学与实践教学相结合的特点。课程实务性特点对授课教师的教学提出了更高要求，需要改革课堂灌输为主的教学方式，多采取“翻转课堂”教学方法，教师是课堂的引导者，而学生是课堂的主角，让学生养成积极思考问题的习惯，方能培养出适应智能化时代的人才。

参考文献

[1] 张娟．“营销创新”课程开放性教学模式构建研究 [J]．太原城市职业技术学院学报，2014（12）：153–154.

[2] 乔静．旅游专业课的开放性教学探究 [J]．教育科学，2008（3）：126.

[3] 徐婷婷，等．人工智能时代应用型本科会计教育模式改革 [J]．北方经贸，2018（12）：150–151.

[4] 钱芳．面向人工智能时代的应用型本科高校会计教学改革 [J]．辽东学院学报，2018（8）：113–117.

[5] 熊凯．基于建构主义理论的高校市场营销教学模式创新研究 [J]．科技创业月刊，2015（5）：87–90.

[6] 田超杰．建构主义学习理论在市场营销专题教学模式中的探索与实践 [J]．河南工程学院学报（社会科学版），2017（2）：84–86.

[7] 叶素娇．浅析角色扮演法在“汽车营销”实践教学中的应用 [J]．课程教育研究，2017（25）：65–66.

[8] 牟萍．基于物联网、云技术和大数据的高校智能化教学环境构建 [J]．重庆师范大学学报（自然科学版），2017（5）：81–86.

[9] 杨博．德国商业银行拟大幅裁员 [N]．中国证券报，2016–09–30（03）.

[10] 邢啊凤，陶雪梅，彭瑞峰．人工智能时代下对会计行业的思考 [J]．财会学习，2017（10）：112–114.

案例式任务驱动型教学模式在“个人理财”课程中的应用研究

方 茜[①]

在“互联网 +”向各领域不断渗透的时代背景下，高校课堂的授课新模式和教学新方法如雨后春笋般应运而生。“微课”“慕课”“翻转课堂”等形式层出不穷，“案例式教学”“启发式教学”与“讨论式教学”等方法也被广泛运用于不同的课程中。目前，课堂教学仍是我国大部分高等院校的主要授课模式，然而由于大学的课堂教学往往是集中在某半天讲授完一周的课，是在有限的时间和空间内将所讲授知识最大化传输给学生，这就对学生的学习效率提出了更高的要求。《礼记·学记》曰：“君子之教，喻也。道而弗牵，强而弗抑，开而弗达。”意思即为君子教学，不是直接向学生灌输知识，而是要通过创设情境，言此而意彼，让学生去感悟和发现；指导学生学习的思路和方法，而不是代替学生做出结论，从而得到教师“举一”而学生“反三”的教学效果。案例式教学模式正是如此，它以其特有的优势弥补了传统教学模式的不足，在提升学生专业素质和学习效率等方面具有不可替代的作用。针对金融类学科中颇具实务性和应用性的个人理财学，笔者认为在课程的教学过程中应当运用案例式教学方法，将传统的灌输式教学转变为以案例为基础的“任务驱动型”教学模式，充分调动学生的主观能动性和学习积极性，培养学生综合思考、分析以及制定理财规划的实务能力，从而达到更好的教学效果。

一、案例式教学基本描述

（一）案例式教学的定义

案例式教学，顾名思义是指在课堂上以案例为基础进行教学，通过对某一个或某几个具体案例的分析引导学生对相关知识展开讨论与学习。案例教学法

---

① 方茜，金融学博士，上海立信会计金融学院金融学院讲师，上海市“晨光学者”，主要研究方向为公司金融。近年来重点关注绿色金融和金融科技，已在国内外核心刊物发表论文数篇。

于1920年起源于美国哈佛大学，并于20世纪90年代引入我国。案例式教学是将课本上的理论知识和实际案例结合在一起，让学生对所学的知识点有一个具象的认识和理解，这种教学方式可以让教师的课程讲解更为生动，能够充分调动学生的学习热情、提升教学效果。

（二）案例式教学的特点

1. 真实性

案例式教学中选用的案例材料一般来源于实际生活，要么是曾经发生过的某一事件，要么是与实际生活贴近的现实剪影，不是凭空想象出来的，因而具有一定的真实性。

2. 互动性

案例教学由于创造了一定的情景，可以让教师和学生以及学生之间就相关情境进行讨论和分析，具有一定的互动性。正是这种互动性提高了学生的学习兴趣和参与度，使其在案例讨论中掌握知识点，提高学习效率。

3. 实践性

在案例式教学过程中，可以让学生设身处地地站在案例中角色的角度，运用已学的知识思考、分析，并得出自己的判断和决策，以此实现从理论到实践运用的转化，培养学生的实践能力。

4. 启发性

案例教学法中选择的案例是为一定的教学内容和教学目的服务的，因此，每个案例都应该能够引人深思、言此而意彼，从而具有一定的启发性。

5. 多元性

案例教学的结论往往不是唯一的，因为不同的人对同一个问题有不同的看法，因此其结果具有多元性。在案例教学中，教师通过引导学生参与讨论，培养学生分析问题、思考问题和解决问题的能力，而不是刻意去寻找一个唯一的答案。

二、案例式教学方法应用于个人理财课程的必要性

（一）个人理财课程介绍

个人理财学是以家庭为研究对象，运用家庭理财原则，通过一系列规划以实现家庭资产保值增值以及健康发展的一门应用型学科，具有综合性、应用性和实践性的特点。课程的主要内容是在讲授理财规划基本原理的基础上，介绍我国金融市场上各种类型的理财工具与理财产品，培养学生进行投资规划、住房规划、教育规划、保险规划、退休规划、税收与遗产规划以及全生命周期综合理财规划的实务设计能力。

（二）个人理财课程教学的现状分析

1. 传统讲授方式无法锻炼学生学习的自主性

目前个人理财学的课程讲授中虽然也有案例分析，然而现有的案例分析模式还是基于课堂上教师对案例的讲授，然后让学生参与讨论，这种方式虽然较传统的授课模式略有进步，但依然无法最大程度地调动学生自主学习的积极性。学生不能提前对学习内容有所了解，仅在课堂上被动分析案例，也没有时间提前搜集相关的资料，这就无法锻炼其学习的自主性。

2. 课程讲授无法突出个人理财的应用型特点

个人理财学是一门以情景案例分析和理财规划设计为主的学科，极其强调应用性与实践性。然而现有的授课模式无法让学生身临其境地体会到各项规划需要考虑的问题和分析步骤。以保险规划为例，虽然案例材料中会介绍保险规划的原则和流程，并让学生根据保险需求来选择相应的保险产品，然而现实生活中的情况更加复杂。如家庭的成员构成不一样、市场上的保险产品参差不齐，仅凭课堂上讲授的案例无法让学生在现实生活中应用，因而无法体现应用型特点。

3. 案例缺乏时效性

案例更替是否能够与当下经济金融及社会热点问题紧密联系是案例式教学能否提升教学效果的关键问题之一。互联网时代，随着媒体和自媒体的发展，学生每天都能够接收到最新的新闻信息，现实中的热点问题能够吸引学生的注

意力、引起学生的兴趣。若是能够运用课堂中所学的知识对热点问题提出自己的看法或者解决方案，将会显著提高学生的参与热情。然而，目前个人理财学中的案例大部分都缺乏时效性。以个人税收规划为例，之前的案例中介绍了个税改革以前个人所得税的筹划原则与方法，然而2018年后我国个人所得税征税制度进行了较大的改变，此时的案例分析依然还是沿用之前的案例，这就给学生的学习带来了困扰。学生在课堂上学习的旧知识无法与现有的新情况衔接起来，会严重降低学习效果。

（三）案例式教学模式在个人理财课程教学中的意义

案例式教学是一种将理论与实践紧密联系在一起的有效的教学模式，通过对各种经典案例的分析使学生不仅能够掌握个人理财规划与设计的基本原理，还能通过各种最新的案例让学生了解到实时的经济金融及法律法规方面的政策变化，从而能够为不同状况的家庭制定合适的理财规划，进而提升学生解决实际问题的能力。在个人理财课程的教学中推进案例式教学有以下几个方面的优势：

1. 激发学生学习兴趣，提升教学效果

传统的授课模式教师是课堂的中心，学生在整个教学过程中处于被动接收知识的地位，这种模式中往往学生的参与度不高，因此很难维持长久的学习兴趣。理财案例因为具有一定的情节性，且案例中很多情况其实跟学生自己家庭的状况也比较类似，因此具有很强的吸引力和趣味性。比如在教育投资规划中，需要根据自身情况通过提前投资和规划为自己及家庭成员积累适当的教育资金，其中很重要的一个内容便是子女教育投资。学生们现在都处于大学教育阶段，对自身每年的教育花费有切身的体会和了解，因而更能从父母的角度为自己将来的教育费用做好理财规划。这种感同身受似的案例式教学能够最大限度地激发学生主动学习的兴趣，从而提升教学效果。

2. 任务驱动型教学，提升学习效率

案例式教学不仅仅是在课堂上讲解案例，这与传统的授课模式没有任何区别，真正有效的案例式教学应该是任务驱动型的，让学生成为学习的主体。教师可以通过提前在案例中设置任务驱动点，让学生能够在一步一步完成任务的过程中掌握要学习的知识，这样才能提升学习效率。

3. 案例的研讨，加强学生对理论知识的掌握

个人理财课程中实施案例教学的目的在于帮助学生深入理解个人理财的基础知识，包括对理财工具的了解、选择和具体运用。首先，通过对案例的分析可以让学生对授课内容和相关理论知识有更加直观和感性的认识；其次，通过对案例的讨论，教师能够有针对性地将课程中的理论知识重复性展示给学生，从而加深学生的印象；最后，通过案例这种生动的教学方式，学生能够更好地掌握课程的理论知识点。

4. 有助于开拓视野，提升实务能力

由于个人理财学是一门对学生实务设计能力要求比较高的应用型学科，因此学生实践能力的培养是本课程的重要目标之一。案例式教学法重视实践，重视学生对具体问题的分析，是一种动态的、开放的教学方式，学生作为理财规划的设计者，可以通过对不同情景案例的解读加深对家庭理财、经济金融和社会法律等领域的了解，从而拓宽知识面与视野。同时，对案例的思考与分析也能够提高学生的创新与实践能力，将自身打造成专业素养高的应用型人才。

三、案例式任务驱动型教学模式在个人理财课程中的具体实施路径

（一）编写案例，建立案例库

案例式教学模式的核心在于案例的搜集与编写。笔者认为，案例编写应遵循四个原则：真实性、逐步性、阶段性、时效性。首先，案例必须是真实发生的。案例教学具有吸引力的一个重要原因在于案例的真实性，学生能够对其有一个基本的认可，这是编造出来的案例替代不了的。其次，同一授课内容选取多个案例，难度逐渐增加。比如在讲授投资规划时，先给出一个财务状况较简单的家庭案例，让学生对简单家庭的投资理财进行规划与设计；然后在此基础上再抛出一个财务状况较为复杂、理财目标相对较多的家庭案例，让学生对这种复杂的投资规划进行设计，以此类推。再次，根据不同的教学阶段编写不同的案例。由于个人理财课程的学习内容比较多，除了一般金融学课程中重点介绍的各种证券投资以外，还包括教育、养老、保险、住房等，范围实际上涵盖了人的整个生命周期，因此，在单独学习各项规划内容之后，还需根据实际状

况对家庭的所有方面进行一个整体的规划，此时应编写综合性的案例以便学生对前期学习的内容进行整合。最后，在编写案例时应注重案例的时效性，随时更新案例材料。以投资规划为例，随着金融市场和资本市场的发展，各种各样创新性的金融产品层出不穷，不同金融产品的收益率及其计算方式也不一样，因此在进行案例编写时应注重案例的时效性。新的案例中应给出目前金融市场上不同理财产品的收益率及其购买方式、投资期限等，这样便于学生更好地做出符合现状的、有效的理财规划。

（二）切入课程教学的方式——任务驱动

案例式教学想要取得好的教学效果，应以任务为驱动，在课堂上把案例材料作为讨论的基础，设置不同环节的任务驱动点，要求学生通过自主搜集资料或者团队讨论来完成这些任务，以此来达到学习相关知识点的目的。而教师在教学中的任务是课前选择好案例材料，制作好相应的视频短片并设置好不同的任务驱动点，指导学生按照视频任务完成知识的系统学习。在课堂上引导学生对案例进行分析和讨论，在讨论的过程中强化对知识理论的学习，督促学生完成学习任务。具体步骤如下：

第一步，案例准备。在每次上课之前，教师将需要讲授的知识点和案例以视频或者 PPT 的形式制作好，上传到移动学习平台（超星学习通）并让学生提前下载和学习。

第二步，任务设置。在制作案例视频时，需在案例的不同阶段设置任务点。以居住规划为例，首先给出家庭的基本背景，然后让学生选择居住需求（自住还是投资），即任务一；其次，对于不同的需求再设定不同的场景，选择自住的需要考虑家庭人口数量、空间需求、环境需求等，选择投资的需要考虑目前的房价、预计的房价增长率、投资回报率以及与其他金融产品回报率的比较等，即任务二；再次，让学生选择住房贷款的种类及偿还方式，即任务三；最后，让学生计算为保证首付款的筹集和贷款的偿还，购房前后应有的储蓄率，即任务四。具体流程如图 1 所示。

第三步，课堂讨论。学生在自主学习完视频材料之后，在课堂上将自己的学习内容和任务完成情况向教师汇报（可以以团队的形式完成），教师对其任务完成情况进行点评并提出相关意见，学生再根据教师的意见重新制定自己的理财规划。

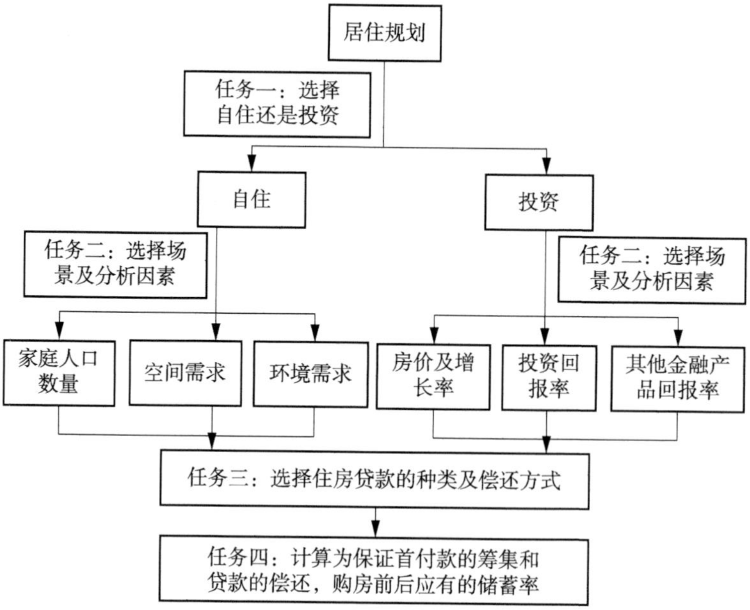

图 1 居住规划案例任务设置流程图

第四步，课后反馈。通过课堂上的讨论与分析，学生反思理财规划时存在的不足之处，根据老师提的意见重新制定规划，课后以作业的形式提交给老师。

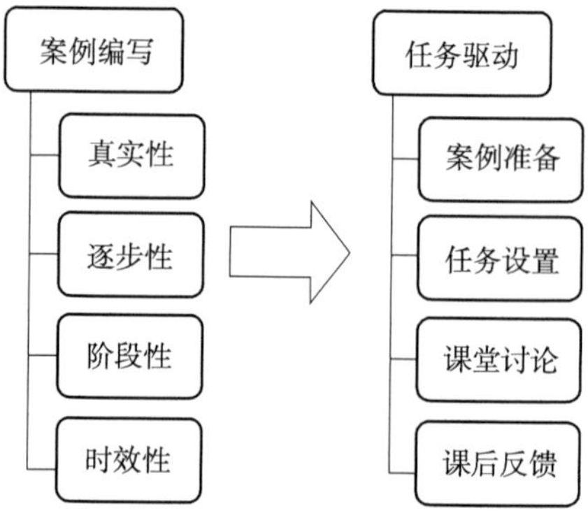

图 2 “案例式”任务驱动型教学具体实施路径图

（三）注意事项

在进行案例式教学时应注意一些事项：首先，在课堂教学之前教师应提前将学习内容和案例资料发放给学生，学生只有在掌握一定理论知识的基础上才能够对案例进行分析。其次，案例资料及相关数据应详实，且提醒学生自主搜集相关资料及信息。最后，案例的选择应该体现知识传授与价值引领，凸显思想政治教育，将课程思政融入到案例教学过程中。

四、结语

案例式教学在具体实施过程中需要教师花费更多的精力去备课以及编写案例，如果仅仅将案例教学简单地解读为在课堂上为学生讲解案例并组织学生围绕案例进行讨论，往往达不到预期的教学效果。我国目前的大学教学模式依然是以教师讲授为主、学生被动接受的传统模式，在很大程度上限制了学生创新性思维的发展与培养。因此，本文在个人理财课程中引入“案例式”任务驱动型教学模式，是一种教学实践的创新，其目的是让学生在完成理财任务的过程中逐步掌握知识，并自主发现新的知识点，调动学生积极学习的主观能动性。该模式摒除了以往单一的教学模式，将资源整合、任务驱动、线上线下教学模式结合在一起，形成了一种新的以学生为主、教师为辅、案例材料为支撑、移动学习平台（超星学习通）为依托的教学新模式。通过这种模式，希望能够让学生学习更有动力，方向更加明确，效果更为显著。

参考文献

[1] 陈林杰，赵宁雨，陈彬科．以案例式教学提升教学质量［J］．当代教育理论与实践，2016，8（1）：68–69.

[2] 李爱娥．案例式教学在财务管理专业课程改革中的应用［J］．新课程研究（中旬刊），2017（7）：79–80.

[3] 乔臣，王富军．案例式教学在大学生理财通识课程教学中的运用［J］．才智，2017（10）：128–129.

[4] 闫华飞，孙元媛．案例式教学的实施与改进对策研究［J］．经济师，2017（5）：188–189.

[5] 王羽佳．案例式和讨论式课堂教学改革实践——以“展示设计基础原理”为例［J］．教育现代化，2019，6（34）：45–48.

[6] 张慧一．案例教学法在“家庭理财”教学中的应用［J］．吉林省教育学院学报（下旬），2013，29（12）：61–62.

[7] 张金学，张宝歌．构建探究讨论式教学，提升课堂教学质量［J］．中国高等教育，2011（23）：32–34.

基于多维能力素质培养的“自主—合作学习”教学模式构建研究

——以金融专业定量分析类课程的教学为例

陈修兰　王中宇[①]

一、引言

在2010年7月29日我国发布的《国家中长期教育改革和发展规划纲要2010—2020》中，全面提高高等教育质量、提高人才培养质量、提升科学研究水平、增强社会服务能力、优化结构办出特色是对高等教育发展提出的基本要求。而要实现这五项基本要求，就需要高等学校持续深化教学改革，充分调动学生学习的积极性和主动性，加强实验实践方面的教学，支持学生参与社会实践和科学研究，培养学生的多维能力素质。金融行业对金融从业人员越来越高的要求也促使学校应基于多维能力素质拓展这一目标来设置课程，构建一体化的教学体系，应用适合培养学生多维能力的教学模式。在培养学生具备专业知识、专业技能、通用技能等基础能力之上，还应引导学生从被动学习转变为自主学习，因此基于多维能力素质的拓展来对课程体系进行优化，并通过“自主—合作学习”教学模式实现培养多维能力的目标。

本文拟以金融专业定量分析类课程的教学为例来探讨这一问题。在金融专业的教学体系中，定量分析类课程占据极其重要的地位，这类课程的学习过程中会综合运用到各种专业能力，同时还非常适合小组“自主—合作学习”，因此基于多维能力素质培养的“自主—合作学习”教学模式的构建研究可以先从金融专业的定量分析类课程来实施。金融学的研究历程正在经历着从早期单纯的定性分析到依靠数据进行更为精准的定量分析的过程，世界著名的管理学家戴明（W.Edwards Deming）曾经说过“除了上帝，任何人都必须用数字说话”（*In*

---

① 陈修兰，经济学博士，上海立信会计金融学院讲师，主要从事国际金融及金融统计方面的教学和研究。

王中宇，上海立信会计金融学院2018级金融学专业学生。

God We Trust，All Others Must Bring data）。金融学政策的制定，需要以数据的定量分析作为驱动，培养学生利用现代信息技术搜集、整理、分析金融数据，用各种定性、定量统计方法对金融现象进行深层次的分析与预测是金融学院各专业学生的必备技能，所以金融专业的教学体系中一定要将定量分析类课程作为重中之重进行重新梳理和架构。

目前，与金融有关的海量数据为各专业课程的学习提供了巨大的资源，未来的金融决策可能会更加依赖各种定量分析来降低风险，因此金融学院的定量分析类课程若能够整合为一个拓展学生各种应用能力，并将其转化为实践的教学体系，会使学生走出校门后，不但能达到工作岗位的技能要求，而且会因为熟悉各类分析软件，能够对金融数据进行有效分析而更快地融入到大数据时代的金融专业性工作中。

二、金融专业所需多维能力素质解析

管理学家戴维·麦克莱兰（1973）为帮助企业寻找那些与员工个人能力相关的、并能够协助企业提高其绩效的因素，进行了广泛的社会调查研究。调研结果表明，以往那种以智力测验来判断个人能力的做法具有不合理性，之前人们主观上认为能够决定工作成绩的一些人格、智力、价值观等方面的因素，在现实中并未对其业绩提升有显著的效果。麦克莱兰将通过调研结果发掘出的那些真正能促进员工工作能力提升的个人条件和行为特征称为“能力素质”，认为能力素质决定了个人成功和组织绩效提升。①

随着经济社会的发展，知识经济、大数据时代对员工能力素质要求必然提高，越来越多的公司在招聘时会采用能力素质模型来测试、筛选求职人员，因此，高校的教育者们也应该根据社会的需求来培养符合社会经济实体需要的人才。根据已有的研究成果，能力素质有“基准性素质”和“鉴别性素质”之分，其中“基准性素质”是基于工作所需要具备的能力素质，“鉴别性素质”是与职业所需能力无关的、对一般人也适用的能力素质。本文在麦克莱兰的研究成果基础上，将金融专业人才所需的多维能力素质具体解析为表 1 所示内容：

---

① 1973 年麦克莱兰博士在《美国心理学家》上发表了《测量能力而非智力》一文，提出能力素质是员工工作能力提升的原因，之后社会经济实体在招聘时由之前仅仅依靠智力测试转变为开始重视对员工能力素质的要求。

表 1　金融专业人才所需的多维能力素质

能力素质分类	包含项目	具体内容
基准性素质	知识	金融专业基础知识、金融市场知识、法律知识、管理知识等
	专业技能	理论基础和专业知识的综合应用能力、对数据的实证分析能力、分析报告写作能力、自主学习能力、协作学习能力、持续性学习习惯的养成能力、知识转化为实践成果能力
	通用技能	表达能力、外语能力、计算机操作能力、信息处理能力、逻辑分析能力、对问题的分析能力、知识更新能力、人际交往能力、组织协调能力、团队协作能力、开拓创新能力等
鉴别性素质	自我概念	责任心、自信心、进取心等自我认知情况
	动机	个体的求知欲、成就欲、创造欲等工作动机
	特质	个体的智商、情商、逆商、财商、人际关系等特质

表 1 中的基准性素质与鉴别性素质中各项目有差异，也可以有相通之处，其中基准性素质的知识、专业技能、通用技能是能够在专业课程的学习中实现的，但若是按照传统的教学模式，诸如自主学习能力、协作学习能力、持续性学习习惯的养成能力、知识转化为实践成果能力、组织协调能力、开拓创新能力等方面在有限的上课时间难以实现，尤其是自主协作的学习能力，重课堂讲授的传统教学模式无法实现，同样对问题整体分析的能力、分析报告的写作能力、知识转化为实践成果能力这些对学生未来就业非常重要的多维能力也是很难仅仅通过课堂教学就达到良好效果的。鉴别性素质则更需要潜移默化的教育才能实现，传统的教学模式无法实现这一目标。

表 1 中金融专业人才所需的多维能力素质中很多项，如计算机操作能力、信息处理能力、逻辑分析能力、对问题的分析能力、对数据的实证分析能力、知识转化为实践成果能力等都需要通过定量分析类课程的学习来实现，该类课程的学习内容多是要求分析问题、理顺逻辑、操作软件、整理数据、对数据进行实证分析，最终形成课程论文或者研究报告等实践成果，依托这类课程的学习，可以将诸多能力整合为一体进行高效的检测或考核。

三、基于多维能力素质培养的定量分析类课程教学中存在的问题

目前，金融专业定量分析类课程教学中存在一些问题，难以有效培养学生

的多维能力素质，主要问题有以下三个方面：

（一）定量分析类课程体系不明晰

目前，很多定量分析类课程未能在整个金融专业的教学中有明晰的定位，且与其他非定量分析类专业课程之间未能有效关联。涉及金融计算、数据分析、金融报告写作等方面的课程都可以归为定量分析类课程，其对培养学生的分析能力至关重要，但目前在高校设置的该类专业课程中，常常出现内容重复、先修和后续课程没有明显关联的情况。如有些软件操作课程，都服务于提升学生的数据分析能力，但是因为每门课程没有有效关联，任课老师无法知道学生在其他课程中是否学过类似知识，从而在有限的课堂教学时间内只讲解本门课程的部分内容，导致很多软件操作课程学习后，学生只会基本操作，而不会对更为复杂的金融数据进行分析。以数据分析软件为例，SPSS、Stata、Eviews 等都可以进行回归分析等基本数据分析，学生本来可以在其中先修的某门软件操作课程中学会，后续在此基础上使用其他软件深入学习更加复杂的数据分析方法，但如果每门课程学习的内容和先后顺序不能理顺，那么每门课程的讲授都是按教材内容的顺序，很难讲解至更深的内容。毫无疑问，这种情形是极其浪费上课时间的，要解决这一问题，各个高校对校内各专业的各类课程，尤其是定量分析类课程，要进行教学顺序的改进。

（二）未能对各门定量分析类课程所培养的能力进行深入分析

单打独斗的各门定量分析课程未能形成体系，孤立的课程教学往往只能针对某一种能力的提升有所促进，但是不能有效产出，同学们在参加社会调研、科技竞赛、实践实习时经常会发现自己虽然学过数据分析的各种方法，但仍然无法有规律、有逻辑地完成某项具体工作，能力单一、无法贯通严重阻碍了学习成果向有效产出转化。若各门定量分析类课程所培养的能力各自为政，没有聚合的效果，那么就很难对学生未来的工作能力有显著的提升。

（三）被动的传统教学模式不利于提升学生学习的积极性

如图 1 所示的这种传统的教学模式阻碍了学生学习的深度和广度，学生不会主动学习，认为将上课内容学好即可，很少学习课堂以外的知识，而且由于学生没有小组协作学习、课堂展示、同伴互评、教师随时纠正这些教学流程，很难调动积极性。在定量分析类课程的学习中，某个问题的解决常常既需要软件操作能力，也需要逻辑分析能力，还需要报告写作能力，如果项目由每个同学个人完成，时间、能力有限的情况下，效果必然大打折扣，难以有深入的学习成果。传统的教学模式限制了学生的自主学习能力、协作学习能力、组织能力等基准性素质以及进取心、求胜欲等鉴别性素质的培养。

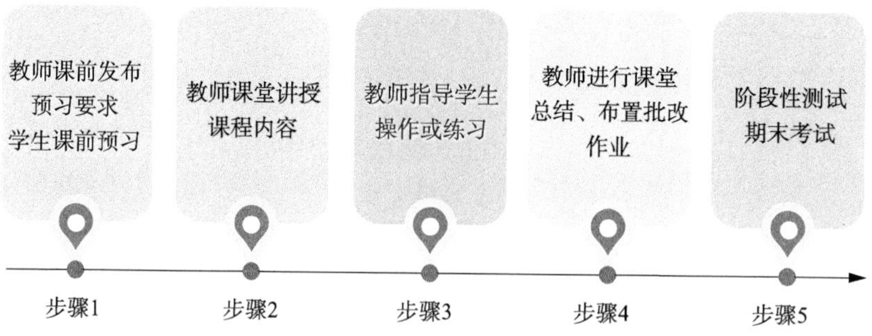

图 1　传统教学模式的教学过程

四、金融专业定量分析类课程教学中多维能力素质培养的实施路径

无论是课程体系不明晰、有限的上课时间无法使学习更加深入、未能对各门定量分析类课程所培养的能力进行深入分析，还是传统教学模式限制了多维能力素质培养的问题，都可以通过“自主—合作学习”教学模式加以改善或者解决，具体路径如下：

首先，金融学各专业的定量分析类课程体系的优化可以有两个解决路径：

一是依靠学院的课程体系改革，各专业画出所有课程拓扑图的基础上，将定量分析类课程路线理清，优化这些课程的上课顺序、课程内容、教学方式以及其先导和后续课程的学习内容。具体做法为：首先理清各门课程之间授课内容的关联，避免任课老师在讲授过程中因不知其他先导课程老师是否讲过而重复讲解的情况，然后优化各门课程的开课时间，最后制定优化后的教学体系，该体系会标注先导课程讲授的内容，后续课程可以在考察同学们已有学习效果的基础上略过重复内容，进入更难、更深入的教学内容中。这一定量分析类课程体系的构建能够为学生创造一个“不重不漏”的学习框架，改变部分课程各自为政，没能优化整合的现象。

二是若短时间无法优化课程体系，可以在实际的各门课程讲授中尽量采用“自主—合作学习”的教学模式。“自主—合作学习”教学模式需要在课程的学习中组建学习小组，为遵循优势互补的原则，小组成员的组成需要使用统计上的异质分组方式，即在课程开始时对学生的性格、特长、兴趣爱好、交往能力、各门课程的学习情况进行调查分析，分组首先要考虑到学生的知识储备情况，然后考虑特长、兴趣等方面，差异越大的同学越需要分到同一个组，这样可以更好地进行“合作学习”。每个小组负责人在课前负责将本课程的先导课程内容进行归纳整理并交予老师，便于老师了解同学们的学习情况，以便在此基础上更新本门课程后续讲解中要把握的重点难点。这一做法也能够改善金融学各专业的定量分析类课程体系不够明晰的问题。

其次，将定量分析类课程主要培养学生的哪些能力进行梳理，更加精准地进行教学。这一问题的解决也可以在每门课程“自主—合作学习”教学过程中，通过对学生的广泛调查得出，如“统计学实验”“计量经济学”“市场调研与预测”“stata 与社会统计”等课程更注重的是对学生实证分析软件及技术学习能力的培养；“金融时间序列分析”“金融计算及设计”“外汇市场分析”“证券市场分析”“金融数据分析实践”“信用数据分析采集与管理”“生活中的金融计算”等课程则更注重金融实际应用及决策能力的培养；“金融分析报告写作”“国内外黄金投资策略研究”、毕业论文、各类金融竞赛、“挑战杯”大学生竞赛等则是培养学生报告的写作能力以及将数据分析能力转化为实践能力等；除此之外，“金融学”“国际金融”“国际结算”“金融理财”“信用管理学”“商业银行学”“金融风险管理”“期权、期货及其他金融衍生品”“金融市场与金融机构”这些最为重要的金融类专业课程则作为这些定量类课程的前导或者后续课程而与其密切关联、互为辅助，让学生掌握的专业金融知识转变为实际的成果。

再次，将各门课程原来主要使用的教师讲授、学生被动学习的教学模式转变为以学生为中心，以学生的产出（即学生的学习成果，如分析报告、研究报告、比赛作品等）为导向，以持续的自主合作学习习惯的养成为最大期望和最终培养目标的“自主—合作学习”教学模式。目前大多数学生的上课是以考试为目的，专业意识、实践意识不够明确，缺乏专业能力的认识和锻炼，在参与实践项目、发表文章、撰写毕业论文等课内外实践方面成果较少，未能把所学知识转化为实际能力，因此在理清了各门定量分析类课程的基础上，将教学模式转变为学生“自主—合作学习”对提升学生真正的实践能力是非常有效的。

“自主—合作学习”教学模式的特点是以学生为中心，以培养学生的多维能力素质为目标，更注重知识的应用，让学生在学习过程中学会整合知识、转化知识。教师在每次课前根据课程内容归纳重难点并布置思考题，要求所有同学课前做好预习工作，每个小组选择一个与课程内容相符的主题，在每周学习中各组自主分工去搜集数据，在教师讲解软件基本操作的基础上针对各自研究主题使用软件进行数据分析，自主学习、协作完成当次的学习任务。每周各小组进行案例讨论，做好讨论记录，并要求小组对讨论过程进行录音，以便教师监控，每一小组负责一次课堂问题讨论，做好课前预习准备，现场接受其他同学的提问；课程结束时每组提交每节课的学习内容及过程，并最终形成报告等学习成果，教师在这种教学模式中起的作用主要是引导、推动、核心问题讲解、监控学习过程、纠正学习谬误。

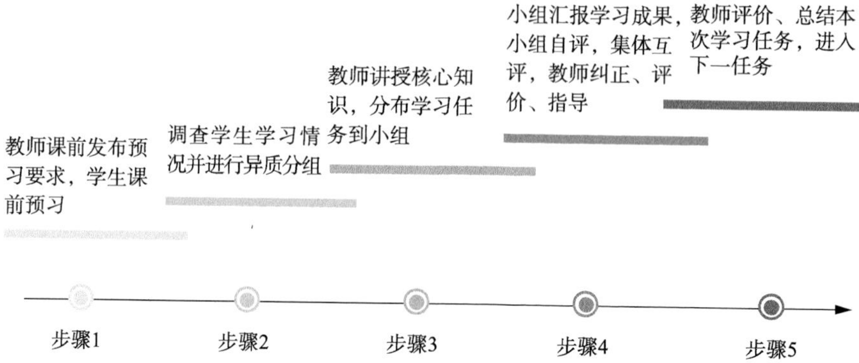

图 2 “自主—合作”教学模式的教学过程

对比图 1 和图 2 可以看出，传统教学模式重视课堂讲授，以教师为主体，对学生知识掌握程度的考核基本在期中测评或期末考试中实现，过程中对学生学习情况的把控不足，而且无法让学生展示其在课外学习的内容。该种模式中学生对知识的获取模式单一，主要来源于老师，学生积极性、主动性没能有效调动，而且金融专业的定量分析类课程单纯依靠老师讲授有两个问题：一是学习时间不足；二是效果难以实现。定量分析类课程大多需要使用 stata、SPSS、Eviews、python 等通用软件或者 DerivaGem 等专门的金融数据计算软件，课堂上老师讲解时间有限，无法针对很多问题，只能就某一问题进行软件操作及逻辑思路的讲解，因此无法实现实践能力的培养。而“自主—合作”的学习模式倡导以学生为主体，提倡“以学生为本”，引导学生在学习的过程中及时自觉地自我定位，在合作小组的共同学习中促使学生注重交流、协商、竞争等方面对学习所做的改变，而最终的评价将团队总分和个人表现两方面结合，作为最终的评价标准，将预设目标与最终成果做对比，老师在此过程中负责布置任务、过程调试和最终评估，老师和学生各司其职，更加有效地进行学习实践。

五、结语

综上所述，为培养具备多维能力素质、适应社会需求的金融从业人员，高校的金融专业课程体系和教学模式都需要进行优化。“自主—合作学习”的教学模式对培养学生的多种能力具有重要的作用，采用这种教学模式，可以激发学生的学习兴趣，引导其自主学习、与同学协作学习，这样不仅可以在学习的过程中培养学生的专业技能，也可以引导学生自觉地、更加深入地学习知识技能，同时在学习过程中潜移默化地提升其鉴别性素质。“自主—合作学习”教学模式的构建使学生觉得上课不再是一种负担，而是一种乐趣，从而形成积极的学习态度，因此，这一教学模式的构建对金融人才的多维能力素质培养具有重要意义，将促使金融专业课程教学的良性发展，是非常值得施行和推广的。

参考文献

［1］楚旋，于经宇.大学生就业通用能力素质研究——基于某高校毕业生的调查研究［J］.人才培养与就业，2014（20）：50–55.

［2］David C. McClelland.Test for Competency Rather than Intelligence［J］.American Psychologist，1973（28）：1–14.

［3］胡莹.互惠学习型小组在社会工作课程中的应用——基于“社会研究方法”实践教学研究［J］.广东工业大学学报（社会科学版），2013（4）：66–70+86.

［4］陈彩娟.大班环境下多维互动教学模式的建立与实施——以思想政治理论课为视角［J］.黑龙江高教研究，2008（11）：147–150.

［5］雷正光.基于自主、合作、探究的项目导向教学法［J］.中国职业技术教育，2017（2）：5–8.

［6］张增田.对话教学实践的问题与改进［J］.中国教育学刊，2009（4）：58–61.

翻转课堂在“金融理财规划”教学中的实践与挑战[①]

程万鹏[②]

“翻转课堂”是将传统学习与在线学习相结合的一种混合学习方式，其基本思路是将基本概念、基本方法、基本理论的学习“转移”出课堂，而将有限的课堂时间用于开展师生互动，从而强化知识的理解和应用的过程。笔者认为，如果仅仅是机械地将“翻转课堂”理解为教学过程“剥离”出课堂，未免以偏概全。它需要我们对整个学习过程有一个重新的认识和思考。具体而言，翻转课堂将学习过程分割成了既紧密连接，又层次分明的两个阶段，即学生独立认知和获取知识的初级阶段，以及与老师、同学共同分析，综合应用所学以解决实际问题的高级阶段。对于近年来兴起的“翻转课堂”教学方法，实践中难免存在着师生关系“失位”、知识难度“越位”、适用对象“错位”等问题。究其原因，主要还是由于教师对翻转课堂中的师生定位不清晰，对学习过程两阶段的分工不明确，对翻转课堂相较于传统教学的颠覆性改造理解不透彻造成的。

所以，本文从重新认识翻转课堂的起源和内涵出发，以金融理财规划这门人文经管类应用性课程为对象，重点分析了翻转课堂教学模式应用在该门课程中的教学流程设计关键和步骤，以求能够充分探究翻转课堂对传统教学的颠覆性革新意义。

一、翻转课堂的内涵及内外部条件要素

（一）翻转课堂的内涵

相较于传统的以课堂讲授为主的教学模式，翻转课堂更强调教师在课堂外传授相关学习内容给学生，而将课堂时间用于师生共同理解概念、解决问题和协同学习。某种程度而言，翻转课堂提供了一种新的学习框架，即把在线学习、

---

① 本文受到上海市教委“上海高校中青年教师国外访学进修计划”及上海立信会计金融学院“一流本科建设引领计划”资助。

② 程万鹏，经济学博士，上海立信会计金融学院投资系讲师，美国长岛大学访问学者。主要从事金融理财规划、证券投资与国际投资的教学和研究。

主动学习与协同学习整合起来，相对于以授课为主的传统教学模式而言，翻转课堂体现了现代教育技术发展的新趋势。

通过新技术的应用，将教学内容的讲授和教辅材料的自我练习预先在课堂外完成，使学生可以集中精力充分利用课堂时间，与老师和同学一起重点完成那些需要协同完成的内容，比如案例分析和研究报告制作等。如此一来，学生可以自主规划学习时间和节奏，独立而不被动地学习教学材料，同时也锻炼了其团队协作和领导能力，将施教的主体由教师单向转为师生共享，从而大大促进了学生学习的积极性和解决问题的主观能动性。

考虑到目前学界关于翻转课堂教学模式尚没有确定统一的标准，而且实践中教师也难以对授课对象的性格特征、知识背景，以及自主获得教学资源的能力等预设前提，考虑到各学科前沿问题及发展趋势的动态性，教师对教学内容、教授方法、互动时间的安排把握等相应呈现多样性和个性化。需要注意的是，课堂之外的教学内容传送仅仅是整体学习体验的一小部分，翻转课堂的要义在于把学生定义为自主学习者，学生掌握着学习过程和课堂节奏的主动权，教师的作用则在于促成学生积极参与、自主完成由知识的低阶认知向高阶应用的转化。

（二）翻转课堂的创新性

需要特别强调的是，翻转课堂的理念革新并不是全盘否定传统教学模式，而是在传统教学模式的基础上调整重心，将传统课堂上教师讲的教学内容搭载现代通信网络，允许学生根据自身时间安排和学习习惯，在课外提前完成。课堂时间和空间则分配给案例分析、小组讨论和分工协作，强调知识的应用能力。在翻转课堂的实践中，学生是课堂的中心，是积极参与课堂活动的主角，也是与同伴和老师互动联系、教学相长的原点。从某种意义上来说，翻转课堂是传统以教师为中心的教学模式和新兴以学生为中心的教学模式的综合，兼容并蓄了两种模式的有利条件。换句话说，这种教学方法的核心思想是利用现代信息技术的革新，将学习者“碎片化”的学习时间整合利用起来，通过不受时空限制的互动平台和教师预设的在线课程，在课外先期完成基础学习，再将有限的课堂时间留给团队作业等交互式场景的建设。使师生之间、学生之间构建起动态多向支持的学习架构，将传统平面式的单向讲述重建成多方共建的立体时空环境，最大限度地发挥每一个参与对象的动能，使其成为整体流程中各个环节上的活跃分子。

（三）翻转课堂的内在要求

翻转课堂创始人 Jonathan Bergmann 认为，翻转课堂解决了传统教学模式中的课程结构设计问题，可以更有效地利用时间，方便师生面对面交流。[①]因此，改革成败的关键在于是否切实保证了足够丰富的专题讨论、分析、协商、分工合作的时间，是否切实实现了师生之间、学生之间的有效沟通和相互激发，以类似于商业决策中的“头脑风暴”方式，使信息的分享效率呈现几何倍数的增长。

利用翻转课堂模式，一方面，学生可以在课外提前学习理论基础，当然这里所指的不是传统教学模式的预习和自学，而是利用在线课程，在教师的引导下，完整系统的学习基础知识。从而使学生在课前有机会通过反复复习流媒体资料直到完全理解教学内容，进而将课堂时间用于实操演练和素质拓展。因此，翻转课堂的课堂学习效果好坏首先取决于课前教师给学生提供的学习材料是否充分和精要。[②]只有高效地完成了课前学习，才能保证教学过程中学生对教学内容的熟悉度和课堂参与度。

另一方面，翻转课堂也能够将教师从传统的、重复的机械讲解中“解放”出来，[③]充分挖掘和利用丰富的线上资源，以更大的视角来系统思考、选择、设计学生的学习路径，并辅之以适配的教学内容和教辅材料，最大限度地优化学习效率。因此，教师在翻转课堂中扮演的角色重在引导，[④]要充分发挥学生的各种感官功能、个性特点、聪明才智，使其能够主动将课堂所学与对应的学科系统勾连起来，将散落的知识点联系起来，最终融会贯通。显然这首先需要教师自身对本学科具备扎实的理论功底，能够整体把握学科的知识结构，对各类教学方法的运用了然于胸。总体而言，翻转课堂对教师的自身能力和教学经验提出了更高要求。

（四）翻转课堂的外部条件

建构主义学习理论认为：情境、协作、会话和意义建构是建构学习环境的四大要素。[⑤]学生在特定情境中，通过与老师和同学的相互激励，利用事先充

---

① 李甦，白柯晨．翻转课堂教学设计与实践问题研究［J］．成人教育，2019（4）．

② 祝智庭．智慧教育新发展：从翻转课堂到智慧课堂及智慧学习空间［J］．开放教育研究，2016（2）．

③ 吴仁英，王坦．翻转课堂：教师面临的现实挑战及因应策略［J］．教育研究，2017（2）．

④ 胡立如，张宝辉．翻转课堂与翻转学习：剖析“翻转”的有效性［J］．远程教育杂志，2016（7）．

⑤ 李赟，林祝亮．高等教育翻转课堂教学效果分析与思考［J］．电化教育研究，2016（2）．

分准备的学习资料，使用“意义构建”的方式获取感官和理性上的双重学习体验。①

通过对建构主义学习理论的理解，我们可以完成从传统课堂向翻转课堂的角色转化。在以学生为中心的翻转课堂中，学生通过主动积极参与和解决实际问题，更好地培养自己的独立思考能力，最大程度地挖掘自身学习潜能。同时通过与学习伙伴的协同合作，极大地调动学生的参与度，通过不同学习伙伴的成长背景、社会习俗、文化传统间的相互激荡，构建每个学习团体各具特色的学习体验。可见在翻转课堂中，教师需要向学生交流和反馈的内容更多了，主题更丰富了，对知识的理解和把握要求也更高了。

研究表明，学生的课堂参与度越高，所获得的学习成就感就越大，也就越能激发学生的学习兴趣，形成良性激励循环。②其中教师在课堂上给予学生的支持大小将很大程度上影响学生的参与度、学业表现和学习积极性。在翻转课堂中，教师需要尽可能保证与每一位学生充分的交流对话，以确认学生对课程进度的把握和对教学内容的理解程度。笔者认为，恰恰因为翻转课堂将知识点的讲解放在课前完成，因此能更大程度上为课堂时间的重新规划和动态调整提供了有利条件，教师可以在真实场景中大量融入实践环节，并以团队项目为载体将每个学生都调动起来，增强学生的动手能力，进而加深对知识点的体悟。

在传统课堂上，学生是知识的被动接受者，通过听讲和记笔记的方式花大量时间和精力完成对知识的初次认知，再通过课后独立完成复习、理解、记忆和运用，但这么做的效果往往差强人意。事实上，每个学生对客观个体的认知路径是因人而异的。“学而时习之”更是告诉我们，只有通过反复揣摩才能更全面地理解课本知识的内涵。传统教学模式中，教师在学生的二次学习和运用过程中的角色是缺位的，当然这种“取舍”首先是受到教学时间限制，不得已将课外时间完全交由学生自主把握，从而放弃了对学生学习反馈和实践运用能力考核的主动权。现代信息技术帮助我们解决了教学时空的限制，学生既可以利用智能终端完成对知识的初次认知，还可以不受外在条件限制地重复温习，并灵活掌握自己的学习时间和学习进度，通过线上练习反馈学习成果。线上课程技术的应用，极大地解决了教师在课堂上为照顾不同学生的课堂反馈而在教学节奏上顾此失彼的苦恼。

---

① 周贤波，雷霞，任国灿．基于微课的翻转课堂在项目课程中的教学模式研究［J］．电化教育研究，2016（1）．

② 王鉴．论翻转课堂的本质［J］．高等教育研究，2016（8）．

之所以越来越多的师生认可翻转课堂教学模式，是因为其涵盖了更广泛的学习内容，在整个学习流程中覆盖的环节也更多元。它不仅没有放弃传统教学中的知识讲授，还把原来“失控”的课外自主学习、动手实践、自主发现等与现实世界的连接应用重新囊括在教师的控制范围之内，使教师能够从容有序地实现整体教学目标。

二、翻转课堂在教学实践中面临的挑战和对策

（一）目前普遍存在的问题与挑战

翻转课堂创始人 Jonathan Bergmann 在“重构学习•第二届中国教育创新年会”上做的主题为“我们如何引领美国学生有效学习”的报告中指出，目前翻转课堂在教学设计与实践方面存在五大常见问题，概括起来如下：

（1）部分教师没有精心设计课前学习任务和课堂活动，使课前自学与课堂互动的内容衔接度不够甚至脱节，难以发挥协同效应。部分学生没有充分发挥自身的学习主动性，在课前学习环节敷衍了事，使课堂学习失去针对性，白白浪费了宝贵的课堂时间，进而影响到整个团队的学习进度和效果。

（2）部分教师责任心不强，仅仅是机械地录制和上传视频，没有积极督促学生观看视频和完成线上练习，或是没有通过线上互动环节及时答疑解惑，使课前学习难以达到预期目的。

（3）部分教师完全引用他人的教学视频，令课堂内的教学思路与课前视频的讲解思路脱钩，甚至出现相互矛盾的结论。这一问题在社会科学领域的发散性课程上体现得更为明显，学生往往无所适从。

（4）部分教师欠缺调动课堂气氛和引领课堂话题的能力或积极性，懒于甚至怯于与学生互动沟通，使整个翻转课堂的教学设计流于形式。

（5）部分课前视频录制时间过长且内容呆板单调，使在线学习变得乏味，难以调动学生的学习积极性。

可以说，Jonathan Bergmann 提出的问题是带有普遍性的，不仅在美国存在，对照目前翻转课堂在我国的推广实践，这些问题也存在于我们的课堂。除了上述教师方面的问题外，学生对“翻转课堂”学习方式的理解和适应也存在一些问题。近期针对翻转课堂的研究成果表明，对于长期习惯了传统教学方法的中国学生而言，对课堂角色的骤然转变容易滋生一定的抵触情绪，特别是对课前充分自主学习的硬性要求，在短期内加大了学生的学业负担。一旦脱离了老师这根“拐杖”，学生一下子难以适应独立面对和解决问题的新环境。茫然不

知所措中，学生心理上容易产生挫败感。全新的教学模式，自觉花费大量时间进行课前在线学习，面对疑惑独立搜集资料和寻找答案，主动阅读和理解更多书本和教学视频以外的知识内容，等等，这些都有可能令学生感到困惑和压力。所以相较于传统教学方式，“翻转课堂”对师生都提出了更高的要求，需要双方共同努力才能达成理想的效果。

（二）基于翻转课堂的金融理财规划教学设计的对策建议

基于前文对“翻转课堂”中师生双方在实践翻转课堂教学计划时可能存在的各种问题的分析，笔者认为金融理财规划这门课程应从教学实践的源头——教师的角度，完善以下措施：

（1）教师应首先明确每节课课程设计的目的及预期达成的效果，提前规划能够激励学生充分参与的教学活动，确保学生在课前已熟练掌握了课堂上要使用的理财规划工具，事前预备好多样性、多角色、多需求层次的理财案例，通过角色扮演和换位思考，鼓励学生的批判性思维，启发学生发掘客户理财需求的潜在多面性及其内在联系，要求学生体会、包容、尊重不同理财主体的利益冲突和各自利益关切，在合理的家庭财务生命周期预期下，综合利用各类理财产品和工具，实现客户效用最大化。

（2）在课堂教学前，要督促和检查学生课前学习的成果，保证个体不拉团队的后腿，避免部分学生起到不好的示范效应。要做到这一点，在实施翻转课堂教学方案前，应向学生充分介绍和沟通教学计划实施的目标，教学活动安排的内在逻辑和自主学习的必要性，充分调动学生的主动性和求知欲，争取最广大学生的理解和支持。

（3）由于翻转课堂需要占用学生大量的课外时间，一定程度上加重了学生的课业负担，教师应预先做分析判断，避免课外任务超负荷占用学生的时间和精力，引起学生的抵触情绪。

（4）课堂教学过程要明确问题导向，对学生的讨论和反馈加以积极引导，帮助学生对所研究问题进行有逻辑、有条理的分析和论述，提高学生的自我批判和自主创新意识。通过学生之间、师生之间的沟通协商，提出问题的解决方案，还要引导学生清晰表述观点立场，发现并解决学生在关键概念理解上可能存在的问题，有意识地锻炼学生的语言表达能力和逻辑思辨能力。

（5）课后评估方面，应兼用形成性和总结性方法，多维度衡量学生在课堂所学技能的整体效果。评估过程应涵盖翻转课堂的每个环节，对课前，课中和课后有关师生之间、学生之间的所有教学活动分项目评估汇总，注重评分向学生参与度和团队协作度的倾斜，而不是教师根据自身经验对理财报告书合理性的主观评判。

三、基于翻转课堂的金融理财规划课程建设模式

金融理财规划课程建设应将基本教学文档建设和课程资源建设统筹起来。一方面，要将包括教学大纲、课程考核标准、教学进度安排、教案、课程 PPT、在线题库等在内的基本教学文档提前准备完善。另一方面，又要根据金融市场的最新发展动态不断充实和更新微课视频、教学动画、课外参考资料、金融数据库和自测试题库等课程资源。

（一）基本教学文档建设

教学大纲和课程考核标准应在原有教学文档的基础上，结合翻转课堂的教学特点持续动态调整相关内容。作为翻转课堂教学改革中的基础环节，线上学习的实施效果将直接决定后续课程能否实现预期目标，能否达到理想的教学效果。因此，前期在教学文档的制作过程中，应明确线上课程的考核方式、方法和手段。

金融理财规划作为一门实践性很强的人文经管类课程，既要强调扎实的经济学、金融学、投资学等学科理论基础，又需突出课程自身的实践型行业应用背景。学生在课前的线上环节就应能熟练掌握问卷调查的制作方法和金融计算器的使用等。例如，能将事先做好的客户财务背景调查结果，利用会计学原理编制成家庭财务报表，再将这些既得条件带到课堂上展开讨论与修正。有鉴于此，金融理财规划翻转课堂教学模式应明显区别于传统模式中的总评成绩赋值比重。例如，将总评成绩的 30% 用于评估线上学习和在线测试的结果，另将 30% 的权重分配给对课前材料准备、现场发言、团队协作、即时反应和思辨能力的考察，最后 40% 的权重既要通过期末考试考查理论功底，也要通过制作完整的理财规划书考察整个学期的应用实践成果。

（二）课程资源建设

微课视频是课程资源建设的重中之重，其教学效果能否达到预期是“翻转课堂”内外衔接、起承转合的成败关键。微课视频不仅要涵盖基本知识点的罗列、重点难点的讲解和释疑，还应包括一些工具软件操作过程的演示、具体金融产品的定价原理、经典理财案例的深入剖析等。微课视频的录制质量、学习界面的友好程度、教学设计的人性化思考都将直接影响到学生的学习兴趣和学

习自主性。因此，微课视频应遵循内容简洁精要、知识点精细明确、讲解流畅通顺、逻辑清晰严密、结构完整全面、形式丰富多样的制作原则，按照以下思路逐层拆解教学任务目标：首先，根据理财规划书的普遍结构和制作流程，将课程拆解成问题导向的微单元；其次，对各微单元要解决的实际问题预设课外自主学习任务书；最后，根据任务书中的重点难点制作对应的微课视频。此外，教师还应多渠道收集整理或设计制作各微单元相关的动画、图片、数据、案例及拓展材料，丰富教学素材的类型，便于学生自主学习。为及时检验和有效反馈线上环节的学习效果，任课老师还应在自测题库和教学案例上下苦功。

最后，也不应忽视微课的平台建设。鉴于我国目前各高校所采用的慕课/微课平台良莠不齐，微课平台的选用搭建、后期的数据维护、系统的兼容性和稳定性、操作界面的易上手程度等软体条件，以及网络环境的搭建与调试、服务器与移动通信设备的配置与调试等硬体需求，都将从细节上决定整个微课的成败。

四、对金融理财规划课程落实翻转课堂理念的思考

随着现代通信网络和智能终端的发达普及，教师与社会各行业的联系更加紧密，学生从多种渠道获取知识的手段也更加多元，这对教师能否把学生留在课堂提出了挑战。教师不应该再仅仅满足于在课堂内坐而论道，更应该紧密联系社会发展，利用翻转课堂教学平台，创造性地思考如何充分挖掘互联网的规模效应，减轻教学者和受教者的时间成本和经济负担。

通过金融理财规划翻转课堂的建设，学生可以在教师的设计下预先精读课外资料，在教师的引导下提前掌握金融理财的基本概念、基本方法和基本理论，从而将课堂时间解放出来，分配更多的精力解决实际问题。通过小组间广泛深入的讨论和彼此间的思想激荡，提高学习的专注度和参与度，也锻炼了团队协作能力和逻辑思维能力。

教师通过翻转课堂不仅可以专注于学生的素质培养，还可以通过教师间的交流，分享各自的教学经验、教学案例，共同研讨、分析、探索翻转课堂这种新教学模式如何更好“落地”。因为实现翻转课堂的重要意义就在于，它不仅鼓励学生之间、师生之间的广泛参与和团队协作，教师之间也可以通过网络课程给微课授课教师提出宝贵意见，形成集体学习的良好氛围。

更重要的是，通过强调团队讨论和分工协作，令学生养成反思和包容尊重不同意见的习惯。学生们来自不同的地区，拥有不同的家庭财务背景，怀抱着

各自追求的理财目标，通过理财规划书的制作去了解尊重社会各个群体理财侧重点的异同，也从即将步入社会的第一步开始，学会用包容的心态，站在他人角度，去倾听、体会、说服和妥协。也令学生在课堂内外花费更多的时间反思，既要反思课前学习效果的好坏，也要反思课堂表现中的不足。通过反思，不仅可以巩固所学知识，构建符合自身条件的知识获取路径，还可以举一反三，将课堂中的应用场景与现实生活对照起来，达成“学以致用”的学习愿景。

参考文献

[1] 李甦，白柯晨. 翻转课堂教学设计与实践问题研究 [J]. 成人教育，2019 (4).

[2] 祝智庭. 智慧教育新发展：从翻转课堂到智慧课堂及智慧学习空间 [J]. 开放教育研究，2016 (2).

[3] 吴仁英，王坦. 翻转课堂：教师面临的现实挑战及因应策略 [J]. 教育研究，2017 (2).

[4] 胡立如，张宝辉. 翻转课堂与翻转学习：剖析“翻转”的有效性 [J]. 远程教育杂志，2016 (7).

[5] 李赟，林祝亮. 高等教育翻转课堂教学效果分析与思考 [J]. 电化教育研究，2016 (2).

[6] 周贤波，雷霞，任国灿. 基于微课的翻转课堂在项目课程中的教学模式研究 [J]. 电化教育研究，2016 (1).

[7] 王鉴. 论翻转课堂的本质 [J]. 高等教育研究，2016 (8).

当前投资学类课程理论与实践相结合的失当教学模式亟待优化

李经纬[①]

一、引言

投资学作为一种纯粹对投资实践的理论总结并且为投资实践服务的学科，其相关课程的教学理所当然地应该采取理论与实践相结合的教学方法。而事实上，投资类课程在教学过程中理论与实践相结合的思想也是广为认同的，在能力许可的范围内，教师大多会采取理论与实践相结合的方法。但是，当前由于各种原因，在理论与实践相结合的教学过程中存在着各种问题，有的甚至是比较严重的问题，因此非常有必要对投资学类课程教学理论与实践相结合的优化问题进行研究。为了研究理论与实践相结合的教学优化问题，我们首先有必要对当前在相关教学中存在的种种问题进行研究。

二、当前投资学类课程理论与实践相结合的教学模式存在的问题

（一）教材质量较低

目前在金融投资类专业教学中使用的课程教材，绝大部分是欧美国家专家学者编著的教材或是其翻译版、简译版等，有些虽名曰中国学者主编或撰写，而实际上也不过是翻译出来并加以简单的东拼西凑形成的版本，有的甚至是对中国同行编写的教材进行东拼西凑后的结果。由于上述原因，使得目前中国高校所使用的教材带有非常明显的欧美国家地域色彩，由于其概念解释及相关内容很多都是以欧美国家自己的市场及相关体制机制为依托进行定义或分析的，

---

① 李经纬，复旦大学经济学博士、金融学博士后，高级经济师，资深投研与投资专家，上海立信会计金融学院教师，兼任上海燕曦投资控股集团董事长。

并没有进行一般性的归纳和总结，也和中国市场及相应的体制机制情况不一致，因此无法满足教学的普遍适用性需求及在中国的适用性需求。

由于教材大多源于欧美国家，中国案例及中国实践罕有纳入，因此，教材中的相关理论无法反映中国金融投资实践，理论总结严重脱离中国实践。

由于教材大多源于对欧美国家教材的翻译或囫囵吞枣式的改造，不是对中国金融投资实践的深入观察、分析与理论总结。因此，中国高等学校的教材大多缺乏内容与逻辑的一致性、系统性、结构严谨性及地域适用性。

综上所述，中国高等学校的投资类课程教材质量较低，对中国金融投资类人才的培养质量必然产生不良的影响。

（二）实践教学实现形式显失偏颇

目前金融投资类课程实践教学热衷于通过以金融软件为依托的各类金融实验室来实现，而由于金融投资软件只能模拟非常有限的金融投资实践环节，对学生实践能力的培养作用极其有限。实际上，由于金融投资实践是一个涉及广泛的社会活动，即便一个功能非常强大的软件也只能模拟其中非常有限的环节，因此，将金融软件教学作为实践教学的主要手段是不科学的，大学必须创造一个能让学生全面接受相关课程实践学习和训练的手段或工具。

（三）教师普遍缺乏专业实践训练

本来作为一个实践类学科课程教学的教师，对相关实践的了解和熟悉应该是一个最基本的要求，因为也只有这样才能真正教好金融投资类课程，然而由于高校教学模式的缺陷及教学条件的限制，绝大部分的本科生、硕士生和博士生都无法从学校方面获得系统的实践训练，因此毕业后来到高校从事教学工作的教师也绝大部分不具备相关专业实践锻炼的条件，这导致大量的教师只能照本宣科，无法结合行业实践识别教材中存在的问题，包括与实践发展不相符的谬误，这会导致教师给学生传授错误知识，这是非常严重的问题。

教材质量较低、实践教学偏颇、教师缺乏实践训练构成了当前金融投资学学科相关课程理论与实践相结合的教学模式的严重问题，这当然会给高校金融投资类专业的人才培养带来影响，因此改变上述教学存在的问题成为亟待解决的课题。

三、当前投资学类课程理论与实践相结合教学模式的优化方案

（一）编写优质教材

从以上分析可知，当前金融投资类专业的教学过程中使用的大多数教材源于西方国家的实践总结，与中国实践不一致，相关概念及理论缺乏普适应，结构、内容、逻辑等都存在有机整体性和系统性问题。因此，编写优质教材成为首当其冲的重要课题。

笔者认为，编写优质教材应该制定合理的实施机制。优质教材的编写不应该和职称挂钩，不能说因为某个老师职称高就把优质教材的撰写工作交给他。实际上，一些拥有较高职称的教师未必具有较高的专业水平和专业能力。因此，可以规定编写优质教材的任务可以不加区分地由每一个愿意承担的老师来认领。

同时，为了生产优质教材，高校可制定合适的评定和激励机制。比如可以组织由校内外学者及行业专家组成的高水平评定团队对教材质量进行公开、公平、公正的评定，同时结合教材销售量及使用者投票等方式遴选优质教材。优质教材评定后，学校还应对优质教材进行有力度的奖励。优质教材评定可每隔一年或数年进行一次，以不断提升评定的合理性，并产生持续的激励效用。

优质教材可以积极鼓励校内教师与校外行业专家联合撰写，以使教材更具系统性、科学性、实践性。

（二）提供全方位、多形式的学生实践训练平台与机制

金融投资学类课程的实践教学应不仅仅限于或偏重于金融投资类实验室相关软件的操作，而应该为学生提供全环节实践训练的平台。为达到以上目的，可以实施如下措施：

（1）学校开办相关实验企业，如实验投资公司、实验基金公司、实验证券公司，等等，这些实验公司既直接为市场提供金融投资服务，也普遍为学生提供实习平台，从而为学生提供直接深入市场、深入实践的专业知识学习平台。可以说，学校开办实验金融投资类企业既能为学生专业实践训练提供最高效平台，也能为学校构建具有强烈标识度的强大品牌提供有力手段，并建立学校和学科的核心竞争力。

（2）建立相关激励机制，与国务院鼓励事业单位开办创业企业政策相衔接，

鼓励有能力的教师开设金融投资类企业，在为市场提供相关服务的同时，为学生提供参与专业实践的平台。

（3）和外部金融投资类企业进行合作，为学生提供相关专业实践基地。

（4）把学生进行专业实习作为专业学习必修课。

（三）全面提升专业课教师的专业实务水平

（1）对专业课教师提出必须具有专业实务水平的要求，设立相应机制，鼓励教师在教学工作时间外积极创造条件参与行业实践。

（2）学校及院方积极为专业课教师提供行业实践机会和平台。

（3）组建具有丰富实务经验的、校内外专家相结合的行业实务带教专家团队，定期为专业课教师提供行业知识专题讲座。专业课教师必须积极学习行业实践知识，了解行业内实践发展状况。

（4）积极聘任具有丰富行业经验的高学历人士，充实专业课教师队伍。

（四）建立校外行业导师制度

充分发挥各方面的积极性，为专业课教学邀请资深行业专家担任校外行业导师，要求行业导师带教若干数量的学生，并为学生提供实践机会，同时不定期为学校师生举行行业知识和行业实践讲座。

总之，为了提升金融投资类专业的学生培养质量，必须因应当前课程教学在教材质量、实践教学模式及教师专业实践训练等方面存在的问题，提出相应的教学优化方案，从提升编写优质教材、完善学生实践教学形式、提升教师行业实践参与、构建校外行业导师等多个维度发力，全面提升金融投资学类课程教学水平与教学质量。

就业导向下的“金融投资分析技术与技巧”课程应用性教学实践改革研究

欧阳莹[①]

一、研究背景

随着互联网技术的普及，互联网金融蓬勃发展，人工智能、大数据分析、智联网等高新技术不断冲击着传统的金融行业就业市场，原有的金融服务岗位也受到了前所未有的严峻挑战。同时，伴随着中国金融市场国际化进程的不断加速，上海的国际金融中心建设规模不断扩大，对专业型的金融投资人才有着旺盛的需求，目前我国应用型金融投资人才还存在缺口。当前金融专业人才培养与市场需求之间的主要矛盾体现在，一方面，我国相关金融企业对于专业人才的需求持续旺盛，另一方面，金融专业学生毕业仍然面临严峻的就业形势。主要原因在于现有的金融培养模式不能适应时代发展的要求。我校的金融理财专业人才培养尤其注重人才的应用性，金融投资分析技术与技巧课程更是一门与时俱进的专业课程，课程从理论和实践的不同角度，对金融投资中涉及的基本分析、技术分析、投资者心理分析及投资者行为分析等方面进行了详细介绍，使学生能够通过本课程的学习获得金融投资分析的专业技能，为今后的金融理财职业素养打下坚实基础。在新形势下，如何通过课程教学改革来达到人才培养与就业市场相适应是本要研究的。具体来说：

第一，将金融投资分析技术与技巧课程教学与用人单位需求相结合，推进实践环节。

相当一部分用人单位提出，金融投资理财不同岗位的特点不同，实际的业务类型也存在一定的差异，可以最大程度让学生进行专业应用实践。教学时如何结合课程内容配套对应的实践环节，是急需研究的问题。

---

① 欧阳莹，金融专业硕士，主持上海立信会计金融学院校级重点课程“金融投资分析技术与技巧”并担任主讲，主持“投资银行学”课程建设并担任主讲，担任“投资学”课程主讲教师，主编教材《金融投资分析技术与技巧》，参编教材《金融学》《投资银行实务》《理财学》《公司金融》。

第二，本课程结合专业设置体系，全面体现对人才能力的综合要求。目前，金融理财专业在人才培养方案中设置了各类专业课程，将金融投资分析技术与技巧课程与课程体系内的金融理财学、税务筹划、保险规划、综合实验课程相结合，体现课程结构的系统化，使学生构建出完善的知识体系并在此基础上产生综合的专业素质，以适应用人单位的需求。

第三，紧跟就业市场风向标，适时调整金融投资分析技术与技巧课程的教学案例和教学手段。教科书尽管系统而全面，但灵活性不足，一方面要适时对教材内容进行修订，另一方面要及时把市场最新的应用案例以及方法技巧补充在日常教学中，既要充分借鉴与参考其他国家成熟、先进的教材，在内容方面和国际化接轨，又要符合中国国情，把就业单位的人才培养需求作为课程调整的风向标。

二、适应就业新形势，完善课程建设体系

积极完善落实与就业市场接轨的金融投资分析技术与技巧课程建设是适应金融市场新形势的必经途径。金融投资分析技术与技巧课程是建立在前序课程金融学、经济学、财务管理学等课程基础上的应用型课程，不断变化的金融环境对金融投资分析技术与技巧课程也提出了不断调整的要求，以配合金融机构投资分析人才的高标准、严要求。

在学科建设专家组的指导和论证下，金融投资分析技术与技巧课程修订了适应应用型金融理财专业人员培养要求的教学大纲，进一步明确了课程教学目的和要求、教学内容和各章节学时分配、各章节的教学重点难点和教学方法，完善了课程多媒体演示课件，根据教学大纲和教学计划要求编写了金融理财分析技术与技巧课程各章的教案。

金融投资分析技术与技巧课程结合实战案例讲授以及配套习题的训练，让学生掌握金融理财分析的实战技巧，课程分为四个部分讲授，第一部分为金融投资基本分析技术与技巧，分别从宏观经济分析、行业分析、公司分析三个模块介绍基本分析的内容和技巧；第二部分为金融投资技术分析与技巧，分别从技术分析概述、K 线理论、量价关系、切线理论、形态理论、技术指标理论六个模块介绍技术分析的内容和技巧；第三部分为金融投资者行为分析技术与技巧，分别从投资者心理、投资者行为、投资策略三个模块介绍投资者行为分析的内容与技巧；第四部分为金融资产内在价值模型分析技术与技巧，主要分析介绍金融资产内在价值与市场价值的关系。本课程在全面介绍金融投资分析方

法的同时，密切结合我国金融理财市场迅速发展的实际来讲授，力求做到体系完整，讲授深入浅出，内容新颖，简明扼要，既具有较强的理论性，又具有较强的实用性和操作性。课程进一步围绕专业特色开展配套改革和建设，修订了教学大纲，编写了授课计划、教案、电子课件以及实验教材，建立了习题库和资料库。

课程建设过程中，课程组根据项目实施计划，构建并完善了金融投资分析技术与技巧课程网络教学平台，便于开展网络答疑，大力推进网络课堂教学工作。金融投资分析技术与技巧课程作为专业方向必修课，以打造具有丰富金融理财分析技术技能的应用型人才为其课程特色。配合金融理财师职业需要，推行能力主导的课程建设改革。配合教学需要，便于教与学的互动，将更完整的课程大纲、教学目标、教学重点难点、课件、案例以及练习全部呈现在网络课堂上，学生可以通过教学网站与授课教师互动，有利于促进教学相长。

充分结合专业理论知识与应用实践技能，完善以就业市场需求为导向的教案编写，编写过程中紧密跟随金融投资市场的最新发展，一方面系统介绍金融投资分析的工具，另一方面运用最新的金融投资市场分析方法介绍最新的发展动态，以增强知识的前瞻性和前沿性，使学生能尽可能多地在学习基本理论知识的基础上贴近金融投资分析相关理论的前沿。

已经出版的《金融投资分析技术与技巧》教材在本校本科生教学中广泛使用，并被西南财经大学等高校选用作为课程教材或学习参考书，被上海市高等自学考试委员会指定为相关考试教材。作为金融理财方向的一门必修课程，金融投资分析技术与技巧课程的教材编写首先力争在知识内容与体系上做到结构完整，进而在广度基础上发展专业知识的深度。

从内容安排来讲，包括金融理财分析的四个层面，编写时各个知识点体现了完整有机的联系，为学生独立开展金融理财分析提供了系统阅读素材和较完备的理论背景知识。

教材通过大量的案例强化了应用性。教材的十四个章节中使用了与实践紧密契合的多个案例，对于学生来说，这些内容有效地促进了知识理解。

三、灵活应变，改进金融投资分析技术与技巧课程教学手段

在教学的具体操作中，特别强调以下方面：

教学方法上：综合使用多种教学手段和方法，寓抽象于具体和形象，加大教学信息量，提高课堂教学效率。

教学形式上：加强实践教学环节，通过实践教学环节加深和强化对理论的理解。

教学技术上：充分利用网络资源，提供各种测试和视频教学内容，进行网上提问、网上答疑、网上测试和网上互动交流。

教学资源上：通过组织编写和配套习题与案例，丰富教学内容，增强教学的针对性。

教学投入上：加强课后的练习和辅导，鼓励教师适当布置和批改作业，鼓励教师课后课余对学生进行辅导，并将教师批改作业和课后辅导计入其工作量。

课程团队建设上：进一步完善课程团队建设计划，通过与校外企业合作培训教师，有针对性地培养锻炼教师的金融理财分析技能，提高实战经验，及时总结经验，展开团队讨论，打造更符合市场导向的应用型教学人才。

目前，该课程从师资队伍的建设、教学计划的安排、教学大纲的制定、教学课堂的改进、教学管理的完善均取得了丰富的成果。课程的教学内容设计合理，知识结构和要点的安排符合金融学学科高等教育的要求，能够恰当、充分地使用现代教育技术手段，实现教学手段的多样化、网络化和数字化，有利于提高学生的学习效果和教与学之间的沟通。课程内容丰富、教学资料充分，在教学过程中大大提升了学生的应用能力和对理论的掌握能力，提高了学习效果。

四、应对科技金融新挑战，改进实践教学手段

实践教学环节紧扣专业理论，突出学生综合应用能力的培养与训练，改革实践教学，拓展现有实习基地的功能，推进“实验，实习，实训”项目建设，强化“产学研”结合的长效机制。使学生具备坚实的经济理论基础和实际业务操作能力，熟练掌握分析软件的操作和现实金融理财问题的解决技能。

对于金融理财方向的学生来说，专业实践是顺利衔接金融领域投资分析工作的重要环节，而在教学过程中加大实践教学环节设计力度可以确保学生更加适应就业需要。金融投资分析技术与技巧课程的实践教学通过将投资分析类的专业知识与金融市场实际情况相结合，按照专业培养方案，打造懂经济、懂金融、懂投资、懂市场的专业投资人才，让学生在学中用，在用中学，掌握金融投资分析技术和技巧。

通过科创活动培养学生金融理财的行业分析与写作能力，以组织各类学生科创项目活动及科创项目竞赛为抓手，开展更加多样化的学生科创、学术沙龙、模拟炒股及理财规划比赛等活动，适应就业市场需求。通过鼓励并引导理财专

业学生参与学校组织的各类科创项目比赛，如挑战杯、大学生课外学术科技课题等，指导学生申报课题、撰写课题分析报告、撰写专业论文等，培养学生的分析与写作能力。

各项科创及竞赛活动是大学生培养实践能力的有效途径，以科创活动和竞赛形式完成实践任务。以现代教育理念为指导，将学生被动接受专业知识、被动学习的模式进行了逆向重组，让学生充分调动自主性，发挥主观能动性，在学习过程中寻找感兴趣的市场热点，深挖钻研，激发专业学习的热情。主动型科创活动还能在创新研究中建立自主研究的习惯，对于学生未来的就业方向有着极大的帮助。

为了适应市场，本专业方向学生既要有扎实的理论基础，深入观察千变万化的市场环境，更需要对众多分析方法和分析工具有充分了解，这些都不是只依赖理论课堂就能实现的，所以，多样化的教学手段是激发学生锻炼应用技能及培养兴趣的有力保障。

五、适应性教学改革的阶段性评价

实施了就业导向的应用性教学改革后，金融投资分析技术与技巧课程取得了阶段性成果，达成了预设目标。如不断调整原有的教学方案，按照新形势下就业市场的要求适当调整教学大纲，在教学过程中不断加入最新市场分析案例，重视实践教学环节、高水平的实验环境和实验条件。充满活力的优秀教师团队，认真负责的任课教师，现代化教学手段与传统教学模式紧密结合。在教学改革中不断追踪国内外最新动态，不断更新教学观念，将先进的教学手段引入课堂教学。课堂教学除采用多媒体课件外，引入证券分析实战教学，边讲边演示，及时获得实验结果，使学生能直观看到分析全过程，调动了学生学习的积极性和主动性。改革与完善教学内容，加强实验技能培养。不断调整和完善教学内容，挖掘课堂教学潜能。同时加快实验室建设步伐，实验室除了能完成控制理论大纲规定的实验，还能让学生进行难度较高的综合实验。加强了基本技能训练，着重培养了学生综合能力与创新意识。随时关注学科发展动态，让学生了解和掌握该学科发展前沿。另外，根据章节的内容指导学生查阅期刊杂志，在网上搜索相关报道，接触更多知识。

教学环节也获得了良好的效果。课堂教学中，教学节奏掌握适度，既能全面有效地向学生传输基础专业知识，也能适时提出引导性问题并带领学生深入思考，通过师生之间的对话交流，了解课堂教学的掌握状况和学生的理解情况，在一些重点难点问题上，学生无法通过有限的课堂课时全面完善地掌握，则可以利用课下自主阅读相关专业知识资料进一步扩展知识面。在专门性讨论课时内容上，教师通过分享市场热点引出学生的研究课题，并用团队合作形式将学生的合作学习方法引入课堂，在学生讨论和思想碰撞过程中，寻找教学内容和市场结合的纽带，同时，学生也充分调动了自我探究的能动性，深入挖掘感兴趣的市场现象，把专业学习的理论知识同实际投资操作结合起来，在展示研究成果的过程中梳理所学知识，查找知识漏洞，补充完善知识架构。

六、金融投资分析技术与技巧课程应用性教学实践改革创新点

（一）开放的教育教学观是适应新形势的必然要求

随着信息化手段的不断拓展，学生获取资讯越来越容易，无论是传统的纸媒还是互联网，都对实现教学有着极大的帮助，同时也对教师提出了挑战。如何在新形势下运用各种现代化手段贯彻开放的教育教学观是摆在教师面前的重大课题。在纷繁的信息中，如何引导学生有效攫取资源是不容忽视的。尤其是金融投资分析技术与技巧课程本身的动态发展特点，要求教学与时俱进，快速适应市场变化。电子化的教学手段是实时更新资讯的便利途径，要教会学生甄别有效的投资信息，养成投资思维搭建的习惯，各种市场观察和讲座论坛对学生来说都是必不可少的补充。网络慕课、微课堂能够带领学生利用课堂以外的时间补充课堂教学的不足。

同时，我校金融理财实验中心的建设与完善给金融理财专业同学创造了亲身实践的机会。通过将金融投资分析技术与技巧课程所学内容应用到金融实验室的操作中，建立投资账户，观察市场进展，模拟投资过程，撰写投资报告，评估投资成果，这一系列的实验室实践都极大地推进了学生的专业应用能力，更好地和就业市场需求挂钩。

目前，金融投资研究会、金融理财中心、科创活动和学生金融理财沙龙四个平台也为学生接触专业性投资理念、开拓专业视野提供了不可或缺的机会。

（二）运用更加合理的教学模式与教育策略

传统的教学模式是以教师讲为主，学生更多的时候是被动接受知识。改变教学模式后，一方面，基础性的知识要有效地给学生讲解透彻，举一反三，打牢基础；另一方面，要在学生掌握了一定的专业知识之后，用引导性的问题引发学生自主思考和探究，对所学知识进行深入理解和展开性应用，把被动的听

课者变成主动的思考者，把枯燥的一言堂变成主动参与、深入探讨、取长补短、互相合作式的互动课堂。让学生把专业理论和就业市场中的实际工作机会结合起来，把知识转化为能力，把被动转化为主动。

（三）应用型专业人才培养是配合就业导向的人才培养方法

以就业为导向的应用型人才培养相比于精英人才培养更注重人才培养与社会需求的结合。本专业聘请了有丰富实践经验的投资分析师来学校开展形式丰富的专业讲座，把最新的市场动态带给学生，构建充分的讲学互动平台。为密切师生关系，教师应给予学生更多的关注，每周安排教师坐班答疑，对学生进行课外辅导，同时利用网络手段加强师生互动和及时互通。

（四）实践教学资源的不间断建设是课程建设的有效补充和长期方向

根据不断变化的就业市场需求，对于金融投资分析技术与技巧课程的教学大纲、教学教案、试题库、课程的教学方法等都要进行持续性的建设。金融投资分析技术与技巧课程是一门和金融市场变化息息相关的课程，动态调整课程，不断扩展扩充教育教学资源是本门课程的内在要求。如市场新产品不断被创造，课程教学中就要实时引入相关内容；新的政策颁布，对新数据的解读更是每次课堂授课中需要及时更新的内容。对于新出现的典型案例，课程建设中要及时补充进教学资源库，这样不仅能有效跟踪就业市场的最新需求变化，更能极大地激发学生的学习兴趣，把身边的市场变成自己关注的市场，把原本对市场旁观的局外人变成参与其中主动接受的局内人。教学资源的更新、实验内容的更新、讨论话题的更新、教学手段的更新，让学生保持对课程的持续学习动力，这对于学生快速适应就业市场是极为有利的。

七、结语

国内金融市场对金融人才在专业性、资格性、应用性等方面都提出了非常高的要求，金融分析师、金融理财规划师、金融风险管理师、财富管理师等职业都对从业者的金融投资分析能力提出了越来越高的要求，不仅要有专业的知识结构和完备的理论基础，而且还要有实战经验和实习经历，另外，金融相关的专业证书更是给大学生在金融领域的求职就业增加了砝码。

就业市场伴随着金融的纵深发展，受益于高科技领域的辅助，一方面增强了金融从业人员的工作效率，另一方面也对现有的传统金融岗位产生了冲击。在课程建设过程中，以就业为导向的适时调整是必不可少的。金融投资专业学生在接受全面性金融专业课程之后，通过养成对市场动态追踪和思考的习惯，可以较好地适应投资市场瞬息万变的复杂环境。

加强实践性的教学，不仅让学生有大量的时间接触真实投资环境，而且培养其敏锐的市场观察能力，养成良好的投资习惯，并在此过程中构建了更成熟的投资心理和更合理的投资行为。

校内有限的教学课时并不能完全解决金融投资人才的成熟培养问题，此时，相关的投资机构实习和实践经历就是必不可少的补充手段。要培养一个合格的金融投资分析师绝不是一朝一夕之事，仅有专业理论知识并不能灵活应对复杂多变的投资市场环境，尤其是在中国金融市场日益完善健全和加大开放力度的今天，新生事物层出不穷，如科创板带来的新的投资融资环境，给金融投资分析师们提出了挑战，快速适应新环境新事物是对金融投资专业学生培养提出的重要要求；如金融投资分析领域的人工智能大量应用，国际投行纷纷利用人工智能进行算法交易，替代了大量原有的金融投资分析师的人工操作，这些人工智能手段相较于传统方式有着更精准的反应；又如投资分析领域的客户风险预警，交给人工智能也有事半功倍的效果；再如，利用人工智能来分析投资市场的情绪和行为，配合金融投资分析师对市场的经验，勾勒出投资过程中各种行为策略，有助于消除人为主观偏见所带来的不稳定。把传统的金融投资分析教学与不断发展的金融科技结合在一起，是适应就业市场环境变化的有效手段。

互联网金融的飞速发展对金融投资分析类人才提出了更高的要求，我们培养的应用型人才不仅要懂金融、懂投资，还要懂得互联网的生存之道。

新形势下，金融投资分析人才多是面向客户服务的交流领域，除了要有敏感的投资触觉、良好的分析能力，还要有一定的客户沟通技巧、高超的文书报告撰写能力。在就业导向下，课程的教学不能仅限于专业知识的传授，还要加大客户服务模拟训练，比如在课程上引入模拟环境，利用仿真形式让学生亲自实践客户交流和服务提供过程，让学生将所学专业知识有效运用到实际中去，也为学生将来的择业就业奠定基础。

“商业银行学”课程教学改革探讨

——基于智能化时代应用型人才培养目标的视角

潘 慧 王伟丞[①]

一、银行业智能化背景分析

目前，银行正在经历“智能化转型”。效益差的网点被撤并，大而全的网点则向轻型化、智能化升级。自动柜员机、智能柜员机等各种自助机具被广泛使用，同时银行还提倡线上、线下全渠道服务，结果就是线下业务和网点收缩，员工人数下降。根据中国工商银行年报数据披露，近几年来，其机构和员工总数呈逐年下降趋势，而网络金融业务笔数占业务总比数的比例逐年上升。2018年全年，工商银行完成智能化改造网点15410个，智能设备75756台，智能服务涵盖个人、对公等领域255项业务。

表1 中国工商银行智能化转型及其影响

年份	机构总数	员工总数	网络金融业务笔数占比（%）
2016	17200	461749	92.0
2017	16888	453048	94.86
2018	16820	449296	97.7

资料来源：中国工商银行年报（2016—2018）。

其实这并不是一个全新的话题。科学技术的应用可以帮助银行降低成本，提高收益，在银行发展史中已经得到证实，这是必然趋势。问题是，现在科技以前所未有的速度发展，机器人对人的替代加速，加剧和放大了社会恐慌心理。所以，虽然机器对人的替代并不是新生事物，但这方面的话题依然历久弥新，有进一步探讨的价值。人们依然需要思考：未来到底需要什么样的人才？或者

---

① 潘慧，经济学硕士，上海立信会计金融学院讲师。主要从事商业银行学与金融学的教学与研究。王伟丞，上海立信会计金融学院2017级金融7班学生。

说在智能化时代，怎样才能使得人这个生产要素依然具有竞争优势？

人才培养目标和培养机制的确立，人才的培养过程以及最终输出，是一个长期的过程，这就要求人们对行业发展趋势进行合理预测、提前规划，使输出的人才符合社会需求，并具有较强的竞争力。这些都是本文分析智能化背景下人才培养目标的变化和商业银行学课程改革的原因。

当然，这里要说明的是，所谓机器对人的替代并不是全方位的。如果对银行工作岗位分类，大致包括了管理类、技术类和技能类。目前来看技能类人才占比最大，未来需求会下降，也就是说，银行的一些低端工作岗位将被机器人大量取代，机器人可以替代人工进行一些简单重复、劳动力密集的工作，优质的人工服务和管理类、技术类岗位仍是不可替代的。

同时，也应该关注到，由智能化发展带来的另一个变化是：结合机器应用增加，还会新增一部分工作需求，从而带来新的就业机遇。银行在削减日常运营岗位的同时，将在其他诸如销售和研究领域聘请新的员工，也就是说，人类的工作类型将会改变。

综上所述，智能化、科技银行的出现，确实给银行业带来了明显的变化，包括失业潮的出现。由此，也可以明确未来银行需要的是高级营销人才、管理人才和技术人才。

二、关于应用型人才的再讨论

2018 年 9 月，习近平总书记在全国教育大会上强调，要提升教育服务经济社会发展的能力，着重培养创新型、复合型、应用型人才。近年来，部分本科高校积极向应用型转变，对接国家战略需求和科技创新的需要。

那么，什么是应用型人才？和上文提及的技术型、技能型人才有何联系和区别？一般来说，人才分为学术型、工程型、技术型和技能型。学术型人才是指从事学术和理论研究的人才。技能型人才是指掌握专门知识和技术，在生产和服务等一线岗位，运用自己的技术和能力进行实际操作的人员。介于两者之间的工程型和技术型人才也就是本文提及的应用型人才，是熟练掌握社会生产或社会活动的知识和技能，主要在一线从事生产的技术或专业人才。目前研究型高校培养的主要是学术型人才，应用型本科高校主要培养应用型人才，而高职高专学校主要培养技能型人才。当然这种分工不是绝对的，在不同阶段对不同人才的定义也会有所调整。

以企业为例，企业所需人才中，研发人员约占 2%，开发人员约占 13%，技术支撑人员约占35%，而安装、调试和维护人员约占50%。在这些人才中，研发和开发人员属于学术型人才，安装、调试和维护人员属于技能型人才，技术支撑人员则属于应用型人才。当然，在不同行业，技术支撑有多种岗位，职业能力有别，其培养的具体要求也有所不同。

本科教育在培养部分学术型人才的同时，应努力培养多样化的应用型人才，服务地方经济社会发展。这样的人才有扎实的基础理论知识、较强的创新思维能力、擅长技术的应用推广和解决实际问题的能力，是高素质、高技能、创新型的专门人才。这样的人才不仅能满足社会需求，在社会智能化发展的情况下，也比较有竞争优势。

弄清楚这些问题，才能弄清未来银行业到底需要什么样的人才，然后才是人才培养的问题。

三、商业银行学在人才培养方面存在的问题

商业银行学课程专门研究商业银行业务发展及其管理机制，是金融学专业主干课程之一，属于应用金融学的范畴。从学校和课程属性的角度，可以明确应用型本科院校要立足金融业需求，培养应用型人才。从这个角度来看，商业银行学尚存在一些不足。

首先，人才培养方案制定过程不够合理。目前的做法是学校先制定人才培养目标，然后据以设计课程体系，最后是学生就业。这样的做法没有对当前社会和行业需求进行充分调研和分析，对学生未来就业动向缺乏足够了解，特别是在当前智能化背景下，容易与社会需求脱钩，导致未毕业先失业的问题。

其次，课程体系的设计不够科学。商业银行学有一系列与之配套的课程，包括专业课程和实训课程。在不同课程的内容安排方面，很容易出现相同内容在不同课程里重复出现。如果每门课的教学目标不够明确，或者授课教师之间没有充分沟通，会导致同样的内容反复讲，浪费宝贵课时；或者难易程度没有区分，虽然讲了很多遍，却没有讲透彻。在实训课程方面，基本操作性任务可以实现（当然因为大部分操作在校内实训课完成，有可能和现在银行的实践有所脱节），而专业性较强的业务能力方面的实训，比如金融营销、信贷过程及风险管理等，则相对缺乏。这就导致实训课还停留在较简单的知识验证型实验的层面，难以提高学生的综合业务能力和实践创新能力。

再次，教学方式倾向于传统的知识传授。在目前课时普遍收缩的情况下，更容易出现注重理论教学，而忽视能力培养，导致课程内容和能力培养之间无

法有效衔接。本科层次，专业理论课的教学任务除了传授基础理论知识，还涉及专业素养和创新思维的培养，而后者显然是更重要的。

最后，课程考核方式以传统笔试为主，主要考察对基本理论和基础知识的掌握程度。

四、商业银行学课程教学改革建议

（一）从社会需求出发制订人才培养方案

在制订人才培养方案时，首先是明确社会需求和学生未来的就业动向，同时培养目标要具有一定的前瞻性。在本科层次，银行的就业方向如表 2 所示。在此基础上，可以归纳出不同岗位需要的专业知识和职业技能，为后续的课程设计、教学内容、授课方式和考核评价等奠定基础。

表 2　商业银行岗位设置（本科层次）

首岗	发展岗
大堂经理	金融营销岗
储蓄出纳和柜员	会计主管
信贷助理	授信与风控

举例来说，在表 2 中，储蓄出纳和柜员是基础性岗位。储蓄出纳的岗位职责包括现金收付、记账、受理审查、复核和日终业务处理等；柜员的岗位职责是开户、记账、受理审查票据、复核、日终业务处理等。这就要求学生要具备银行会计、票据相关的基本知识和技能，同时有一定的市场营销和客户沟通技巧。在发展岗，金融营销岗可能面向公司客户或个人客户。如果是公司客户，需要调查客户概况和行业地位并撰写调查报告，制订专门的营销方案，并就产品与客户进行沟通定价，以及后续的客户关系维护和相关服务等。如果是个人客户，目前主要是理财规划和产品定制服务，同样需要分析客户资产状况，进行理财产品推荐，以及客户关系维护等。相比较而言，专业岗需要的专业知识和技能更复杂，要求更高，具体如图 1 所示。从中可以发现，所有岗位都需要基础专业知识，只是程度不同。其中基础岗位比如大堂经理、柜员等需要具备相应的操作技能；而金融营销、会计主管、授信与风控等岗位则需要专门的业务能力。

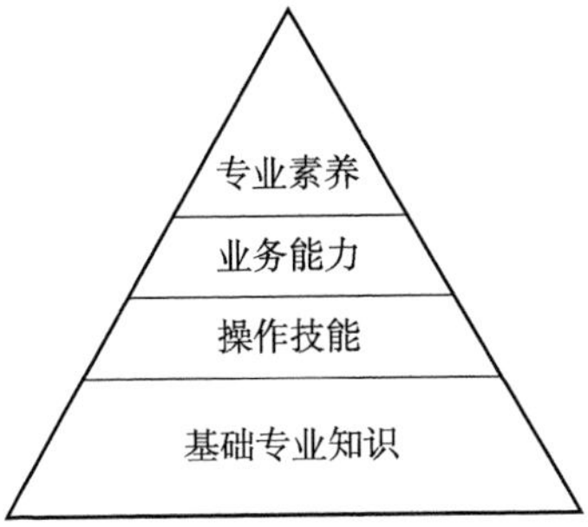

图 1　不同岗位业务能力要求

要具备上述知识和技能，仅仅学习专业理论课是不够的，还需要一系列的实训课程配合。比如，和操作技能对应的是操作实训，包括柜面会计实训、储蓄出纳实训、外汇交易实训、国际结算实训等；和业务能力对应的是业务实训，具体有金融营销管理实训、信贷业务及风险管理实训、投资或财务分析实训等。为了使学生具备一定的专业素养，还需要大量综合实训，可以通过商业银行沙盘模拟实训、到实习基地或银行实习来实现。

所以，应用型本科院校首先要明确社会需求以及未来就业动向，在此基础上，明确不同岗位的职业能力要求，然后设计专业课程群和实训要求。

（二）商业银行学教学内容板块设计

商业银行学是基础专业课，根据未来就业方向，可以衍生和进一步深化出其他专业课程，具体如图 2 所示。所以，商业银行学课程本身定位是讲授基础专业知识，内容相对宽泛，对各个板块均有所涉猎，但不一定要很深入，在后续的专业课学习中可以获得进一步的拓展。比如典型的商业银行学包括业务和管理两大板块。其中业务部分，要涉及负债业务（包括储蓄）、资产业务、中间业务、国际业务和电子银行等，在管理部分要介绍银行在资本管理、资产负债管理、风险管理和绩效管理方面的基本原理和操作技术。

另外，处理好商业银行学和其他专业课的关系。主要是在知识板块和难易程度方面。不同课程的教学目标和教学侧重点要区分明确，同时各任课老师可以安排一两次集中备课，就不同板块的安排和难易程度进行充分沟通和协调，以保证取得较好的教学效果。

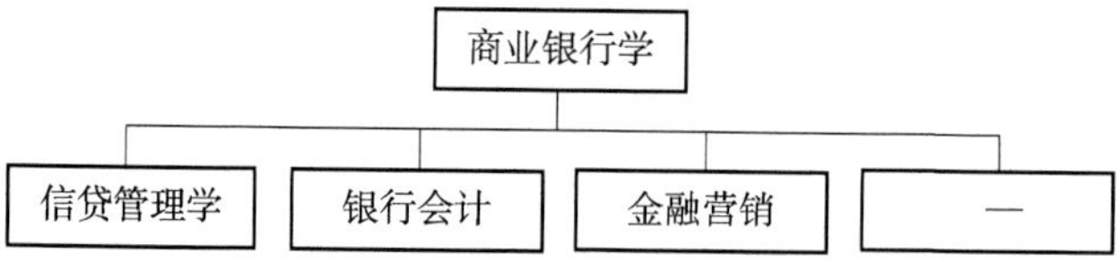

图 2　商业银行学系列课程

（三）改革教学方式和教学过程

商业银行学本身侧重基础知识和技能，但是也要注意培养学生的实际应用能力、分析解决问题的能力和创新思维，并具备一定的专业素养，这就需要注意改变传统的教学方式，以实现更好的教学效果。

在这方面，案例教学法和大量的分组讨论是公认的比较理想的教学方法。授课教师需要建立并及时更新案例库。在课堂教学中，怎样导入案例、如何分析和应用都需要仔细考量和精心设计。同样专题讨论也需要经历确立选题、提前准备、组织讨论和总结归纳等环节。教师和学生都需要走出“舒适区”，投入人量的时间和精力，当然收获也是必然的。

（四）考核方式改革

目前必修课需要有平时成绩和期末考试，选修课一般提交平时成绩即可。考核方式必定会反过来影响教和学的过程，所以考核方式也要进行相应调整。比如，期末考试除了考核基本知识和理论，可以适当增加案例分析，提高学生理论联系实际的能力，也是对课堂案例学习效果的检验；在平时成绩构成中，除了基本的知识性的练习，可以增加专题讨论板块，要求学生进行实地调研完成课程小论文，等等。

（五）提升教师素质

教师在教学中的重要作用毋庸置疑。应用型高校的教师，要学习教育理论，深入教学实践，同时进行专业见习，努力成为双师型教师，不断提升教学能力和水平。

（六）其他配套措施

针对我国人才的教育供给和产业需求在结构、质量、水平上不相适应的现实，党的十九大报告提出“产教融合，校企合作”的核心理念，同时也是国家教育改革和人才资源开发的基本制度安排。

首先，商业银行学课程除了需要其他专业课程的配套，在实训课程方面，积极响应应用型人才培养要求，增加业务能力方面的实训课程，适当减少操作技能方面的培训，以便更好地与社会和行业对接，提高人才的竞争力。

其次，针对我国人才的教育供给和产业需求在结构、质量、水平上不相适应的现实，党的十九大报告提出“产教融合，校企合作”的核心理念。这就要求学校要积极和相关产业以及企业合作，为学生提供校外培养的渠道，丰富实践经验，夯实业务能力。

总之，把商业银行当成理论课，学生校内学习理论知识，工作之后再实践；或者过度重视实践，而忽视了基础理论课学习和专业素养方面的培训，都会导致知识结构的不完整和能力方面的欠缺，发展潜力不足。

参考文献

[1] 教育部 . 高等教育经管类专业应用技术型人才培养模式改革会议发言稿 . 2014.

[2] 金保华，刘禹 . 发达国家本科应用型创新人才培养模式及启示 [J] . 教学研究，2015（1）：87–89.

[3] 刘国实 . 应用型人才综合素质和创新能力培养的研究 [J] . 成才之路，2016（5）：6–7.

[4] 马赞军 . 金融学应用型本科人才培养模式的研究 [J] . 高教论坛，2008（3）：45–47.

以学生为导向的投资学教学模式重构

——基于财经类应用型本科院校的经验

贾德铮[①]

一、引言

金融业是中国特色社会主义市场经济体系的重要组成部分，是中国实体经济发展的润滑剂，也是我国产业结构优化、转型、升级的重要支撑，随着我国经济的不断发展，对金融人才的需求会越发强烈。

在金融人才培养方面，正规的金融学本科教育无疑占据重要的地位，但是目前对于金融专业及其课程还存在若干认识误区，代表性的看法就是“教育分层”，即认为针对研究型大学应该重点培养学生的金融研究能力，针对应用型本科大学应该重点培养学生的实际应用能力，这一观点忽视了人的变动性，忽视了学生对知识的基本诉求，不是真正的因材施教。这样做的结果往往是应用型本科大学过于重视学生实践，而忽略培养学生的理论深度，不利于提升学生的专业水平。这一点在应用型本科大学投资学课程中体现得较为明显。

投资学课程是教育“分层现象”的一个典型，课程具有一定的广泛性，在985、211大学普遍存在，在一般的应用型本科院校也是专业必修课。理论上只要依据不同层级学生的知识基础和未来主要发展方向进行课程知识体系的合理分解、编排，辅之相应的教学手段，投资学是可以普适于各类院校金融专业的。

当前应用型本科院校教师在讲授投资学过程中存在各种各样的问题，导致教学效果不佳，这既有高校课程体系建设的问题、教师授课技巧的问题，也有学生自身的问题，以及该门课程本身的问题，但是核心在于忽视投资学课程内容的理论价值，导致学生兴趣不足，理论逻辑被死记硬背所取代，学生难以深入理解金融市场的内在规律，甚至对一些基本概念都无法清晰理解。

---

① 贾德铮，上海立信会计金融学院讲师，上海交通大学安泰经济管理学院博士。研究方向为区域经济学。

二、投资学课程的基本内容

对投资学课程的内容往往存在争议，有的学者认为投资既包括实物投资，也包括金融投资，因此，投资学的内容应该包括实体投资和金融投资两部分。随着中国高等教育的发展，整个金融知识体系被不断分解和重构，学生在管理学、会计学、财务管理、房地产投资学等课程内已经可以获得大量的实体投资知识，而这些科目也是财经类本科教育的专业必修课或选修课，因此可以不作为投资学的组成部分。另外，通常本科教育一学期为 16~18 周，投资学总课时约为 48~54 课时，金融投资知识结构体系庞大，仅仅依靠一学期的课堂教学时间已经显得捉襟见肘，更没有多余时间讲授实体投资知识。

因此，本文所指的投资学，主要是指金融投资领域的知识。波士顿大学金融与经济学教授兹维博迪所著的《投资学》是投资学领域的核心教材，在国外高校和国内高校均得到了广泛的使用。该教材主要讲授马科维茨的资产组合理论、威廉·夏普的资本资产定价理论、罗斯的套利定价理论、权益证券的权益定价模型、债券的利率期限理论、二叉树期权定价模型、布莱克—斯科尔斯期权定价理论、期货基础知识，此外还讲授若干金融基础知识。

三、投资学课程中理论模型的重要性

投资学是一门研究标准化金融资产风险和定价的学问，是金融学专业主干课程之一，在四年大学本科知识体系中，投资学具有承上启下的作用。“承上”主要是指投资学课程的核心内容——资产组合理论、有效市场利率、资产定价理论、期权定价模型是微观经济学的均衡理论在金融市场中的延伸和应用，因此具有较强的理论深度，是承接微观、宏观经济学等基础理论课程的重要课程；“启下”是指投资学最终的落脚点是借助理论分析，找到被低估的资产，树立投资基本原则，指导投资实践，是把理论推向实践应用的课程。

投资学本身并不具有实践的特征，只是为金融实践提供指导原则，后续的实践课程可以由证券投资学、金融市场学等课程完成。对于本科大学生而言，四年大学时光非常有限，尤其是对于应用型本科的大学生，大四课程基本很少，不少学生处于实习、实践状态，如果以后不再继续深造，则其大学毕业时的职业理念和职业水平基本已经定型，而大学生的职业理念与水平更多地取决于其掌握理论的深度，而不是在课程教学过程中形式主义的实践，更不是若干案例就能提高学生金融实践能力的。

投资学理论首先可以为学生培养良好的投资原则和职业理念，是大学生思政教育的重要组成部分；其次，投资学理论科学的逻辑推理过程可以培养学生的逻辑思维能力和科学首创精神；最后，投资学作为专业性很强的课程，其理论模型有助于学生理清金融的基础知识和基本概念，即使未来学生不从事金融行业，也有助于提高其金融风险的防范意识。

（一）投资学理论有助于学生养成良好的投资理念

投资学中的资产组合理论和资产定价模型，是在市场有效性基础上，利用数学方法和统计学方法构建的理论模型，其依据是微观经济学的均衡理论。模型中的市场有效并不意味着市场参与者在市场面前无能为力，而是强调参与者必须更加勤奋，只有如此才能在相同的时间内获取更多的信息，才能走在市场前面，从而获取更高的投资收益，这些理论其实已经很明确地转达给本科生一个信息，就是必须努力拼搏，决不能也不可能坐享其成。

投资学的核心是寻找被低估的资产，构造资产组合。在构建资产组合的理论中，需要配合大量的计算，其中对资产期望收益率、方差和协方差的估算有一定的主观性，但是这些数值一旦不同，最后的组合比例可能天差地别，这就需要市场参与者能够有科学的方法、科学的逻辑思维，不断地调整自己的资产组合。只有掌握科学的理论模型，才能掌握资产组合的原则，才能遵循职业操守，不畏辛苦，不怕麻烦，始终保持合理、合规的投资。

资产组合的基本原则是报酬—波动性比例（夏普比例）最大，其中反复强调的是风险，绝对不能只看收益、忽视风险，也不能夸大风险的影响，忽视收益，这有助于提升学生的风险防范意识。

（二）培养学生的逻辑思维能力和科学首创精神

当前的股票投资理论主要有技术分析和基本面分析，这两类分析在人类投资历史上占据重要地位，但是这两类分析对于在读大学生而言难以捉摸，无法把控，尤其是技术分析，中国股市的历史经验表明，历史往往会重演但是又不完全相同，尤其在中国高速发展的背景下，技术分析显得更加复杂。对于一个本科毕业生，如果仅仅靠这类知识作为技术支撑从事金融业，则中国金融业难以获得更大的发展。

投资学理论为学生提供了一个可以捉摸的金融知识框架。投资学的资产组合理论 1952 年由马科维茨率先提出，之后威廉·夏普在 20 世纪 60 年代提出了单因素模型和资本资产定价模型，罗斯在 20 世纪 70 年代提出了套利定价理论，

20 世纪 90 年代法玛提出了三因素模型，这些理论前后互为补充，可以明显的感觉到一种历史继承感，展现出有一种站在巨人肩膀上的科学研究精神。同时，这些模型大多以当时欧美较为流行的数学、统计学方法进行分析，对当前的大学生而言难度并不高，这些方法和思想简明扼要，具有加工过的美感，且每一处都闪耀着智慧的光芒，只要讲授得当，对学生来讲无疑具有巨大的吸引力，是难得的提升专业素质的机会。

（三）有助于学生理清金融基础知识

金融在学生未来的生活中占据举足轻重的地位，一名财经类大学生即使以后不从事金融业，也不代表他不需要掌握一定的金融常识。由于金融诈骗时有发生，对投资者的金融教育也势在必行，大学生更是金融教育的主要对象，尤其是裸贷、非法校园贷等活动的猖獗，对学生、学生家人、学校以及社会都造成不同程度的恶劣影响，甚至出现人身伤害。金融知识的复杂性要求对其掌握必须具有一定的理论深度。

金融学中的分散风险并不是把资产放在不同的投资项目中去，而是把风险资产投资在不同的投资项目中，其中，风险资产和资产的区别在投资学的资产组合理论中进行详细阐述，而且必须把这部分内容全部掌握，才能真正地理解什么是分散风险，什么才是不要把鸡蛋放在同一个篮子里。

投资学对有效年化收益率、年化百分率收益率、连续复利等基本利率的概念做了详细的阐述，同时也强调了复利的威力，即便是很小的日利率，按照连续复利的方式也可能产生巨大的年化收益率，警告大学生不要轻易去借贷，借贷前必须清楚地知道自己的年利率，以防陷入高利贷的陷阱，防止被骗。

（四）为继续深造的学生提供支撑

对于应用型本科学生其学习能力和水平低于 985、211 院校，但是绝对不代表他们丧失斗志。据估算，笔者所在的应用型本科院校学生未来人生规划基本为“333 制”，即 1/3 的学生打算考研，去更好的大学继续学习，1/3 打算出国深造，1/3 打算毕业后直接就业。学生的诉求不同，努力方向自然不同，对于打算继续学习的学生必须学习更多的理论知识，尤其投资学是金融硕士考试的重点内容，必须给予更多关注，用强制手段要求学生学会。

四、学生投资学课程学习情况

投资学的授课对象主要为本科阶段大二下或大三上的金融学专业、投资学专业学生，学生在学习课程之前会完成一些前期课程的学习，包括微积分、概率论与数理统计、金融市场学、西方经济学、计量经济学等，投资学课程结束后还需继续学习证券投资学、期权与期货衍生品等课程。

应用型本科院校学生最重要的特征是精神懒惰，大多数学生的分数上了一本线，大多数学生可以考入综合型本科院校，说明其在以往的学习阶段较为勤奋，愿意吃苦、能吃苦，但是这只能说明他们身体上勤奋，不能说明他们精神上、思维上勤奋，甚至他们中的大多数是精神上、思维上懒惰，主要表现是缺乏学习规划、设计；学习中不敢挑战高难度知识、缺少科研首创精神；学习缺乏主动性，对于不懂的知识往往以老师没讲过作为借口。

投资学课程中包含大量数理模型以及数理方法，特别是在风险与收益的估算中用到了大量概率论知识，这门课程对于学生的数学知识的掌握和灵活运用有较高的要求。因此学生在学习课程时存在一定的畏难情绪，甚至会有学生向老师反映投资学课程就是概率论课，部分专业学生在选修课中甚至不选投资学课程。学生缺乏学习积极性的状况给教师授课带来一定难度，而老师也往往以学生不爱学习为由降低授课质量，更不想去激发学生的兴趣，如此形成恶性循环。

笔者在教授投资学过程中发现，尽管大多数学生之前已经学习过概率论、统计学、经济学等基础理论课程，但是需要用到相关知识的时候，没有几个学生能熟练地写出相关公式和理论，这既可能是由于投资学内容涉及其他学科中未被教学覆盖的知识，也可能是由于期末应试教育造成学生学得快、忘得快，基础不牢。

五、应用型本科投资学授课原则

鉴于投资学的重要性，以及投资学的难度，本文认为应用型本科投资学授课过程对待学生的基本原则是“逼迫”，适当强迫学生学习。授课原则是突出重点，优先解决主要矛盾。

在上课过程中反复强调课程的难度和考试的难度，反复强调投资学不能在期末集中突击，必须用功在平时。在授课的过程中把握节奏，不能太慢，给学生压迫感和紧迫感，使学生能够课后主动复习，不复习会让学生产生巨大的心理压力和不舒适感。

在课堂讲授过程中，努力提高学生的活跃度，板书工整，逻辑思路清晰，让学生产生兴趣，有所收获，让认真听课的学生觉得听课对于考试有明显作用。

笔者认为投资学授课原则是突出重点，优先解决主要矛盾。在教学过程中尊重学生的主动性思维，尽管应用型本科大学生源整体不如985和211大学，但是学生的智商、情商绝对不落后于985、211。授课过程中不能反复讲授基本概念、基本常识，不能把大学生当成小学生，应该突出课程体系的重点亮点，让学生每次上课感到震撼，才能树立教师威信。

六、投资学教学重构

以往的投资学教学常常忽视学生在教学过程中的主体地位，把教师看成是课堂的核心，恰恰相反，在新时代的教育中，学生才是课堂的中心，抓住学生的思维才能抓住课堂的教学质量，在国家越来越重视大学课堂教育的大背景下，学生的作用将越来越明显。据此，本文认为投资学教学的重构可以从以下几个方面入手。

（一）调整教学内容安排

通常的教学安排可以分为三部分，投资学教学先讲授金融市场的基本知识，如收益率、风险、夏普比率的定义、股票指数的计算等，然后讲授资产组合理论和定价模型，再讲授债券、期权和期货的理论知识。

然而资产组合理论、定价模型这部分内容合在一起占据绝大多数课时，且这部分知识关联性非常强，环环相扣，一旦某个知识点不理解，可能整体内容都无法清晰掌握，此外，这部分内容用到大量的概率论和数理统计知识，对学生来说难度较大，因此，应该将这部分内容作为重点给予优先讲授，先讲授资产组合理论和定价模型，理论模型中出现的一些基本概念学生在前期课程学过的金融学、概率论和经济学内容中已有所了解，等资产组合理论和定价模型讲完，学生已经产生明确的知识框架，再回过头讲第一部分的金融市场基本知识，可以大大节约时间，突出重点，同时可以为学生构造层次清晰的知识体系，避免只学概念。

（二）进行具有压迫感的阶段测验

投资学是经济理论向金融实践过渡的课程，可以构建指导实践操作的基本原则。在投资学教学过程中，把统计学、计量经济学、投资理论融合在一起，设计与实际接轨的测验内容，预估各步骤的时间，在前期授课过程中逐渐铺垫，突击性地要求学生短时间内快速完成，逼迫学生激发学习潜力。在笔者进行的测验中，测试效果非常好，大多数学生都能在3小时内手工完成大量计算，且收获巨大。

（三）知识结构去粗取精

投资学课程具有明显的理论框架，在讲授过程中可以突出重点，对于重要的公式来源、结论必须给予清晰的推导过程，引导学生思路演进和发展，对于处于从属地位的知识点可以不做详细推导或简要带过，使学生具有清晰的思路。但是无论如何推导公式的过程都以学生的接受度为基本准则，依照“可以复杂但不可以超纲”的原则进行，如推导过程最好不要超过高等数学的范围，否则容易适得其反。

在讲授过程中根据应用型本科学生的情况，适当重复概率论和经济学等课程的相关知识，如协方差的含义、写法，消费者行为的最优相切条件等，并反复强调这些知识的简单性，避免学生心生恐惧。

人才培养

应用型人才培养模式下的金融学课程教学改革之探索

陈　靖　陈　迪[①]

在建设地方应用型高校一流本科的背景下，我校要推进一流专业认证和一流专业建设、实施“十百千”优质课程建设计划、对标国家级和上海市级课程“双万”计划、建设金课，致力于打造有上海立信会计金融学院特色的应用型财经人才培养模式。这些愿景的实现都离不开一线教学改革，作为金融学院主干专业、主干课程的金融学课程教学改革可谓是重中之重。笔者响应学校和学院各级领导的号召，从自身教学实践经验出发，对我校金融学课程教学的现状和存在的问题进行了梳理和分析，并提出金融学课程教学改革的策略。

一、目前我校金融学课程教学中存在的问题

（一）教学内容方面

1. 教学内容沿袭传统

金融学课程是金融专业引领性的专业基础理论课，该课程的框架体系包括三部分：概念和范畴、金融学的微观分析（金融体系的构成与运行）和金融学的宏观分析（货币均衡与宏观调控）。作为专业基础理论课程，其教学目的在于帮助学生了解金融原理，透视金融现状，掌握分析方法，培养其解决金融问题的能力。目前的课程框架虽然可以实现教学目的，达到教学大纲和人才培养方案的要求，但是在“互联网 +”的大背景下，应当意识到作为创新性极强的金融行业，各种创新产品层出不穷。传统金融产品在互联网供应链金融、P2P 网贷、第三方支付、网络银行、众筹等新型互联网金融产品面前黯然失色，金融行业的根本性变革就在眼前。教学内容和金融行业发展状况的脱节使得课程略显滞后，单调枯燥，学生难以保持浓厚的学习兴趣，降低教学效果。

---

① 陈靖，上海立信会计金融学院副教授，美国加州州立大学蒙特雷湾分校访问学者。主要从事金融理论与政策的教学和研究。
陈迪，上海立信会计金融学院 2018 级金融学类 4 班学生。

2. 教学内容与其他课程重复

目前金融大类各专业课程教材的出版社、编者各不相同，由于专业知识的周延性，教材内容往往会覆盖这门课程所有的知识点，教学大纲在教学内容和课时安排上也相应地有所要求。金融学课程具有理论内容偏多，与相关课程内容重复较多的问题。举例来说，金融学与国际金融学在“外汇与汇率”，金融学与商业银行学在“商业银行业务”，金融学与金融市场学在“金融市场”“金融工具”，金融学与中央银行学在“中央银行业务”“中央银行职能”等章节存在内容重复问题。由于不同年级、不同的专业课程由不同的教师讲授，难免存在重复授课问题，某个教学内容在某一门课程学过了，在另一门课程又要重新再来一遍，甚至第三遍的情况。这样就会出现虽然教师在课堂上卖力地讲授，但是学生却听课疲劳、精神倦怠的状况，这样的教学状况，实际上是在浪费教师和学生双方的时间和精力。

3. 教学内容“重理论，轻实践”

长期以来，我国的教学理念偏向于应试教育，不少金融学教师对专业教育的认识也是如此，上课时理论满堂灌，自己很辛苦，学生却不感兴趣。这种应试教育的理念，是制约金融学教学发展的因素之一，也是阻碍培养学生应用型能力的关键。金融学课程是注重基础理论知识和实践能力的学科，两个方面同等重要，并不能偏向于哪一个方面，但是目前教学内容中过多地强调了基础理论知识的记忆和掌握，把教学过程理解为理论知识传授和积累的过程。在期末考评中，过多地考察学生对理论知识掌握的数量和准确性，忽略了应用能力、创造能力的培养，同时也难以激发学生的潜能。经过背诵记忆，学生的确掌握了基础理论知识，但是在实践能力上却有所不足，甚至只会纸上谈兵，不会实际运用。如果学完金融学课程之后，学生还不懂得如何在证券公司开户、如何委托交易、如何做盘面分析，就不能说达到了应用型人才培养方案的要求。

（二）师资方面

1. 师资力量不足

我校我院一直在引进师资，但是由于经济发展以及上海国际金融中心建设等原因，高层次金融学人才一直供不应求。金融行业与高等院校在薪酬待遇的天壤之别，使我校我院引进金融学博士特别是名校博士更是难上加难。目前金融学课程是全校很多专业的基础课程，不止我院各专业学习，其他学院也纷纷开设，每学年第一学期的金融学课程师资一直不足，金融系教师在合班上课的情况下都不能完成全部教学任务。

2. 教师的专业能力有待提高，教师考核机制有待改善

教师是课堂的灵魂人物，是学生学习的导师，其专业能力决定了教学质量，决定了教学的成效。教师的专业能力体现在专业知识修养和教学能力两个方面。理论性、应用性都很强的金融学课程，要求教师具备较高的专业知识修养。教学又是一门艺术，在实际教学过程中，仅有专业知识修养远远不够，还需要一定的教学技巧，如对课堂的把控、对学生的引导等，这就是教学能力。目前来看，很多高校的金融学教师在专业能力上还存在进步空间，这与教师考核机制有一定的关系。

长久以来，科研是许多高校考核教师的首要目标。教学在高等院校总是居于“说起来重要，做起来次要”的地位，教学相对于课题、论文、奖项而言，显得不是那么重要，缺乏有效的激励和奖惩。创新性很强的金融学科，在新的时代背景下，新的金融名词、金融知识、金融产品不断涌现，繁重的授课任务和科研任务使教师们难以分出时间、精力用于新知识、新技能的掌握和更新上，无力追求更好的教学效果，仅限于完成任务。所以，只有学校、学院在考核机制上重视教学、重视教学质量的考评，才能引导教师把精力放在提高专业能力上。

二、金融学教学改革的策略

（一）教学内容方面

1. 教学内容的更新

在“互联网+”的大背景下，金融学课程的教学内容需要加入新的元素。

比如关于货币，之前非常重视对信用货币的剖析，现在随着手机支付的普及，教师就要重点介绍电子货币的使用，乃至比特币等其他新型非央行发行货币的发展状况。

在金融市场、金融工具的讲授中，传统金融学侧重于讲授货币市场工具中的国库券、CD、银行承兑汇票、回购协议，资本市场讲授股票、债券等传统金融工具，内容比较单一，形式也相对简单，有些工具学生一时也接触不到，没有什么感性认识。随着社会公众对金融活动的广泛参与，互联网金融理财方兴

未艾，教师就应该补充丰富这些新兴金融工具的内容。比如增加余额宝、银行理财产品等同学们平时有所接触甚至使用过的金融工具，还可着重补充介绍互联网金融工具，比如第三方支付、P2P 网络贷款、众筹等的运作方式和风险管控。

在金融中介方面，传统金融学围绕着间接融资的主体商业银行、直接融资的主体投资银行来讲授，现在随着互联网金融的发展，金融脱媒的趋势越来越明显，传统商业银行的融资中介功能逐步被削弱。具体表现在：由于人们使用线上支付手段更为便捷，现金使用率降低，交易性货币需求下降，即现金漏损率减少，这样就使得派生倍数上升，扩大了商业银行产生派生存款的能力。另外，P2P 网络贷款也有机会参与到派生存款的创造过程中，打破了商业银行垄断存款创造的局面，增加了货币供应量的测算难度等，这些变化都要补充到授课内容当中，要使学生在理论学习的过程中做到“知其然，知其所以然”。

2. 模块化教学，避免与相关课程的教学内容重复

金融学课程与后续专业课商业银行学、中央银行与金融监管、金融市场等重复内容有很多。因此，金融学任课教师与其他专业课任课教师可以就授课内容进行统筹安排，根据专业情况，确定重复内容在金融学教学过程中的讲授情况，比如，仅讲授基本概念还是进行深入剖析。通过统筹优化，不仅可以减少教师的重复劳动，提高效率，还可以保证学生的学习兴趣，提高授课质量。

3. 改变教育理念，践行实践教学

在我校建立高水平地方应用型高校一流本科的大背景下，我们要放弃传统教学的守旧思想，要在教学思想上勇于创新，不但要把专业知识传授给同学们，更应当培养他们的实际操作能力。我们可以从实践教学的方向着手，鼓励同学们组建、发展各类金融学实践社团，以此为抓手，组织学生积极参加国家级、省级创新创业竞赛、训练项目，鼓励学生积极参加高水平学科专业竞赛，推动金融学实践教学的发展。同时，也可根据学生的学习情况，适时组织学生进行课外实地参观、实习，以提高学生的实践应用能力。

（二）尝试“翻转课堂”教学方式

翻转课堂译自“Flipped Classroom”或“Inverted Classroom”，也可以译为“颠倒课堂”，是指重新调整课堂内外的时间，将学习的决定权从教师转移到学

生。①翻转课堂教学模式下，要求学生在课前学习需要掌握的主要内容、重点、难点，并进行作业测试；教师在课堂上对共性问题进行讲解，组织学生对重点、难点进行讨论，最后由教师讲评、答疑。通过翻转课堂，学生能掌握学习的主动权，调动学生的积极性，更好地利用课余时间。教师在课堂上不再是填鸭式的满堂灌，能更深入地传授专业知识和技能，并通过参与、点评学生的讨论，给学生补充时下最新的金融创新知识，实现教学相长。总体而言，翻转课堂可以提高学生的学习质量、教师的授课质量。对于金融学课程来说，翻转课堂除了能够把耗时费力的教学环节挪出课堂之外，有效节约课堂教学时间，提高课内教学效率，还能很好地解决有限的课堂教学时间与庞大的教学内容之间的矛盾。

金融学院的金融学课程一般安排在大学二年级第一学期，经过一年的大学学习、生活，同学们已经适应了大学学习的节奏，具备了一定的查阅文献资料、自主学习的能力，在这个时间段开设翻转课堂是可行的。金融学的翻转课堂教学可以以尝试性的方式起步，把一些需要占用大量时间但不需要在课堂上集中进行复习与答疑的教学内容转移到线上课堂，教师先以视频形式提前把教学内容发布到校园网上，学生在课前观看视频学习，以分组作业的形式充分预习教学内容。在课堂教学环节，侧重于对线上视频教学内容的总结、梳理和巩固，以小组讨论等形式，形成师生之间、学生之间交流互动，答疑解惑，促进学生巩固消化所学知识。

翻转课堂起步之初，需要任课教师投入大量的精力对课程进行设计，如录制视频、开出参考书目、设计讨论题目、布置作业、准备点评等，比传统的书本教学更能考验教师的专业功底。针对学生的分散化学习，教师还必须设计出行之有效的考核机制，确保“课外学习有目标、分散学习有监督、自主学习有效果”。如果作业是分组案例分析，就要求各小组提前把制作好的 PPT 发布到校园网上，供全班同学讨论学习。课堂上正式分析汇报时，其他小组必须针对该小组的分析提出问题，提问的小组与汇报小组的问答情况分别计入各自的汇报成绩。小组之间的相互提问与回答可以促使同学们不仅要认真完成自己的作业，还要积极参与其他小组的主题讨论，从而达到相互督促、相互促进的教学目的。从教师的角度来说，对于各小组作业情况的评分能够做到标准化，有据可查。

翻转课堂教学过程中，教师要关注学生的学习动态，要尽量保证每个同学

① 周瑾．“跨境电商专业英语”在线课程设计初探［J］．开封教育学院学报，2018.

都在课前进行了自主学习，否则就会出现积极的同学学习效果良好，消极的同学混学分无所事事的情况。翻转课堂教学后，教师还要在后续的教学过程中强化系统性理论教学，注意前后知识的融会贯通，培养学生理论联系实际的能力，引导学生灵活运用知识，才能真正提高教学质量和效果。

（三）提高师资队伍整体素质，拓宽师资来源渠道

我校金融学教师师资不足的情况还需要引起领导的重视，加大对金融学专业教师引进的力度，只有不断引入新的高层次人才，才能推动师资整体水平的上升。如果师资不足的情况一时难以解决，我们也可以采取变通的方式，请求相关系部教师的支援，尽量保证小班化教学，不合班、少合班，保证授课质量。

即使教学任务繁重，担任金融学课程的教师还是需要抽出时间系统地学习、进修，不断强化金融学教学团队。可以定期不定期地邀请行业人士进校做讲座，使教师时时了解行业最新运行动态和规律。此外，教师还应当“走出去”，与其他高校的同行座谈，交流教学心得，不断提高教学水平。鼓励教师积极参加产学研合作，给教师不断提升职业技能和实践教学能力的机会和空间，专业教师通过深入企业、金融行业等部门挂职锻炼、实习调研，与行业零距离接触，提升对专业的感知和理解，这些感性的认识将极大地提高教师的专业能力。

同时，可以建立行业专家进课堂制度，鼓励教师邀请行业专家到课堂参与教学，构建一支高水平的兼职教师队伍，无形中提高了整体的教学水平。比如在讲授金融市场时，可以邀请证券交易所或者证券公司的业内人士给学生讲授行业内的动态，把最新鲜的知识传授给学生。

参考文献

［1］解凤敏，何凌云．互联网技术发展去中心化冲击下金融学专业理论基础课程教学改革探索［J］．金融教育研究，2019（1）：76-80.

［2］刘昕．金融学专业教育教学改革的紧迫性与对策［J］．教育现代化，2019，6（11）：55-57.

［3］吴萌．论应用型人才培养的金融学课程教学改革［J］．智库时代，2019（3）262-264.

金融合规与反洗钱专业人才培养的实践与思考

储　峥　戴小平　彭晓峰　张彤豪[①]

党的十九大要求，“深化金融体制改革，增强金融服务实体经济能力，提高直接融资比重，促进多层次资本市场健康发展。健全货币政策和宏观审慎政策双支柱调控框架，深化利率和汇率市场化改革。健全金融监管体系，守住不发生系统性金融风险的底线”。我校金融学院在金融学专业本科生中开设合规与反洗钱专业方向，培养合规管理与反洗钱专业人才，有助于实现打击洗钱犯罪、加强合规管理、控制合规风险、加强金融安全的目标，与党的十九大提出的提高金融安全的要求一致。

一、合规与反洗钱专业方向招生与就业

（一）招生情况

2013 年，金融学院在金融学专业开设合规与反洗钱专业方向，并于同年 9 月开始招收第一批学生，每届一个班。2013 级有学生 50 人，2014 级有 45 人，2015 级有 46 人。2016 级和 2017 级是国际化班，均为 51 人。

合规与反洗钱方向的培养目标是：培养德、智、体、美全面发展，系统掌握经济和金融基础理论，熟悉金融和经济、法律、管理学相关知识，具备在金融机构进行合规管理、风险控制和开展反洗钱业务的基本技能，并具有相应的分析问题和解决问题的能力，能在各种类型的金融机构、金融监管部门、金融中介组织从事合规与反洗钱等相关管理业务的“应用型、复合型、创新型、国际化”专门人才。

---

① 储峥，女，经济学博士，现为上海立信会计金融学院副教授，研究方向是金融监管与合规管理。
戴小平，女，现为上海立信会计金融学院教授，研究方向是商业银行经营管理。
彭晓峰，男，经济学博士，现为上海立信会计金融学院副教授，研究方向是证券投资。
张彤豪，男，现为金融学院 2016 级合规与反洗钱方向（国际班）学生。

（二）毕业与就业

2013 级学生有 3 人延期毕业，其余正常毕业。2014 级学生全部正常毕业。毕业情况如表 1 所示。

表 1　合规与反洗钱专业学生毕业情况

	人数	正常毕业	就业	出国	研究生	公务员	灵活就业	其他
2013 级	50	47	31	7	2	1	2	4
2014 级	45	45	41	3	1	0	0	0

在就业人数中，2013 级学生有 19 人进入金融机构工作，其中 1 人在第三方支付公司就职，担任反洗钱专员。2014 级学生有 20 人进入金融机构工作。总体就业率以及就业去向和当年金融学专业其他班级大体一致。详见表 2。

表 2　2018 年金融学专业以及合规与反洗钱方向就业总体情况

单位	金融学方向	CFA 方向	国际金融方向	合规与反洗钱方向	金融理财方向	浦江班	金融学专业
国有企业	41	4	29	14	35	11	134
私营企业	41	1	33	3	18	1	97
民营企业	32	4	33	7	29	4	109
股份制企业	30	1	16	5	24	8	84
出国	29	6	28	3	10	5	81
合资企业	14	1	12	3	11	1	42
独资企业	11	1	8	7	10	1	38
其他企业	10	15	27	1	26	9	88
研究生	9	2	23	1	11	2	48
集体企业	3	0	2	1	0	0	6
公务员	2	0	2	0	2	1	7
部队	0	0	0	0	1	0	1
合计	226	35	228	45	175	42	751

按照学校要求和学院规定，合规与反洗钱专业学生毕业论文的选题必须围绕专业方向。目前，该专业方向有 52 个选题，做到每人一题不重复，学生也可以自己拟定与合规管理、反洗钱相关的论文题目。

二、合规与反洗钱专业方向教学情况

（一）人才培养方案体现“金融 + 法”的特色

在招生之前，学校就与总部在美国佛罗里达州迈阿密的国际反洗钱组织——Association of Certified Anti-money Laundering Specialists（以下简称 ACAMS）进行洽谈。该组织在全球有 1 万多名会员，主要来自各国金融机构和监管部门。人才培养方案与课程设置均征求反洗钱实务专家意见。课程设置与学生未来的职业发展挂钩，有利于学生参加反洗钱师资格证书考试。

专业特色课程包括：商业银行合规管理、洗钱与恐怖融资常见风险与方法分析、反洗钱与反恐融资国际合规基础、反洗钱案例分析、反洗钱合规方案概论、反洗钱调查实施等。

在人才培养方案中，增强了法律专业知识方面的课程，体现了合规管理与风险控制的行业要求。在专业课程中，设置了经济法、金融法学、国际商法、中央银行与金融监管等。

（二）建设开放式教学团队，实务专家进课堂

2014 年，金融学院组建了开放的合规与反洗钱教学团队。团队成员不仅有本学院从事相关教学的骨干教师，也有来自其他学院的教师、ACAMS 以及实务部门的反洗钱专家。

本校师资队伍成员以中青年教师为主，全部具有博士学位。其中，7 人通过了 ACAMS 举办的反洗钱师资格考试，获得了由 ACAMS 总部颁发的反洗钱师资格证书，并继续参加 ACAMS 在校开展的培训活动以及在全球各地举办的学术活动等。该资格证书考试是全球统一标准，大量银行从业人员参加该考试。

合规与反洗钱专业课程涉及大量的实务操作，学生除了具备理论基础，还需要有实务操作才能。在教学中，邀请 ACAMS 专家为本科生讲授反洗钱调查实务、反洗钱国际动态等课程，带来合规管理、风险控制与反洗钱监管等最前沿的信息。

花旗银行反洗钱专业人员、中国农业银行上海分行反洗钱中心专家曾受邀

为合规与反洗钱专业方向以及浦江学院的学生讲授商业银行合规管理与反洗钱实务的课程。他们不仅带来了实务操作的第一手信息，也告诉学生商业银行的发展、反洗钱工作岗位对学生能力与知识的要求，给学生未来职业发展产生了实质性启发。

为促进教学经验和研究成果交流，加强反洗钱宣传，师资队伍成员为教师和学生举办了反洗钱知识讲座，讲解了反洗钱相关法律规定以及监管部门出台的最新反洗钱监管规定。参加活动的教师和学生积极互动，探讨反洗钱与居民日常生活的联系，讲座达到了预期的效果。

（三）教学成果逐渐积累

1. 建立了反洗钱课程网站，完成校级重点课程项目建设

两门反洗钱专业课程建立了课程网站，通过了校级重点课程验收。2019年，一门课程获批校级精品课程，目前正在建设中。

2. 建立了面向社会公众的反洗钱案例库网站

在上海社会科学创新研究基地的支持下，教学团队完成了反洗钱案例库的编写，收集了关于业务监管指令、违规违法处罚、合规制度建设等方面 500 个案例，并建设了反洗钱网站。此网站的内容向社会公开，有助于教师与学生在教学科研中学习与运用，也有利于加强对社会公众的反洗钱宣传。

3. 发表学术论文，完成校级教学改革项目

2017 年，团队成员独立发表学术论文《影子银行、货币创造与反洗钱监管》（上海立信会计金融学院学报，2017 年 3 月）。

2018 年，团队成员完成校级教学改革项目——学得越好越危险？合规与反洗钱专业教学与职业道德教育问题研究，并发表论文——合规与反洗钱专业方向理论教学与职业道德教育（金融教育教学改革和创新论文集，立信会计出版社，2018 年 9 月，第一作者）。

4. 教学团队成员参加挂职锻炼，并给银行从业人员开展反洗钱培训

教学团队成员在中国人民银行反洗钱监测分析中心、上海银保监局进行为期一年的挂职锻炼。2019 年 3 月，团队成员应邀远赴甘肃省，为当地某银行的全体员工进行了反洗钱专业知识的培训。

三、合规与反洗钱人才培养面临的挑战

（一）合规与反洗钱工作岗位要求从业人员具有高学历与工作经验

在实务中，从事合规与反洗钱工作需要一定的工作经验与复合型的知识结构，应届毕业生即便有本科学历以及相关证书，也难以直接从事反洗钱工作。以国内某金融机构合规法务部招聘反洗钱管理岗位的要求为例。

任职资格的要求是：①硕士研究生以上学历，法律、经济管理、金融等相关专业。②精通英文，拥有海外学习 / 工作经历或 TEM8 优先；拥有反洗钱合规管理工作经历者优先；熟悉信息系统开发管理或反洗钱系统建设者优先。③具有良好的沟通、协调能力，具有较好的学习能力，团队合作意识强，书面及语言表达能力强，工作责任心强，正直诚信。

工作职责是：①研究国际反洗钱 / 反恐融资监管要求和管理标准，拟定公司集团反洗钱管理政策和程序。②推动和指导公司反洗钱管理政策和程序在公司各部门、分支机构及集团子公司落实执行。③根据反洗钱 / 反恐融资监管要求，评估创新业务洗钱风险，对创新业务和产品开发提出反洗钱合规意见。④开展对可能涉及洗钱或恐怖融资的有关可疑交易监测分析和审核报告工作。⑤研究建设反洗钱/反恐融资监测系统，进行反洗钱/反恐融资监控名单的整理，开展反洗钱 / 反恐融资监控名单的筛查和审核。⑥评估审核反洗钱 / 反恐融资高风险客户，跟踪和监测分析评估高风险客户。⑦整理符合国际规范和中国实际的反洗钱 / 反恐融资培训内容，开展反洗钱 / 反恐融资的有关合规培训。⑧开展反洗钱 / 反恐融资有关工作的合规检查。

从上述招聘人才的信息看，反洗钱岗位对从业人员的要求既体现在学历上，也体现在能力上，不仅需要了解金融机构微观运作的全过程，还需要对宏观调控和政策法规保持职业敏感，并具备专业研究能力。这些要求对于初出茅庐、刚走上工作岗位的大学生来讲，即便有硕士学历，也需要有实践经验与研究能力才能胜任。

（二）金钱诱惑难挡，提高职业道德教育的有效性刻不容缓

目前，高科技手段在金融业被广泛运用，全球金融市场开放程度提高，资金流动加速，想要发现或者追踪可疑资金的去向难上加难。即便在金融监管严格、法律健全的美国，监管主体能够查出的洗钱资金只是冰山一角。2018 年，

全球金融监管机构共计 38 次反洗钱执法记录，处罚金额为 29 亿美元，比 2017 年增加 9 亿美元。据不完全统计，近十年来，全球金融机构因违反合规管理与反洗钱法案被罚款约 4000 亿美元。

美国是较早对合规与反洗钱颁布相关法律的国家，对于金融机构洗钱行为实行重罚。即便如此，在利益驱动下，还有金融机构不惜以身试法，违法行为屡禁不止。

被公开查处的洗钱案件一方面揭示了洗钱的具体方法；另一方面，监管机构如何发现可疑行为也会被揭示，使得洗钱犯罪分子了解如何规避监管，进一步提高了反洗钱难度。一些涉及银行帮助洗钱的案件说明，银行对于开展反洗钱，“非不能也，而不为矣”，合规风险管理和反洗钱内控流于形式，有时甚至帮助犯罪分子洗钱。被称为美国历史上最骇人听闻的洗钱案是 20 世纪八九十年代的国际商业信贷银行（BCCI），其高级管理人员帮助贩毒集团洗钱，提供虚假账户信息，通过虚假贷款、空壳公司等手段洗钱。该银行的破产不仅导致存款人巨额损失，连英格兰银行也因监管不力被起诉。

我校金融专业的学生中，进入金融机构工作的占比较高。将合规与反洗钱方向专业课学得越好的同学越“危险”，他们了解利用金融机构洗钱的手段，了解如何规避监管，了解可钻的法律漏洞，如果他们利用专业知识进行“反监管”，在合规与反洗钱方面不作为，甚至帮助洗钱犯罪，就与培养反洗钱专门人才的初衷背道而驰。因此，需要对该专业方向的学生加强法律意识和职业道德教育，需要引导他们正面“学以致用”，避免走上违法犯罪的道路。

（三）教师和学生都需要提高实践能力

在实务中，有关洗钱与反洗钱信息是非常敏感的，即便是监管主体，也不会轻易公布涉嫌洗钱犯罪的金融机构的情况。金融机构的工作人员如果不是从事合规与反洗钱工作岗位的，未必能获得相关信息。学生有社会实践实习的机会，作为实习生，一般从事相对简单的工作，难以接触到合规与反洗钱方面的一手信息。所以，理论教学遇到的挑战是难以有合适的实践机会，让学生切实体验到反洗钱业务是如何开展的；学生在教室里难以身临其境，了解自觉守住道德底线和法律底线的重要性。

金融学院采取了多种措施支持专业教师提高教学水平与实践能力，如参加全脱产的挂职锻炼，参加反洗钱主题的会议、论坛与培训，参加产学研项目，聘请行业专家举办讲座等。这些措施无疑取得了明显的成效，教学团队成员已经能给实务部门从业人员讲授反洗钱知识。但是，金融行业的发展日新月异，合规与反洗钱工作的要求也与时俱进，若不能长期同步了解合规管理、反洗钱运作的知识，理论教学内容将明显滞后于实践。纸上得来终觉浅，更何况有些教师是博士毕业就从教，对金融行业的实务从未参与，难以接触到反洗钱工作岗位，这并不是个别现象。实践方面的普遍缺乏严重制约了教学效果的提高和教学成果的推广。

四、加强合规与反洗钱人才培养的建议

（一）与实践部门建立长期合作机制，提高教师和学生的实践能力

第一，与实务部门建立全面的产学研合作机制。学校选派专业教师到实务部门或者实习基地锻炼，加强教师对实务领域的认知，将用人单位和行业发展的第一手信息体现在专业教学和职业道德教育中。专业教师努力创造机会，与实务部门在合规与反洗钱方面开展相关培训、经验交流和研究项目合作。

第二，与金融等行业进行合作办学，聘请行业专家为客座教授，并到校内授课，修订人才培养方案，参加教学和课程考试改革，担任学生的行业指导教师。

第三，与实务部门建立学生实习实践基地，增加学生参加实务部门锻炼的机会，委托校内外教师和从业人员担任指导工作，对学生在实践基地的表现从专业水平和职业道德两方面进行评价。

（二）人才培养方案与行业发展及要求紧密联系，体现跨学科特色

合规与反洗钱专业方向的人才培养方案，目前突出了“金融＋法”的特点。随着金融科技的发展与广泛运用，人工智能、大数据、区块链技术等在各行各业得以推广。加强合规管理与反洗钱工作，不仅是监管当局对金融机构的要求，将来一些特定非金融机构，如拍卖行、房地产公司、律师事务所、会计师事务所等，也会被要求遵守合规管理与反洗钱的监管要求。因此，合规与反洗钱专业人才的知识结构仅有金融知识和法律知识已经远远不能适应时代发展的要求。

适应金融科技发展的要求，在制订人才培养方案时，体现“金融＋法＋金融科技”的特点，增加与计算机科学相关的课程，增加实践实训课程，加强计量经济学课程的要求，提高量化处理信息的能力。

（三）将职业道德教育贯穿于大学教育始终

若专业知识的学习缺乏职业道德教育，难以保证专业人才培养的质量。因此，专业课程需要与职业道德教育相融合。目前，在专业课程中进行“课程思政”建设是良好契机，有效促进了专业教师提高职业道德教育方面的水平。邀请职业道德教育方面的专家对专业教师开展授课方面的培训，对新时代德育教育的内容与方法等进行交流。专业教师需要到用人单位实地调研，了解行业发展动态以及对专业人才职业道德教育提出的新要求。

对于合规与反洗钱专业方向，在制订人才培养方案时，从第一学期到毕业，设置与合规管理、反洗钱岗位所要求的职业道德相关的课程。刚入校时的职业道德教育，注重对学生的品格素养、法律法规的教育；随着专业课程的开展，需要加强诚信教育和职业操守教育；在临近毕业时，针对合规管理和反洗钱工作岗位特点，结合洗钱案例，强调遵纪守法、抵制不正当利益的诱惑。总之，职业道德教育应该贯穿于大学教育的全过程，随着专业课程的学习，应该加强而不是减弱职业道德教育。

职业道德教育的内容应该随着金融业发展、国家法律法规以及相关岗位的要求及时调整。职业道德教育应利用学生喜欢和接受的多样化形式，不再照本宣科，采用微信、微博、视频网站、电子杂志等方式，通过前三者发布职业道德教育课程信息、行业要求、法律法规等相关内容。学生可以通过自主完成电子杂志的内容和编排，提高文字表达能力和组织能力，对职业道德相关内容加深印象和理解。

考核形式不局限于一张考试卷或者一篇论文，而应该将学生在大学求学的各项表现，包括出勤率、作业和考试是否抄袭作弊、是否热心公益事业和集体活动、是否有合作意识和奉献精神等，作为评价其职业道德课程的一部分。

参考文献

［1］苏如飞．商业银行网络安全合规风险管理的提升路径与对策建议——以英国金融行为管理局对乐购银行处罚案为鉴［J］．南方金融，2019（4）．

［2］刘力，张哲宇，何大勇．金融科技赋能商业银行合规智能化转型策略研究［J］．上海金融，2019（6）．

［3］白儒政，马强伟，王晶，梁砺波．监管科技的发展与应用研究［J］．西部金融，2019（5）．

金融科技人才培养的几点思考

李雪静①

一、金融科技人才需求及特点分析

金融科技（Fintech）目前在国内外尚没有一个公认的标准定义。英国将其描述为“应用于金融服务的科技”，其作用范围包括从“为商品和服务提供便利化的支付方式”到“为全球金融机构的运作提供必要的基础设施”；澳大利亚将其理解为“金融服务中科技的使用”，即能够创造与核心的银行业务、保险业务或支付功能相竞争的新型业务模式和产品；金融稳定理事会（FSB）认为，金融科技是指利用现代科技进行金融创新，创造出新的金融业务模式、应用、流程和产品，从而对金融市场运行和演化造成重大影响。Fintech 作为金融和信息技术相融合的产业，是高科技和互联网公司借助移动互联、大数据等新兴科技开展低门槛的金融服务或业务模式，Fintech 的创新和革命不仅在于与用户对接的前端产品，还包括系统后台的应用技术。

上海是我国金融要素市场最全的城市，集聚了众多的金融机构与金融人才，同时，也集聚了众多的科技公司，但对于复合型的金融科技人才仍存在一定的缺口。据 Wind 数据，2017 年，上海金融机构营业网点数为 4099 个，比 2016 年增长 2.63 个百分点；从业人数为 117599 人，比 2016 年增长 1.38 个百分点（见表 1）。

表 1　上海近年来金融机构营业网点数及从业人数情况

年份	金融机构营业网点数（个）	金融机构营业网点从业人数（人）
2005	2520	58781

① 李雪静，女，上海财经大学经济学博士，上海立信会计金融学院副研究员，专业研究方向：金融市场。出版专著《双边市场的平台竞争》，主持上海市决策咨询专项课题“互联网金融”“金融服务实体经济”“自贸区金融风险传递”等，曾在实务部门任职多年。

续表

年份	金融机构营业网点数（个）	金融机构营业网点从业人数（人）
2006	2544	60564
2007	3058	67225
2008	3144	80005
2009	3060	75204
2010	3316	95185
2011	3417	101572
2012	3561	106416
2013	3676	133740
2014	4087	139106
2015	4022	115425
2016	3994	115995
2017	4099	117599

资料来源：Wind 数据。

随着计算机技术在金融行业的大范围、深度应用，将带来金融业的“科技”革命，也将带来金融人才的“知识”变革。对金融人才的计算机背景要求更高，也预示着未来对精通技术的金融人才的需求扩张。

与此同时，目前上海科技企业从业人数众多，据 Wind 数据，2016 年，上海高新技术企业年末从业人数为 1423736 人，比 2015 年增长 6.87 个百分点（见表 2）。

表 2　近年来上海科技企业从业情况

年份	高科技企业从业人数（人）	高科技企业科技人员数（人）	民营科技企业从业人数（万人）	民营科技企业科技人员数（万人）	民营科技企业高中级技术人员数（万人）
2000	—	—	26.33	12.95	9.00
2003	—	—	45.33	18.67	11.80
2004	—	—	47.99	17.75	10.90
2005	—	—	53.68	11.47	10.91
2006	—	—	62.18	21.93	12.04

续表

年份	高科技企业从业人数（人）	高科技企业科技人员数（人）	民营科技企业从业人数（万人）	民营科技企业科技人员数（万人）	民营科技企业高中级技术人员数（万人）
2007	690972	184885	72.26	24.15	12.73
2008	687628	204625	—	—	—
2009	753580	246244	—	—	—
2010	946845	274006	94.25	21.69	12.12
2011	1035574	266846	123.79	29.62	14.61
2012	1129976	342279	131.66	31.40	14.74
2013	1249338	399491	134.90	48.10	18.19
2014	1203170	431259	160.47	60.04	22.79
2015	1332241	469169	—	—	—
2016	1423736	472866	—	—	—

资料来源：Wind 数据。

随着金融与科技的深入耦合，科技人员的金融需要也将越发迫切。尤其是互联网金融行业诸如大数据风控模式、风控建模、数据分析类人才普遍稀缺，也将带来金融科技人员行业内流动频率的提升，因此，金融科技人才规划、储备与培养也面临新的问题。

随着互联网技术的发展，金融业将从“黄金时代”步入“后黄金时代”，也就是进入“综合金融 +”和“互联网 +”的金融 3.0 时代，传统金融机构必将由“重规模”“重个别财务指标”向“重价值”“重核心竞争力”转型，这必然带动对金融科技人才的极大需求。

表 3 金融领域亟急需的新兴技术类岗位

大数据类	云计算类	区块链类	人工智能	UIUX
数据挖掘	云计算——基础架构	区块链开发	计算机视觉	UI 交互设计
数据分析	云计算——平台 SAAS		机器学习	UX 用户体验
数据库管理	云计算——软件 SAAS		语音识别	人机交互
数据迁移			自然语言处理	

目前，金融科技人才需求呈现如下特点：

一是金融科技人才是融合金融与科技的复合型人才。跨行业、跨学科、复合型是金融科技人才的基本特征。金融科技作为跨界融合的行业，利用互联网、人工智能等数字技术实现资金融通、支付、投资和信息中介服务，涉及传统金融机构和互联网企业，具有明显的金融和互联网技术双重属性。这也决定了金融科技人才必须同时具备互联网思维和金融知识和意识，既要掌握金融产品定价、金融数据分析、风险管理等金融专业知识，也要深刻理解和掌握互联网精神，掌握必要的大数据、云计算、人工智能、区块链和信息安全等数字技术。

二是金融科技人才是理论与实践相结合的创新型人才。金融科技人才通过利用现代数字技术改造传统金融业务流程和模式，改变金融资源配置的渠道和方式，提高金融交易效率，创新多元化金融产品，提供方便快捷、成本低廉的金融服务，践行普惠金融，增强金融支持实体经济发展的能力，因此，必须理论结合实践，这才是金融科技人才发展的核心。互联网技术更新换代速度极快，新技术在金融行业的深入应用也会带来金融业务的持续创新。金融创新反过来也会反哺技术，为技术的更新、升级、改造提供及时的资金支撑，形成技术创新与金融创新的良性循环，这要求金融科技人才不仅要有扎实的金融专业基础知识和互联网技能，还要拥有不断获取新知识、新技术的素质能力和创新思维。除了要主动学习和掌握互联网与金融相关领域的最新发展，还需要将金融与科技深度融合，不断开发出金融科技新模式，丰富金融科技业务新类型。

三是金融科技人才是兼具风险意识和法治思维的管理型人才。金融科技不论发展到何种程度，其本质都是利用科技为金融服务，并没有改变金融的本质功能，也没有改变金融风险的本身特性（如易传染、较隐秘、涉及面广等）。金融科技在为金融提供服务的同时，能否保障金融行业的健康发展还取决于相关企业是否具有强大的金融风险管理能力。在创新金融科技的过程中，金融科技人员，特别是管理人员要具备风险意识，增强金融风险管理知识和能力，把有效防控风险放在首位，不断提高应对风险的能力。

二、目前我国金融科技人才培养机制存在的问题及经验借鉴

目前，我国经济体制改革正进入深水区，转变经济增长方式、促进经济转型升级、实现经济可持续发展是当前经济体制改革的重点和目标。然而，经济转型升级的关键还需依赖企业的转型升级，最终要依赖于人才，尤其是创新型金融科技企业的人才。因此，有必要对国外先进国家金融科技人才的培养模式

进行研究，才能在吸收、借鉴的基础上，结合现实予以本土化应用。

目前，金融科技人才培养机制存在的问题主要包括：一是供需不匹配问题仍比较突出。目前，互联网金融的发展带来了对金融人才、科技人才需求的急剧增加，尤其是对金融科技复合型人才的需求更是迫切。但金融科技人才供给方面，人才培养速度远不及企业的需求。突出表现在，目前高校并没有大规模设置金融科技专业，没有必要的金融科技复合型大学生储备，未能缓冲行业迅速增长带来的复合型人才缺口问题。二是人才培养机制尚不完善。目前，金融科技人才缺口短期内并不会消失，这需要完善的人才培养机制。机制主体中除了社会中介培训、校企协同合作培养外，还需政府等主体加强统筹、规划和疏通。高校可依靠大量创新、学习能力及快速接受新知识来完成人才培养与输送的基地作用。但其人才培养模式往往与实体企业工作需求存在较大差距，人才培养方案未能有效对接金融科技行业发展实际，且师资主体往往缺乏社会实践经验，侧重理论知识为主，校企协同的人才培养机制欠缺，没有形成普遍的师资双向交流机制。因此，常态化的、师资双向交流的校企协同人才培养机制势在必行，这样才能培养出金融科技企业真正需要的人才，实现校企双赢。同时，应借鉴国际经验，加快金融科技人才培养模式的创新。

（一）美国的金融科技人才培养模式

美国在金融科技人才培养上是多模式的教育体系，提出培养“完人”的交易目标，注重个人的自由发展，注重培养人才的独立思辨能力和勇于创新、开拓进取的能力。在这一理念下，美国在金融科技人才培养上形成了各具特色但目标一致的培养模式，如哈佛大学、哥伦比亚大学等都具有代表性。其中，哈佛大学建立了一套“多元”人才培养模式，尤其是在课程设置方面引导学生建立自我概念，奠定自觉学习的信念，吸收金融、科技等各方面知识，充分发挥学生潜能；哥伦比亚大学建立了“宽口径”的人才培养模式，强调跨学科性和必修性，这一模式可以给学生提供促进创新思维的环境，鼓励学生跨学科学习和思索问题，通过知识广度和深度的结合，帮助学生在金融与科技多变的世界中做出复杂的选择和应用。在师资方面，美国许多高校都将具有企业经历的高层次人才聘为教师，其在金融和科技等领域都有相应的工作、学习经历，这就在多方面保证金融科技师资力量的同时，也为学生提供了更多的实践教育。

同时，美国拥有健全的企业培训管理体制，重视员工培训，通过人才升级来提高产业的转型升级。美国的企业重视培训，对培训进行资金投入，且大企业往往以培训中心、人力资源开发中心、公司大学等形式设有自己的专业培训机构，通过独立的、有针对性的教育培训设施，提升员工的素质。据统计，美国企业培训中有 68% 是企业内部培训。

（二）德国的金融科技人才培养体系

德国的教育体系十分完备，可分为基础教育、职业教育、高等教育和进修教育四大类。其中，职业教育在整个教育体系中占有重要地位，是升学就业的主要渠道，尤其整个培训过程是企业和学校共同教育的方式。学生既可以从企业接受职业技能和与之相关的专业培训，也可以在职业学校接受专业的理论和普通文化教育。企业承担了大部分经费和责任。

同时，为了调动企业参与职业教育和培训的积极性，德国政府在政策上给予企业一定的支持。如规定企业的职业教育经费可计入生产成本、可减免说收、可计入产品价格、在产品销售后收回等，充分调动了企业和用人单位的积极性，促进全社会关心职业教育和高技能人才培养。

三、加强金融科技人才培养机制创新的几点思考

金融科技人才的培养是全方位的系统体系，需要各方的配合与参与。

一是加强金融科技人才培养体系的政府支持力度，为金融科技人才培养提供良好的外部环境。从国际经验来看，国外金融科技人才培养体系中政府支持的力度都较大，设立了各层次人才培养工程和计划。美国政府各部门非常注重有针对性地设立各层次人才培养项目和计划，重视科技与教育的耦合。通过实施国家重大高新技术研发计划、项目资助计划及政府资助创办各类高新技术研究中心，带动相关领域人才培养。此外，还可以通过设立专项资金、专项基金项目等方式，从根本上保障金融科技人员培养规划和计划的实施。

二是加强法律法规建设，构筑“产学研”三位一体的合作体制。美国、德国等国家为企业创新陆续出台了一系列法律法规，建立多方位、多角度的法律体系，通过法律明确培训企业和受培训者的关系及双方的权利义务。培训机构与人员的资格、实施培训条例的监督和考试、职业教育的组织管理和职业教育研究等方面都有法律、法规出台，构筑“产学研”三位一体的合作体制，加强专业技术人员的培养。

三是强化人才的交流与合作。政府和院校可通过承办各种国际、国内学术会议，推进合作研究和吸引国内外科技金融人才。为科技金融人才的交流、互动搭建舞台，也为科技金融人才的合理流动提供机遇和平台，建立广泛的科技金融人才联系渠道及相关咨询与服务机构。

四是进一步推进人才生态系统建设，完善金融科技人才教育体制。人才生态系统是全面系统工程，不能忽视系统中的任何一方面，否则都会成为培养和吸引人才的阻碍因素，并影响人才“引得来、留得住、用得好”机制。浦东新区应利用好自身资源优势及发展的不同阶段，协调考虑推进人才生态系统建设，构建政府、大学与企业的信息交流平台，引导大学人才培养与市场需求相结合，实现大学、企业、政府在人才生态系统建设中的无缝连接。

五是积极构建协同的人才培养机制。金融科技人才的协同培养机制涉及多方利益相关者，直接利益相关者包括学校、教师、学生和企业，间接利益相关者包括政府、行业协会等。多方利益相关者具有不同的利益诉求点，构建多方协同人才培养机制就是要找到利益联结点。同时，人才有多种类型和层级，高层次创新人才仅是其一。为此，需进一步加强政府、企业、高校、科研院所等多主体合作机制，遵循利益共享、责任共担和优势互补的原则，建立基于利益相关理论的各方协同人才培养机制，共同推动人才吸引、培养和发展机制。政府应以提供人才培养的政策保障为核心，加强与行业协会的合作，加快制定金融科技行业的职业标准，并加强对高校金融科技人才培养的财政支持和政策指导，为金融科技人才培养提供实际的工作标准和规范依据。

六是进一步构建金融科技人才培养体系的激励约束机制。政府要鼓励高校、培训机构、科研院所、企业等市场主体在金融科技人才培养中发挥积极作用。为此，政府可牵头成立地方性校企合作专项基金，对校企协同合作中的优秀企业及培训单位（学校、科研院所、智库、行业协会等）给予扶持、补贴；建立校企协同教育基金，对在校企协同人才培养中做出突出贡献的主体给予专门奖励和荣誉称号，促进企业从单纯用人单位向人才培养单位和用人单位双重角色转变，鼓励和引导企业和培训主体主动参与协同，建立多样化、多种形式的人才培养基地。

七是进一步推进金融科技行业人才资格认证机制。政府要做好顶层规划与设计，在金融人才发展规划中加入并突出金融科技人才的培养内容。相关协会要尽快建立专业人员职业标准，明确金融科技从业人员准入标准，建立专业人员职业资格认证与考试制度，制定行业从业人员自律公约，加强从业人员职业道德和操守，建立金融科技行业黑名单制度，并发挥行业协会资源统筹作用，加快金融科技人才供需调查，构建金融科技人才培训与招聘信息交流平台，有针对性地通过大数据、云计算等高科技手段及时了解金融科技行业人才供需缺口情况，并及时进行相关缺口的人才培养、储备与引进，为金融科技企业健康发展奠定人才基础。

八是通过政策引导，鼓励和进一步发挥企业在金融科技人才培养中的主体地位。金融科技人才的培养可以给企业赢得长期效益，使企业可持续发展。作为受益方，企业必须在金融科技人才培养过程中发挥主体作用，通过将尊重人才、尊重创造的文化理念融入企业文化，促进企业内部形成良好的尊重人才的氛围，提升金融科技人才的工作幸福感，提高金融科技人才的工作效率。同时，企业可通过多种人才培养方式，鼓励企业内部建立系统的人才培养体系，努力为金融科技人才提供适合的培训方式，加强企业员工的培训机会和力度，使企业转型成为学习型组织，实现金融科技人才的可持续发展。同时，企业应构建公开、公平、公正的人才评价机制，为金融科技人才的晋升、工资和福利提供依据。

参考文献

[1] 叶望春.探索金融科技人才发展之道[J].银行家，2018(5).

[2] 何宪，熊亮.加强中国金融人才培养[J].中国金融，2018(6).

[3] 段世德.科技金融人才培育的路径选择研究[J].西南金融，2017(11).

[4] 刘培欣，唐五湘.科技金融人才队伍建设机制研究[J].科技管理研究，2014(5).

[5] 隋晓.科技金融人才培育中存在的问题及有效路径[J].人才资源开发，2018(11).

贸易摩擦背景下国际金融方向人才培养的创新与融合

姜华东　张英祺[①]

在美国贸易保护主义有所抬头的背景下，全球金融经济一体化的大趋势难以改变，国际金融人才的培养也需要与时俱进，不断进行创新。上海国际金融中心地位的确立和发展也需要大量的国际化金融人才的积淀。金融学人才培养上最为紧迫的任务是满足具有较高层次、综合技能、国际视野的复合型人才需求。这就要求高校在培养人才时注重以社会需求为导向，了解社会动态，不断提高教学水平和质量。目前我们的金融专业在培养结构和层次上还有所欠缺，也面临着与国际接轨的需要，因此，如何培养金融创新精神，如何拓宽国际视野，如何提高综合技能就成为非常迫切的问题。

在新的时代里，我国金融教育改革也需要进一步与国际接轨。随着我国经济改革的加快，金融服务进一步提升，对于国际金融方向人才的需求也发生了很大的变化。这就对国际金融人才培养工作提出了新的要求和新的方向。因此，需要讨论我国高等教育体制下的金融人才国际化培养体系的改革，并在金融人才培养模式和方法创新上提出一些新思路、新措施。

一、贸易摩擦背景下我国金融人才需求变化与培养模式滞后

（一）贸易摩擦背景下我国国际金融方向人才培养模式的改革需求

在中美贸易和金融摩擦的冲击下，金融教育改革面临新的挑战。金融的全球化发展也需要金融学科教学制度进行更多的融合，教学内容也需要适应新的发展形势。一方面我国金融人才教育资源相对匮乏，另一方面金融专业学生数量猛增，出现金融师资紧张的状况。在金融教育资源短缺的情况下，我国难以适应国际社会对金融人才培养的需求。因此，不断推进金融专业国际化方向的教育改革，不断缓解金融从业人员培训的结构矛盾，已经成为金融教育改革的

---

① 姜华东，经济学博士，上海立信会计金融学院副教授，主要从事金融学教学与研究。
张英祺，上海立信会计金融学院2016级金融学1班本科生。

重要任务。我国在这些方面已经进行了一系列积极的探索，例如金融专业硕士的培养等项目已经在多所高校顺利开展，众多金融类高校也积极开展硕士点申报和研究生培养筹备等工作。

目前我国的金融教育体系较为欠缺的是课程内容的时代性。第一，当前金融教学的课程内容相对比较陈旧，使学生不能真正了解金融发展的动态，不利于其接受新的金融信息和知识。这对于学生的创新能力和开拓意识是一种限制，不利于其直接掌握一手的金融知识与技能。第二，由于金融教育体系相对落后，金融专业课程的设置往往也比较单一，具有较强专业性的选修课程也相对较少，跨学科建设的课程更是匮乏。第三，在金融教育方法上，仍然没有质的突破，主要还是依赖于教师讲解，学生参与度不是太高。即使是讨论课程和实践课程，由于老模式的影响，教师也难以让课程展示出应有的魅力，学生难以通过讨论提出真正有见地的观点。

要解决目前国际金融教育上存在的众多问题，教师的转变是一个关键。由于当前的金融教师普遍缺乏真正的实践知识和实务能力，所以在人才培养上难以避免“空对空”的模式。因此，应该为一线教师提供进入金融企业培训进修的机会，让他们深入实践，掌握新时代需要的一些金融技能，这样就能让教师进一步明确应该在教学中传授什么样的知识，使用何种教学方法更容易让学生接受。同时，也要让学生能够接触到金融企业，培养学生的金融直觉，鼓励其发现自己的兴趣和特长，鼓励其不断在某些专业方向上深入探索，达到金融企业的用人要求，甚至进行超前的。在上海这样的国际金融中心城市，金融国际化业务众多，让高校教师更多地了解、精通国际金融业务知识是非常关键的。通过教师和学生两个层面，加强金融专业交流，让学生掌握学习方法和相关的知识，也让教师看到未来发展的方向。通过金融的国际化教育改革，不断提升人才培养的质量，实现服务型、实践型、国际型、研究型人才的综合培养，较好地缓解人才培养与社会需求相脱节的矛盾。

（二）国际金融人才需求与培养模式之间的主要矛盾分析

总体来看，我国国际金融人才需求与金融培养模式之间存在着较多的矛盾，主要集中在以下几个方面：

1. 金融专业课程跟不上国际经济发展需求

我国金融专业学生在进入大学以前很少接触金融理论知识，金融实践则更少，虽然大学专业为金融学，有些更是明确为国际金融方向，但对金融前沿的了解并不多。多数金融课程仍然是旧的教材内容的沿袭，难以反映金融业快速发展的现状和需求。一部分高校金融专业学生非常看重银行业前台培训工作，很少钻研深奥的金融理论知识，使其步入社会后难以有较大的提升空间；一部分高校又缺少金融实践课程，特别是国际化业务方向，学生难以接触到社会实践，这就造成其工作上手较慢，对实务缺少直观的认识。现代金融学的发展，要求学生掌握基本的金融市场与机构、公司金融、资本市场、国际金融等多方面的课程，但实际教学中微观金融与宏观金融的联系上出现了脱节现象，使学生难以有效应对实际金融问题。

2. 部分学生重考试、轻能力

当代大学生由于学习就业压力较大，在学习中常常以考试为中心的。但金融学是一门高度实践性的社会科学，是与每个人的生活紧密联系的一门科学，以考试为中心常常使学生的学习重心偏离实际。金融学中涉及的汇率、存贷款、证券投资、保险等金融活动与每个人都是相关的。通货膨胀、汇率波动、利率波动、股市波动、货币政策等金融活动会直接改变每个人的切身利益。如果学生没有足够的观察和积累，就难以真正掌握金融学知识。

3. 国际金融教学与科研存在脱节

由于高校评价体系的设置，教师在科研上也有了一定的发展和提高。高级别的金融论文和专著逐渐涌现出来，学术项目也逐年增加，教师整体科研水平在不断提高。但由于职称评价和业绩考核需要，教师在科研上往往存在与教学脱节的现象，很多研究成果难以转变成教学内容。同时，很多教学成果也难以转化为科研成果。需要重新审视对教师的评价体系，或许对不同类型的教师需要制定不同的评价标准。

4. 金融英语专业教学水平尚待提高

从金融学科发展来看，国内教师在英语专业水平上还有待提高。例如，能够在国际一流期刊上发表论文的金融学者还很少，能发表英语论文者往往都有海外学习经历。国内很多教师具有极高的金融专业造诣，但是还难以在国际期刊上发表见解，扩大国际影响力。教师的专业能力也影响到学生的英语水平，多数学生在金融专业英语学习上还是被动学习，运用能力较差。更多的学生可能只是掌握了一些金融英语词汇，并不能适应国际化的需求。因此，要提高金融英语专业教学水平，要使学生能够与国际接轨，首先需要提升教师的英语应用能力，让教师能够熟练运用英语，这在培养国际化人才方面将发挥一定的作用。

5. 国际金融职业素养教育不够

金融行业是一个特殊的行业，与其他行业相比，金融工作者更需要强调职业道德和职业操守。实际上，我国金融从业者的职业道德素养并不是很高，对于高校学生的职业道德教育也是欠缺的。高校里普遍没有开展金融职业道德教育，金融软环境、软因素被忽略，只是以学生就业为导向，一定程度上忽略了学生的诚实和正直这些道德素质的提高。

二、发达国家金融人才培养模式的演化

我国金融教育改革需要借鉴国外先进的教学经验，在金融教育思想、教育观念上有新的认识，从而在培养目标上有所突破。当培养目标体系改革后，才有可能在金融教学改革上获得更大的成功。在教育观念上，要从教师单一的知识传授转变为以学生能力培养为主，适应社会发展的需求。

虽然西方各国高校在金融学专业培养上也有各自不同的目标，但也存在很多的共同之处。第一，都强调培养学生基础的理论知识，一般都会要求学生掌握扎实的金融专业理论基础和通识性基础知识。第二，都非常注重培养学生的综合能力，只有具有全面综合的知识技能才能适应社会变化的需要。第三，都强调金融知识对经济社会的贡献，让课程内容更多地与社会相结合。不少国外高校直接定位于培养学生在争取良好职位时有足够的竞争力或者满足社会各种层次的需求。

我国高校金融专业也已经进行了多种改革来适应日新月异的社会环境，互联网在中国的快速发展使得各学科互相渗透，科技与人文学科也出现了更多的融合。社会将进入信息化时代，金融教育自然也需要顺应潮流，这就需要金融教育考虑更多的知识创新和融合发展。对于金融本科专业学生，尤其是国际金融方向的学生，如果期望四年的时间就培养出金融领域的专家，可能是比较困难的，但互联网信息社会同时又让学生有了更多的学习机会。因此，对于本科生教育，仍然需要加强通才教育的培养模式，不能一开始就对学生进行定位，而是应该让学生在学习后进行自我选择。

三、我国金融人才的国际化培养模式的创新与融合

我国金融人才的国际化培养需要以现代金融学知识为核心来重新规划，设立培养目标，通过不断实践实现与国际接轨。原有的以货币银行学为核心的教学思路也需要不断拓展，让学生掌握基础的微观金融类课程。金融专业学生在

本科阶段学习后，接受了基础通识教育，同时接触到了多学科知识，初步具备了金融综合素质和能力。这就要求高校能够积极适应培养方法和培养模式的创新，不断结合实践推进金融学发展，进而做到与国际接轨，并逐步实现超越。

（一）应用型人才培养的需求与国际化

西方教育界认为，教师不能把学生培养成自己的跟随者，而应该培养成一个善于思考、勇于创造的人才。中国有句古话“授人以鱼，不如授人以渔”，讲的也是这个道理。要让学生从“学会”转向“会学”，也就是说，通过金融学课程的学习，让学生掌握金融学的基础知识、基本理论，同时也要注重培养学生分析问题的能力，要让学生产生积极性，主动去获取需要的知识和技能。

在国际金融教育上，本科层次专业人才的培养是非常重要的，可能与社会实际需要结合也最为密切。一些西方国家高校也是以社会需求为导向来培养学生，提升学生毕业时的竞争力。在培养目标上，我国虽然进行了一系列改革，但目标仍然不是非常明确，对于应用型人才的培养力度还不够。学生走上工作岗位后，难以运用所学的金融专业知识，这些知识也不能很好地发挥作用。

随着世界经济一体化的发展，金融活动出现了电子化、虚拟化现象，尤其在互联网金融兴起后，金融创新更是层出不穷。金融制度不断改革，金融组织不断革新，金融工具不断发展，互联网金融等新事物不断出现，在新形势下，我国金融学教育也需要不断改革和更新，适应时代发展的需要。

由于我国金融业的迅速发展，国内很多高校在培养目标上也做出了相应的调整。例如，上海立信会计金融学院金融学专业，特别重视学生的国际化能力、金融科技能力方面的培养，期望学生能够在各类国际金融机构、经济管理部门和企事业单位从事相关金融业务和管理工作。

但是，针对目前的一些金融发展状况，高校在培养学生的过程中需要加强与实际的结合。例如，在商业银行业务与管理上面，国际最新的《巴塞尔协议3》应该进入到教学体系当中，使学生能够更多地去了解目前应该掌握的金融前沿知识，这样才能不断地启发学生进行新的思考和创新。

在实验课程上，欧美发达国家非常重视学生实践能力和动手能力的培养。国内一些高校也在这方面做了很多努力，但多数教师本身也没有这方面的实际经验，需要不断地探索和完善。

（二）以创新和国际社会需求为导向的培养模式

金融学本科阶段培养模式的改革，应该以开发学生的创新精神为导向，以国际社会实际需求为导向，重点考虑加大社会实践部分的学分量和学时数，以及如何更加有效地开展实践课程。另外，在金融核心课程设置上，需要明确地提出实践要求。金融专业人才的培养需要与用人单位进行密切的联系，根据市场导向建立实践课程，通过实际体验来鼓励学生积极追求专业知识的学习，从而提升个人能力。

以创新和国际社会需求为导向的培养模式一方面可以培养学生的创新精神和解决实际问题的能力，选择同实际金融机构联合培养的模式，发现创新点，有针对性地满足实际部门对金融人才的需求；另一方面可以针对特定的需要，加强中外合作培养的模式，与国外高校进行定期的交流和课程合作，让合作高校派教师来讲授一定比例的核心课程，派遣学生到国外去完成部分课程或者教育实习环节等，吸取国外一些优秀课程和师资为我所用，是加快我国国际化金融人才培养的一条必经之路。

（三）应用型人才培养的课程体系与国际接轨

金融本科专业的培养目标决定了学生的核心学习能力，也是其在职业生涯中获得成功的重要因素。结合金融学教育来看，通识课程与专业课程之间的比例分配和衔接变得非常重要。金融课程可以进行模块化设计，分为微观金融、宏观金融和金融工具等几个大模块。金融课程改革的重点在于优化结构，从单一的知识传授转为强调金融能力培养。

另外，当前很多课程开设为全英语或双语教学，但其教学质量有待提高。在不降低教学质量的条件下，可以适当加大双语课程或者全英语课程的比例，并逐渐实现全英语教学和考核。在国际化的培养中还需要增加应用型的选修课程，利用金融实验室等科研平台，提升教学效果和课程质量。

当然，在我国金融人才国际化培养过程中，需要关注金融教育与其他学科之间的交叉融合。金融本科专业教育已经与数学、法学等学科密切关联，尤其数学知识在高级金融理论中已经占有非常重要的位置。当前很多的金融产品设计都是基于数理金融模型，如果缺乏相应的知识，就难以理解这些金融产品，更谈不上金融工具的创新。法学、信息科学等学科与金融学也将出现更多的交叉融合，这就需要金融专业学生接受更为全面、更为综合的教育。尤其是互联网金融的快速发展，使得多学科融合变得更加容易，金融学科进一步系统化、工程化、信息化，未来的金融学科将成为社会科学与自然科学的融合体。

参考文献

[1] 沈丹璇，曹玉鸽，刘佳慧．基于社会需求视角下拔尖金融人才培养的调查分析［J］．教育教学论坛，2019（34）：1–5.

[2] 黄达．金融、金融学及其学科建设［J］．当代经济科学，2001（7）：1–11.

[3] 赵素芳，李俊．互联网金融背景下金融学专业人才培养研究［J］．经济研究导刊，2018（35）：93–95.

[4] 阎石．全球化下的金融教育改革及专业硕士培养［J］．中国证券期货，2012（6）：215–216.

[5] 艾洪德，徐明圣．新形势下金融学专业本科教学面临的挑战与改革［J］．东北财经大学学报，2006（4）：89–93.

[6] 王传生，高杰英．新时代金融人才培养：问题与对策［J］．中国大学教学，2018（9）：29–32.

[7] 姜宏德．“浸润式”双语教学模式的构建与实践［J］．教育发展研究，2004（6）：12–15.

[8] 曲波．校酒店管理专业“沉浸式”双语教学模式与国际化人才培养探讨［J］．北京大学学报（社会科学版），2007（5）：256–258.

[9] 徐梁，喻淑兰．基于 MOOC 的金融人才培养探究［J］．经济研究导刊，2019（13）：138–141.

[10] 王广谦．正确定位加速金融人才培养模式改革［J］．中国高等教育，2001（22）：13–14.

[11] 植凤寅．危机下的金融教育［J］．中国金融，2009（4）：23–25.

[12] 张亦春，蒋峰．金融学专业教学方法和教学手段的改进研究［J］．金融教学与研究，2001（3）：32–35.

金融科技的发展与金融工程专业培养的思考

——“第三届全国金融科技与互联网金融专业人才培养与课程建设研讨会”参会收获与体会

郑 伟 荣元鑫[①]

2019年8月14日至16日，笔者参加了在贵阳举行的第三届全国金融科技与互联网金融专业人才培养与课程建设研讨会（以下简称研讨会），此次参会的有来自金融类专业的高校教师、实务领域的专家，以及教学管理部门的领导。在会议中笔者聆听了各领域专家的演讲，同各高校金融专业、金融工程专业及金融科技专业老师进行了座谈，并参观了贵阳的金融大数据展示中心。通过参会，笔者真切体会到以互联网金融、大数据、人工智能等为代表的金融科技已成为金融领域非常重要的发展方向。金融类专业在专业培养中，必须注重同金融科技的结合才能跟上时代发展的潮流，培养出合格的金融人才。结合此次会议的收获，本文对金融工程专业人才的培养如何借鉴金融科技的发展进行了一定的分析和思考，希望对我校金融工程专业建设一流专业有所借鉴和参考。

一、金融科技和科技金融

笔者最初听说金融科技这个词大约是三年前，上海立信会计金融学院的殷林森教授牵头申报金融工程专业（金融科技方向），当时该方向在设置课程时曾经广泛征求各系意见，因此对金融科技方向有所了解，但金融科技和科技金融常常混为一谈，并未加以明确区分。其实这两个词的含义还是有明确的界定，并不是一回事。

查询百度词条，对金融科技是这样定义的：“金融科技英译为Fintech，是Financial Technology的缩写，可以简单理解成Finance（金融）+Technology（科技），指通过利用各类科技手段创新传统金融行业所提供的产品和服务，提

① 郑伟，管理学博士，上海立信会计金融学院讲师，主要从事金融工程方面的教学和研究，已在国内外公开及核心刊物发表论文近20篇，主编教材1部，专著1本。
荣元鑫，上海立信会计金融学院2017级金融工程专业学生。

升效率并有效降低运营成本。”

根据金融稳定理事会（FSB）的定义，金融科技主要是指由大数据、区块链、云计算、人工智能等新兴前沿技术带动，对金融市场以及金融服务业务供给产生重大影响的新兴业务模式、新技术应用、新产品服务等。

而对于科技金融，百度词条是这样定义的：“科技金融属于产业金融的范畴，主要是指科技产业与金融产业的融合。经济的发展依靠科技推动，而科技产业的发展需要金融的强力助推。由于高科技企业通常是高风险的产业，同时融资需求比较大，因此，科技产业与金融产业的融合更多地是科技企业寻求融资的过程。”

通过上述定义可以看出，对于金融科技，是说科技应用于金融领域，深刻改变了传统金融的产品和服务，提高了金融系统的效率。而科技金融这个词，经常特定指企业，尤其是高科技企业通过科技手段寻求融资的过程。因此，我们所关注的是在金融领域，科技与金融相结合，进行金融创新，对传统金融产品和服务的深化和拓展。

二、金融科技是未来竞争的焦点领域，国家高度重视

2010 年以来，金融科技（FinTech）开始流行，市场表现活跃，行业融资规模快速增长，产业营收规模保持稳定增长，市场规模尚有大幅提升空间。未来全球的金融增长点在于金融科技，国际金融中心的竞争点也在金融科技，目前已成为共识。2017—2019 年，全球金融科技领域的融资持续升温，金融科技产业规模迅速增长，已经成为影响各国经济金融高质量发展的关键，金融科技发展前景广阔。

我国对金融科技的发展高度重视，在研讨会组织的参观“国家大数据（贵州）综合试验区展示中心”活动中，参会者观看了习近平总书记视察大数据中心的视频。习近平总书记等国家领导对于包括大数据在内的金融科技发展做出过重要指示。

2017 年 5 月，中国人民银行成立金融科技委员会，提出要加强金融科技工作的研究规划和统筹协调，强化监管科技，识别和防范新型金融风险。2019 年 8 月 23 日，中国人民银行印发《金融科技（FinTech）发展规划（2019—2021 年）》，凸显了央行对金融科技发展的重视。该规划提出了三年发展目标：“到 2021 年，建立健全我国金融科技发展的‘四梁八柱’，进一步增强金融业科技应用能力，实现金融与科技深度融合、协调发展，明显增强人民群众对数字化、网络化、智能化金融产品和服务的满意度，使我国金融科技发展居于国际领先水平。”

在金融科技建设重点任务中，央行文件提出了 27 项任务，其中，与专业培养关系较大的主要有以下任务：加强人才队伍建设、科学规划运用大数据、合理布局云计算、稳步应用人工智能、加强分布式数据库研发应用、健全网络身份认证体系、拓宽金融服务渠道、完善金融产品供给、提升金融服务效率、增强金融惠民服务能力、优化企业信贷融资服务、加大科技赋能支付服务力度、做好新技术金融应用风险防范、增强信用服务支撑作用等。

可以看出，央行规划提出的各项重点建设任务离不开人工智能、支付标记化、云计算、大数据、互（物）联网等技术与金融的深度融合和创新，也为专业人才培养指明了相应的技术内容。

三、金融科技专业开设现状

目前，金融学类专业包括以下子专业：金融学、金融工程、保险学、投资学、金融数学、信用管理、经济与金融、精算学、互联网金融、金融科技。金融科技专业批准的较晚，代码排在各金融类专业最后。在本次研讨会中，专家多次提到，上海立信会计金融学院的金融科技专业是内地最早设立的。目前的国内外高校中，据中央财经大学金融学院院长李建军教授统计，开设金融科技本科专业或方向的学校如表 1 所示。

表 1　国内外高校金融科技本科专业设置情况

学校	专业	类别
萨塞克斯大学	BSc	Finance
纽约大学	区块链技术	本科专业
香港中文大学	金融科技学	本科专业
上海立信会计金融学院	金融科技	本科专业
中央财经大学	金融科技	本科专业
三亚学院	金融科技	本科专业
西华大学	金融科技	本科专业
南方科学技术大学	金融工程（金融科技方向）	本科专业
山东工商学院	金融科技	本科专业

资料来源：李建军 . 金融科技学课程体系建设 .2019 研讨会嘉宾演讲资料 .

内地开设金融科技硕士专业或方向的有南开大学、中央财经大学、清华大学等少数几所高校。

可见，金融科技专业目前还处于国内外高校开设较初级的阶段，目前各财经类高校很多都在准备申请金融科技专业或方向，这从本次研讨会各校老师的发言就可以看出，不少高校的老师都表达想通过研讨会学习经验，准备开设金融科技专业或方向。

目前已开设金融科技专业或方向的学校，培养方案都是各自为政，缺乏交流，还没有达成共识或形成一致的标准。在研讨会的分组讨论中，各位专家和老师也提出了相关的意见，希望已开设金融科技专业或方向的高校能够形成一致的标准或达成共识，形成联盟之类的组织，确立金融科技专业的核心课程和培养标准。

四、金融科技与金融工程专业的关系

金融工程学科是 20 世纪 80 年代中后期出现的，其本质是将工程思维引入金融领域，综合地采用各种工程技术方法，设计、开发和实施新型的金融产品，创造性地解决各种金融问题。金融工程在把金融科学的研究推进到一个新的发展阶段的同时，对当时金融产业乃至整个经济领域产生了极其深远的影响。

20 世纪 90 年代中期，金融工程被引入我国。目前很多高校都开设了金融工程专业，由于该专业可以借鉴国外经验，经过多年来的实践，专业培养体系日渐成熟。

金融科技指的是新技术带来的金融创新，通过创造新的业务模式、流程或产品，对金融市场、金融机构或金融服务的提供方式产生重大影响。金融科技是近 10 年来逐渐兴起的并没有太多国外成熟经验可供借鉴，所以，目前国内的金融科技专业培养还处于不断探索阶段。

（一）金融工程和金融科技在金融创新上有明显区别

可以看出，金融工程是金融与工程方法的结合而产生的金融创新方向，而金融科技是金融与现代科技结合而产生的金融创新方向，因此，金融科技和金融工程是金融在不同方向产生的金融创新，两个专业的区别是很明显的。有人认为金融科技就是金融工程的升级，是金融工程的 2.0 版本，是不全面的。金融工程是应用数学及工程的方法对金融产品和业务进行设计、分解、复合、定价、构造预设的风险收益结构，提高金融效率。这些工作可以看作是在传统金融框架内的组装和优化，并未突破传统金融框架。而金融科技通过科技手段与金融的结合，往往突破了传统金融的模式，产生了新的业态或场景，金融在某些方面发生了质变。比如数字货币、互联网金融，突破了传统金融的经营模式和框架，产生了新的金融课题。

（二）金融工程和金融科技在专业范畴上有所交叉

1. 金融科技包含金融工程的部分核心内容

金融科技涉及的大数据、人工智能、区块链技术等前沿颠覆性科技与传统金融业务与场景有叠加融合。不论大数据金融的数据分析、人工智能技术处理、股票价格预测、评估消费者行为和支付意愿、信用评分、智能投顾、保险业的承保与理赔、风险管理与压力测试，等等，归根结底是处理金融的问题，离不开对核心金融问题的量化处理。所以，量化金融、计量金融必然是金融科技的组成部分。

量化金融以金融工程、金融数学、金融计量来分析和处理金融业务，定量而非定性地开展工作，在高频交易、算法交易、金融衍生品定价、金融风险管理等金融领域开展工作。这些量化工作也是金融科技在利用大数据、人工智能等手段解决金融问题时所必需的。所以，金融科技人才必然要懂得金融学和金融工程的基本知识和基本技能。

2. 金融工程需要借鉴金融科技的发展

金融科技的发展对传统金融产生了深远的影响。金融科技通过科技手段与金融的结合，突破了传统金融的模式，产生了新的业态或场景。金融工程研究的内容随着金融科技的发展必然有新的问题和解读，比如，金融产品的定价、套利、融资、风险管理等，在金融科技的发展下，都会有新的挑战，这必然要求金融工程专业人才对金融科技的发展有所了解。

此外，金融学、金融工程专业学生在以后的就业中，往往身处科技和金融日益融合的工作环境。在这样的工作环境下，为了更好地完成金融业务、处理金融问题，也需要金融专业及金融工程专业的学生了解金融科技的核心技术，掌握金融科技的基本知识和基本技能。

综上所述，金融工程和金融科技专业既有明显区别，又互相联系和交叉。因此，金融工程和金融科技专业在学生培养上应互相借鉴。

五、金融工程专业借鉴金融科技发展的思考

在本次研讨会的分组讨论中，参会的各位老师对于金融科技专业的培养、

传统金融专业和金融科技的关系等问题进行了深入交流。中央财经大学郭剑光老师介绍了中央财经大学对金融类专业培养的做法。中央财经大学对金融类专业的培养采取了“一体两翼”的思路，“一体两翼”的含义是，以金融学专业为主体，金融工程和金融科技为两翼，三个专业培养的侧重不同。金融学、金融工程、金融科技三个专业采取大类招生，在大二的时候学生再分流到三个专业。在学生培养上，金融工程和金融科技的专业培养方案互相借鉴，两个专业的核心课程互为对方专业的选修课，有利于两个专业的学生在知识结构上互相补充。此外，武汉理工大学的喻平教授等也发表了其对金融科技专业培养的看法。对于我校金融工程专业来说，正处于申请上海市一流本科专业的关键时期。金融工程专业的人才培养如何借鉴金融科技的发展，通过此次研讨会，笔者也进行了积极思考，形成了以下观点。

（一）金融工程专业培养方案应涵盖金融科技的核心课程

为了使金融工程专业学生能够跟上金融科技发展的潮流，在金融科技的背景下更好地适应金融工程岗位的工作，金融工程专业培养方案应该适时增加一些金融科技的课程，至少应该涵盖几门金融科技的核心课程。比如，金融科技概论、金融大数据、人工智能、互联网金融等。目前 2018 级金融工程专业培养方案体现专业特点的专业必修课为 16 学分，专业选修课为 12 学分，实践课为 34.5 学分。其中，专业必修课实行“5+1”方案，5 门课是由上级管理部门统一规定，能够体现自身专业特点的必修课只有 1 门。因此，金融工程专业增加金融科技类的课程，主要体现在专业选修课和实践实验课方面。可以在专业选修课板块和实践课板块增加 3~5 门金融科技类的课程，不求面面俱到，但应尽量涵盖金融科技的核心课程。

（二）新开金融科技课程的讲授内容应难易适度

不少金融科技类课程的内容都比较艰深，比如，人工智能、机器学习、区块链技术、数据库与数据挖掘等。对于金融工程专业来说，如果开设这些课程，应该把握课程讲授的难度。这些课程如果讲得太深，恐怕超越了本科专业阶段的学习难度，应该开设在研究生阶段更加适合。在本科阶段，金融工程专业的学生开设这些课程，主要目的是了解和掌握金融科技相关的基本知识和基本技术。此外，学时所限，金融工程专业培养方案不可能增加太多的金融科技类的学科基础课，因此也不适合把专业性很强的金融科技类课程讲授过深。

归根结底，金融工程专业培养的是金融人才，不是 IT 人才，不是信息技术人才。金融工程培养的重点应该放在培养能够熟悉和使用现代技术和工具的金融工程人才上，而不是过分侧重具体技术。

（三）金融工程专业与金融科技专业培养应互相借鉴，充分利用现有资源

金融工程专业和金融科技专业的培养方案应相互借鉴，以便充分利用教学资源。金融科技专业可以把金融工程专业核心课程移植到本专业培养方案中。比如，我校金融科技专业就把金融工程专业的核心实验课程“金融工程专业实验”放在了金融科技专业的必修实验课中。金融工程专业也可以借鉴金融科技专业的培养方案，选择把一些金融科技专业核心的必修、选修课移植到金融工程的培养方案中，充分利用现有教学资源。

表 2　我校金融工程和金融科技专业必修课对比（2018 年培养方案）

金融工程专业	金融科技专业
金融工程学	金融科技概论
金融计量学	区块链技术及应用
公司金融	金融数据库技术
投资学	自动化数据处理技术
金融风险管理（全英语）	互联网金融风险管理
金融时间序列分析	

资料来源：上海立信会计金融学院教学一览（2018）. 上海立信会计金融学院内部资料.

金融科技类的课程多数专业性较强，技术性较强，课程难度较大。因此，金融工程专业在开设多门金融科技类新课时，会面临较大的开课压力。可以考虑充分利用金融科技专业现有资源，以提高效率，弥补金融工程专业师资不足的问题。

（四）积极引进人才，加强现有教师培训，增加金融科技类课程的师资储备

目前，金融科技类课程的授课教师各学校普遍稀缺。从本次研讨会各校老师的座谈就可以看出，缺少相应授课教师是普遍现象，其主要原因是金融科技类的课程技术性强，难以找到现成的专门人才，传统金融学和金融工程教师多难以胜任金融科技类的课程。解决这个问题可以从以下两方面着手：

第一，积极引进有相关特长的教师，更新教师队伍的年龄结构和知识结构。

年轻教师年富力强，往往对互联网、数据库、编程等方面更擅长，更容易胜任金融科技类课程的教学任务。

第二，加强现有教师相关课程的培训。多向在金融科技专业培养方面走在前列的高校取经学习，给青年教师更多的金融科技方面的学习和培训机会，培养自己的教学团队。比如，目前中央财经大学正在组织编写《金融科技学》教材，即将出版。这本教材的出版为金融科技学课程的开设提供了学习和借鉴的样本。此外，应鼓励年轻教师多去高校调研学习，尽快形成金融工程专业的金融科技类课程教学团队。

参考文献

[1] 李建军．“金融科技学”课程体系建设．“第三届（2019 年）全国金融科技与互联网金融专业人才培养与课程建设研讨会”嘉宾演讲资料．

[2] 刘勇．全球金融科技发展和人才培养．“第三届（2019 年）全国金融科技与互联网金融专业人才培养与课程建设研讨会”嘉宾演讲资料．

[3] 王醒男．金融科技人才培养与课程建设．“第三届（2019 年）全国金融科技与互联网金融专业人才培养与课程建设研讨会”嘉宾演讲资料．

[4] 上海立信会计金融学院教学一览（2018）．上海立信会计金融学院教务处．

探索高校金融工程本科专业人才培养与市场需求的有机结合

莫天瑜①

一、引言

我国高校自2002年以来设立金融工程本科专业，至今已发展了十余年的时间，为金融市场尤其是量化投资交易市场输送了大量人才。在众多开设金融工程本科专业的高校中，厦门大学、对外经贸大学、中央财经大学、浙江工商大学等开设的金融工程专业在全国排名靠前，专业影响力较大，对全国其他高校金融工程本科专业人才培养具有一定的示范效应。因此，本文调研了其中几所高校，对比了我校金融工程专业与其在课程设置和课程教学手段上的区别，提出了我校金融工程专业未来发展优化的建议。同时，面对金融衍生品市场的不断发展，各家金融机构对金融工程人才的要求日益提高，高校金融工程本科人才培养应做出一定的调整，在人才培养素质目标和要求方面更贴近市场需求，以使得毕业生未来走向工作岗位后能更好地顺应工作中面临的挑战。

在课程教学手段优化方面，已有大量的学者对此进行了研究，实验教学法在国内外高等教育中运用比较多，为金融工程教学创新和改革提供了新的模式和手段。据调查，美国大部分大学在会计与财务、投资学等课程中使用实验教学，进行模拟软件的开发，开展模拟竞赛等。

二、高校金融工程本科专业课程设置和教学手段的比较

本文对厦门大学和浙江工商大学金融工程本科专业的课程设置和教学手段进行了对比分析。

---

① 莫天瑜，金融工程专业博士，上海交通大学高级金融学院与中国金融期货交易所联合培养博士后，上海立信会计金融学院讲师。主要研究方向：金融工程、资产定价、风险管理。

（一）厦门大学金融工程本科专业情况

厦门大学自2002年设立金融工程专业，为国内开设金融工程专业的首批高校。目前，金融工程专业归属经济学院，金融工程专业课程由厦门大学经济学院郑振龙教授讲授，被评为国家级精品课程。另据调研，近几年由于厦门大学经济学院推进教学改革，强调对本科学生经济学类基本课程和金融学基本课程的掌握和运用，加大了此类课程的课时比例，金融工程类专业课程仅开设了金融工程、随机过程和固定收益证券分析，课时比例显著降低。同时，在教学手段上，本科金融工程专业必修课教学考虑到设施配置和教学便利等问题，尚未推行多媒体实验室教学，教学方式仍然以课堂授课为主，但对所有必修课课时数要求增加，要求为1周4课时，共16周（包括半期考和期末考），共3学分，学生必修课时长明显增加，必修课业负担明显加重。

（二）浙江工商大学金融工程本科专业情况

浙江工商大学金融工程专业设立于2014年，为适应金融科技迅速发展对金融科技人才的需求，2019年开设金融工程专业（金融科技方向）。在课程设置方面，体现金融工程类专业的核心专业课学分为22分，占总学分数比例的13.41%，专业选修课学分为24分，占总学分数比例的14.63%。

其中，核心专业课包括：金融学类专业导论、证券投资学、公司金融、计量经济学、金融随机过程、金融经济学、金融工程学（Ⅰ）、金融风险管理。专业选修课包括：金融工程模块、金融科技模块、量化金融模块和其他。金融工程模块课程包括：金融时间序列分析、固定收益率证券、金融工程学（Ⅱ）。金融科技模块课程包括：数据结构、数据库原理及其应用、金融科技学、区块链与金融、大数据与知识工程、人工智能、互联网金融、网络安全。量化金融模块课程包括：Python在金融中的应用、SAS在金融中的应用、R语言在金融中的应用、Excel在金融中的应用。

在专业必修课课程教学手段方面尚未启动多媒体实验室教学，但金融工程类专业课程授课教师为了培养学生的实践动手能力，往往要求学生自带电脑参加课堂教学，在授课内容中加强实际案例、数据分析的演示和学生动手练习的部分，加强学生对原理的认识，同时熟悉软件的相关操作。

（三）我校金融工程本科专业情况

我校金融工程本科课程包括课堂教学平台和实践教学平台。其中课堂教学平台中金融工程专业必修课包括：金融工程、金融计量学、公司金融、投资学、金融风险管理、金融科技，总学分16分，选修课可选课程有39门，要求学生在其中选修12学分。实践课平台必修课总学分30.5分，选修课总学分5分。与之前两所高校金融工程专业课程设置情况对比，我校实践类课程的比例明显较多，金融工程专业课堂教学平台中的必修课和选修课数量与学分要求比浙江工商大学少。

三、当下金融市场对金融工程专业人才的要求

随着我国经济社会的不断发展，尤其是金融衍生品领域的不断拓宽，金融市场中的各个金融机构均对金融工程人才有着强烈的需求，这就要求我们高校培养的金融工程人才专业化程度要高，以进一步符合市场的需求。具体来说，应从以下几方面培养当前市场所需要的金融工程人才。

（一）人文情怀

这首先要求金融工程人才必须坚持正确的政治道路，树立正确的人生观、世界观和价值观，了解我国政治和经济社会的基本国情，特别要关注我国宏观经济发展状况和国际经济发展状况。能够将所学所得与社会问题联系起来，科学精神结合人文情怀，解决社会问题，服务回馈社会。

同时，需要树立正确的金融道德意识。金融市场交易往往涉及的资金金额巨大，在获得高额收益的同时也承担着高额的风险。如果没有正确的金融道德意识，面对高额收益的诱惑，而放弃了风险把控的底线，或是涉及金融诈骗等犯罪行为，那么对于整个职业生涯来说都是致命性的打击。因此，金融职业生涯能否走的长远，在于金融道德意识是否扎根于心底。

（二）专业素养

专业素养包括扎实的专业知识、自主学习能力、逻辑推理能力、金融数据分析能力、风险管理能力、金融科技运用能力。这些方面综合起来反映了一个金融工程人才的全方位能力。

1. 专业知识储备

金融工程学是将工程思维引入金融领域，融合现代金融学、信息技术与工程方法于一体的一门新兴综合性交叉学科。这要求学生扎实掌握金融学与金融工程基础知识，同时具备扎实的计算机编程技能，熟练运用数学建模方法，并且对于我国金融市场的法律法规和行业规范要有一定了解，了解金融政策的前沿和发展趋势。

2. 自主学习能力

高校中所学的理论知识仅仅是为日后走上工作岗位做一个铺垫。在工作中，每天都会有新的问题需要解决，有新的知识需要学习，这时候是否具有自主学习能力就十分关键了。自主学习能力体现在两个方面：一是对新知识是否有学习的热情和积极性，能够理清知识体系，抓住知识重点，在短时间内高效地掌握知识并运用到实际工作中去解决问题。二是对社交能力的学习和培养。职场工作有别于高校的学习生活，学会如何和上级建立良好的沟通汇报关系、与同事建立良好的团结合作关系、与下级建立良好的带领指导关系，对于工作的顺利开展是至关重要的，因此这也是自主学习能力需要着重关注的另一个方面。

3. 逻辑推理能力

金融市场每天都有很多事件发生，如何应用自己的知识体系对经济金融局势进行判断，对未来发展趋势做出预测，并能通过清晰的语言和流畅的文字表达自己的逻辑推理过程，协同工作团队对目前的局势有良好的判断并对掌控的工作进行调整，这体现了一个金融工程人才在各种突发情况下灵活应对的能力。

4. 金融数据分析能力

金融市场中的数据个数庞大，各个数据之间又有着复杂的关联，如何在各种信息渠道中快速地获得官方准确数据，做好数据筛选、数据提取和数据分析工作，得出最终的分析判断，是影响交易成败非常关键的因素。

莫天瑜（2018）举例：固定收益衍生品市场的交易员每天需要对国债期货和利率互换等产品的价格进行分析。金融工程学理论上的知识已经提供了关于固定收益衍生产品的定价模型，然而在实际操作中，能使各交易员间的投资收益立见高下的则是对定价模型中相关参数取值的把握和交易策略的构建。固定收益衍生品定价模型里最重要的参数就是利率，更为准确的说是金融市场的基准利率——无风险借贷利率。市场基准利率是金融机构和政策当局都极为看重的指标，央行的货币政策都会针对市场基准利率进行调控。因此，如何准确把握当前市场基准利率的数据水平，以及通过对央行货币政策的数据分析来预测未来市场的基准利率，对固定收益衍生品定价中的利率参数取值影响甚大。

5. 风险管理能力

金融衍生品市场是收益与风险并存的市场，如何识别各种类型的风险，对各种形态的风险保持警醒，同时能够运用一定的指标和数据对风险进行实时的、量化的把控，这对于金融衍生品交易投资的稳健运行非常重要。并且，对于监管当局的相关风险管理政策要熟悉和掌握，一旦发现风险敞口过大，能够运用合适的金融工具进行风险管理。

6. 金融科技运用能力

金融衍生品市场包括期货、期权、互换等各种形式多样、复杂的产品合约，因此，相关的产品定价、风险管理和交易策略等就更体现出量化特征。金融衍生品从业人员一直被认为是处在“金字塔尖”的高端人才，相对金融市场其他行业入行门槛更高，这正是因为其对计算机软件应用能力和量化分析能力的高要求，让其他金融从业人员望尘莫及。因此，熟练掌握相关数据库、计算机软件的应用成为这一行业的基本要求。

例如，金融衍生品交易员需要熟练掌握万得（Wind）资讯数据库的使用，包括数据调取、数据整理、编制绘图等，需要熟练掌握 Excel、Eviews、Matlab 等计算机编程软件，实现对相关交易策略的构建，以及利用每日实时从万得上抓取的数据对交易策略进行更新，进而指导当天的交易操作。如果没有相关的计算机软件应用和量化分析能力，这些工作都将无从开展。

四、完善我校金融工程本科专业人才培养方案的建议

根据前文对我校和厦门大学、浙江工商大学金融工程本科专业课程设置和课程教学手段的对比，以及结合目前金融市场对金融工程人才的要求，建议从培养目标和要求、课程设置和课程教学手段等方面来完善我校金融工程本科专业人才培养方案。

（一）培养目标和要求

金融工程本科专业应培养具有基本金融道德素质和人文情怀的人才，能够对金融学、金融工程等多学科知识交叉掌握，具有全方位的专业素养能力，包括扎实的专业知识、自主学习能力、逻辑推理能力、金融数据分析能力、风险管理能力、金融科技运用能力。

（二）课程设置

适当增加金融工程类专业课堂教学平台中必修课和选修课的比重，突出金融工程专业的特点，在课程设置中将教学理论课和案例实践课做进一步紧密结

合，让学生能够将课堂所学与实际分析问题、解决问题相联系，提高参与教学的积极性，培养主动学习能力。

（三）课程教学手段

据调研情况，目前高校金融工程本科专业必修课开展多媒体实验教学存在一定困难，因此，建议我校根据自身具体情况逐步推进多媒体实验教学手段，可以从教师、学生和教学内容三方面对教学手段进行完善。比如，可以通过与业界课题合作、借调等方式，提升教师对金融市场的直觉和实践操作能力，提高课堂教学质量；可以综合调动各种可得资源，丰富学生的实践操作形式，组织校内仿真交易比赛提高学生自主学习的积极性，鼓励创新精神；可以多运用市场的实际交易案例或是风险案例丰富教学内容，课后可以布置一些软件操作的作业，锻炼学生的动手能力。

参考文献

［1］赵旭 . 金融工程学模拟实验教学方法的探索［J］. 金融教育研究，2017，30（6）：82–83.

［2］何启志 . 金融工程实验教学探讨［J］. 中国证券期货，2011（9）：215–216.

［3］洪铁松，奚欢 . 本科生金融工程实验教学内容框架设计探讨［J］. 高教学刊，2015（21）：226–227.

［4］李霜 .“金融工程学”实验教学模式研究［J］. 教育教学论坛，2013（32）：240–241.

［5］刘向华 . 关于金融工程专业实验教学的思考［J］. 金融教学与研究，2009（5）：68–70.

［6］文忠桥，李阳 . 金融工程专业的实验教学体系研究［J］. 中国证券期货，2010（1）：107–109.

［7］莫天瑜 . 培养面向金融衍生品市场需求的金融工程人才——高校金融工程实验教学方法探索［A］. 金融教育教学改革和创新论文集，2018.

应用型本科之金融工程教育

——基于上海财经大学与上海立信会计金融学院的比较研究

陈曦明　张小锐[①]

一、引言

金融工程是一门较新的学科，发展历史较短，自 Fischer Black，Myron Scholes 和 Robert Merton（1971）的（Black-Scholes-Merton，BSM）期权定价模型（Option Pricing Model），到 1973 年芝加哥期权交易所（Chicago Board Options Exchange，CBOE）的成立，再到 20 世纪 90 年代美国金融工程协会（American Association of Financial Engineering，AAFE）成立，美国高校开始建立相关学科，标志着金融工程（Financial Engineering）学科的正式形成，金融风险度量指标、定价模型以及金融衍生品等基本理论在此期间被创造。与此同时，金融工程综合运用金融理论、数学和统计工具，以及计算机编程知识在监管宽松背景下“野蛮生长”，期间：亚洲货币危机、长期资本公司（Long-Term Capital Management，LTCM）破产等风险事件的发生进一步促进了该学科的规范性发展，2007 年次贷危机之后学科步入理性发展阶段。

厦门大学等中国高校也于同期设立该专业，但是由于我国的学位设置在先，发展资本市场在后，而没有资本市场的金融就是经济学的附属，因而与美国的金融专业本科培养不同，中国金融专业的毕业生获取经济学学士，高校在金融人才培养方面更加偏向经济学经典理论的教育。此外，本科阶段的金融工程教育常常被戏称为“屠龙之术”，[②]笔者在文章撰写过程中采访了上海财经大学和上海立信会计金融学院金融工程专业毕业的校友，本科为金融工程专业的受访者常常无奈地表示：若计量经济学、统计学以及数学的基础不扎实，那么金融

---

① 陈曦明，上海财经大学金融学院博士，上海立信会计金融学院金融工程系教师。
张小锐，2017 级金融工程（金融科技）班学生。

② 屠龙之术：出自《庄子·列御寇》：“朱泙漫学屠龙于支离益，单千金之家，三年技成而无所用其巧。”指高明的技术或本领，但是在现实中用不到。

工程知识常常无用武之地。对多数学生而言，用短短的大一和大二两年时间，熟练掌握金融工程学科所需的统计学、数学，甚至计量经济学的相关知识，比较困难。

领英发布的《2019 人才流动和薪酬趋势报告》显示："2018 年 1 月、3 月和 7 月金融行业呈现人才净流出为正的现象，主要去向为管理咨询与高科技行业。"现阶段的金融人才培养体系滞后于市场需求，学生只能求助于校外职业培训机构。培养计划与课程体系是高校人才培养的重要途径和手段，本文选取上海两所设置金融工程专业较早的院校，对比分析上海财经大学（以下简称上财）和上海立信会计金融学院（以下简称立信）两所学校的课程体系，总结了金融工程人才教育中值得借鉴的经验，为其他开设此专业的院校提供参考。

二、两所学校本科金融工程专业培养计划对比

上海立信会计金融学院于 2018 年 12 月被列为"上海高水平地方应用型高校建设试点高校"，而上海财经大学的办学愿景是成为国际知名、具有鲜明财经特色的高水平研究型大学。应用型本科，即脚踏实地的教学应当以就业为导向，紧跟金融市场发展，意在迅速培养为国家建设需要服务的专业性人才。以应用型为主导的人才培养模式略显功利，以研究为导向的人才培养模式不易培养学生自主学习能力和发现新问题、解决新问题的创新能力。

（一）本科金融工程专业上海财经大学培养计划

1. 上海财经大学培养计划（2014 年之前）

2014 年之前上财的金融工程本科生培养分为：普通共同课、学科共同课、专业课、共同限选课、任意选修课、社会实践课与毕业论文，共七个模块。其中，在课程设置上有别于该校金融学院其他本科生的培养计划，包括：普通共同课模块下的数学分析（1、2），学科共同课模块的计算机编程、博弈论与信息经济学，以及专业课模块的金融工程学课程。本科一、二年级集中进行通识课程，三、四年级，即第六至第八学期安排专业课程的学习和实践，这种通识教育与专业教育的分裂式设置直接导致低年级学生对金融工程的就业前景和必备技能理解不足；到了高年级以后，出于就业目的将专业课与资格证书等同，缺乏自主学习能力的培养，当然如果学生以就业为导向对其影响较小，但是知识体系的松散不利于本科毕业选择继续深造的学生。

2. 上海财经大学培养计划（2015 年至今）

上财于 2015 年[①]起实施大口径本科培养改革，将金融学、金融工程和信用管理整合为统一的“大金融”专业，给学生营造了选择的机会，即学生入学时只确定学院，本科二年级再选择专业。上财该培养计划的改革是在教委指定课程的基础上，在培养方案中加入了“重视数学培养、重视经济金融基础熏陶、丰富的选修课程和个性化培养”四方面的“上财特色”。2014 年至今增加了本科生数学教育的深度，总学分在 155~158 分浮动，在原有的 156 学分中，上财将其中的 9 学分划分为个性化培养课程，包括：拔尖型、卓越型和创业型，表 1 根据 2018 年上财金融学院本科生培养计划归纳整理。

表 1　上海财经大学金融学院本科生培养计划

个性化培养课程	拔尖型	卓越型	创业型
课程名称	数学模型	投资银行学	领导学
	大数据处理技术	企业价值评估	创业学
	结构化金融产品	公司金融实务案例	成功学
	随机过程	Excel 在金融决策中的应用	创业营销
	Matlab 在金融中的应用	对冲基金及其投资决策	创业与风险投资
	统计预测与决策	基金管理	大学生职业发展与实践指导
		信用评级	
		信用管理概论	

虽然仍在本科低年级进行通识教育，但是激发了学生选课时对自身职业生涯规划的自主性。该方案相比于 2013 年上财金融工程专业本科生培养计划已经有了很大的创新与改进，给予学生很大的自由度（见表 2）。然而实施过程中遇到的问题削弱了人才培养的预期效果，如表 2 中列示的选修课滚动开放，即由于教师人数的限制，无法做到在各个学期所列课程全部可供学生选择，结果往往是学生以凑够“个性化培养”模块的学分为首要目的。

---

① 上财 2014 年是培养计划调整的过渡年，虽然未实现大口径招生，但是在金融工程专业培养中规划出 8 学分的卓越型人才个性化培养选修课。

表 2　上海财经大学 2013 年与 2018 年本科生金融学院培养计划对比[①]

2018 年		学分	2013 年（金融工程）		学分
通识教育课程	必修	58	普通共同课	必修	32
	选修	14	共同限选课	选修	26
学科共同课	必修	19	学科共同课	必修	49
	选修	8	任意选修课	选修	6
专业课	必修	11	专业课	必修	15
	选修	12		选修	8
第二课堂	必修	25	社会实践课	必修	13
个性化培养课程	选修	9	毕业论文	必修	12
合计		156	合计		161

（二）上海立信会计金融学院培养计划

两所学校在培养计划与课程体系设置方面均综合考虑了专业需求、传统优势和自身办学定位，其中，2013 年上财的培养计划与立信 2018 年培养计划较为接近。结合表 2，将立信与上财的培养计划进行比对发现，上财在学科共同课与专业课方面给学生创造了很大的自由度（见表 3）。对于金融学本科生的培养，上财在通识模块中囊括了：数学分析（一、二、三）、线性代数、概率论与数理统计；立信对于金融工程专业的数学要求是：高等数学 B 微积分（一、二）以及线性代数（经管）、概率论与数理统计（经管），即立信在金融人才数学能力的培养方面弱于上财，不利于培养数学思维和计划继续深造的学生。

表 3　上海财经大学与上海立信会计金融学院的培养计划（2018 年）

上海财经大学		学分	上海立信会计金融学院		学分
通识教育课程	必修	58	通识课平台	必修	52.5
	选修	14		选修	9
学科共同课	必修	19	学生基础课平台	必修	25
	选修	8		选修	8

① 由于 2013 年上财尚未实施大口径招生，因而以金融工程专业培养计划为例。

续表

上海财经大学		学分	上海立信会计金融学院		学分
专业课	必修	11	专业课平台	必修	16
	选修	12		选修	12
第二课堂	必修	25	实践课平台	必修	29.5
个性化培养课程	选修	9		选修	5
合计		156	合计		157

综上所述，为了培养学生的创新意识和理论联系实际的能力，两校均构建了实验、实训与实习并重的学分体系。两校培养方案的制定和课程设置与培养计划既有相似性也存在不同之处。专业课的专业性仍有提高空间，引导学生逐步适应金融工程专业独特的研究方法。相比于上财，立信开设的课程多样化程度较高，但是考虑到课程数量与生师比，立信在此方面的优势被削弱。截至目前，根据来自阳光高考的统计：全国共 45 所 985、211 教育部隶属高校和 47 所地方高校开设了金融工程专业。其中，学历层次为本科，隶属于教育部的财经院校共 5 所，分别为中央财经大学、对外经济贸易大学、上海财经大学、中南财经政法大学和西南财经大学。上财作为“两财一贸”之首，2018 年毕业生平均薪资仅低于清华大学，但是应用型本科与研究型大学的人才培养目标不同，而研究型大学的首要目的是培养学生自主学习与创新的能力，应用型本科更加“接地气”，因而没有必要完全照搬上财自主性较高的金融本科生培养计划。

三、两校毕业生结构及就业情况比较

如前文所述，综合类院校与财经类院校均有设置金融工程专业，对于高三填报志愿的学生而言，金融还是一个较为抽象的概念。其中，以数学工具为基础，依托金融市场，建立模型和解决金融问题的金融工程专业尤为神秘和吸引人。但是相比于其他商科，该学科的学习需要付出更多的努力，也对个人的智力和天赋提出挑战。从就业的角度评判：财经类学校的职业教育一般会比综合性大学好，校园氛围更偏向于就业，功利性比较强。而综合性大学名气较大，出国时申请学校较有优势，同时，综合类院校设置得专业广泛，且跨学科交叉资源丰富，学生有更多机会接触其他专业的学生，创业机会较多。立信和上财均属财经类院校，相较于综合类院校更加专业，本科生在读期间接触的校友、市场动态、就业信息等均与财经相关。此外，上财校友在财经领域的人脉具备压倒其他高校的优势，证书考试和实习氛围浓厚。

（一）金融工程的本科教育，是否理论脱离实际

金融工程的传统就业方向包括：基金公司的基金绩效评估、风险控制、资产配置方向，证券公司的集合理财产品设计方向，以及银行间债券市场操作和抵押支持债券金融产品设计等，然而上述岗位一般限定招聘硕士学位的金融工程专业学生。根据两校的就业去向报告及笔者对两校毕业的 28 位校友访谈的结果显示：立信的金融工程毕业生很少能参与专业相关的工作；对上财金融工程专业本科毕业生进行调研后发现，上财也存在相似问题。这在某种程度上可以说明，本科阶段的金融工程就业定位存在问题。本科生的金融工程专业知识不扎实，较难做到学以致用，造成了金融工程的本科毕业生与研究生在专业能力上差距过大的现象，因而导致多数该专业本科毕业生无法达到业界的用人标准。

（二）两校毕业去向比较

表 4　上海财经大学与上海立信会计金融学院 2018 年毕业生结构比较

上海财经大学			上海立信会计金融学院		
种类	人数（人）	占比（%）	种类	人数（人）	占比（%）
本科	1931	46.49	专科	578	11.01
硕士	1951	46.98	本科	4580	87.25
博士	271	6.53	硕士	91	1.74
合计	4153	100	合计	5249	100

由表 4 可以看出，立信主要以培养本科生为主，上财偏重于研究生与博士生教育，研究生阶段的培养目标是让学生掌握学科研究的基本方法，具备独立探索学科前沿问题的能力，博士研究生有科研要求，美国博士阶段的金融工程专业是商科院校最为贴近现实金融市场的学科，不乏教授带领团队实现财务自由的美谈。

表 5　上海财经大学 2018 年应届毕业生就业去向

毕业去向	全体 4153 人		本科 1931 人		硕士 1951 人		博士 271 人	
	人数（人）	比例（%）	人数（人）	比例（%）	人数（人）	比例（%）	人数（人）	比例（%）
签订就业协议	1766	42.52	709	36.72	965	49.46	92	33.95
定向委派	941	22.66	—	—	796	40.8	145	53.51
国内升学	468	11.27	370	19.16	98	5.02	—	—
出国（境）	491	11.82	476	24.65	13	0.67	2	0.74
国家 / 地方项目	3	0.07	3	0.16	—	—	—	—
签约	3669	88.35	1558	80.68	1872	95.95	239	88.19
合同就业	51	1.23	31	1.61	18	0.92	2	0.74
灵活就业	263	6.33	179	9.27	56	2.87	28	10.33
就业	3983	95.91	1768	91.56	1946		269	99.26

研究生毕业以后并非都会从事科研工作，甚至有博士研究生毕业后从事非学术类的工作。上财 2018 届毕业生中，2 名博士毕业生、7 名硕士毕业生和 3 名本科毕业生选择自主创业，详见表 5。

表 6　上海立信会计金融学院 2018 年就业去向

毕业去向	全体 5249 人		专科 578 人		本科 4580 人		硕士 91 人	
	人数（人）	比例（%）	人数（人）	比例（%）	人数（人）	比例（%）	人数（人）	比例（%）
签订就业协议	3330	63.44						
定向委派	8	0.15						
国内升学	359	6.84	96		256			
出国（境）	475	9.05	36		439			
国家 / 地方项目	14	0.27						
签约		79.75		78.37		79.65		93.41
合同就业	395	7.52						
就业		87.27						

根据表 6 公开数据，立信未明确分类统计。

综上，两校应届生就业情况良好。立信与往年就业情况相比，呈现向好趋势。然而最近 5 年，人力密集型的业务线在银行内部大幅度缩减，客户经理和柜员等网点的前台岗位呈现大规模人才流出，应用型本科院校应注意提前调整人才培养方案。

四、课程改革建议

技术进步推动金融行业的转型与发展，业界逐步重新定位金融人才的衡量体系。金融工程专业与其他商学院的专业人才培养模式差异较大，该专业要求学生除掌握基本金融常识和资产定价相关理论外，还要具备一定的数学、计算机编程和统计等多方面知识。

（一）校友点赞的存量课程

相比于其他行业，金融行业的高溢价导致应届毕业生、从业人员产生“学历通胀”的错觉，即同样岗位对应聘者的学历要求越来越高。在此背景下，考研人数激增，甚至很多本科生产生“逃避式考研”的心态和行为。但是缺乏目的的考研并不利于职业发展，入职较晚会错过工作机会，以四大会计师事务所的情况最为明显，工作之后停工再深造的受访者明确表示，硕士文凭的自己甚至找不回自己之前的工作。一名立信毕业 10 年的专科学历受访者从业于国内某知名信托，目前校招进该公司的应届毕业生必须具备硕士文凭，并且不乏各省高考状元，因此平衡工作机会与继续深造的关系尤为重要。银行工作的校友往往会根据目前自己所做的业务来判断这个课程是否有用，如结构化金融产品、互联网金融、固定收益证券等。外资机构的受访者推荐英语课程，28 位受访者全部推荐了 Excel 在金融中的应用这门课。同一门课程，有的受访者觉得受益匪浅，有的完全没有印象，然而从他们的期末成绩来看，并无明显差距。

在与业界人士沟通之后，一位昔日的学生会主席告诉笔者体育是十分重要的课程，如果有文艺体育方面的特长，在工作过程中会吸引上司更多关注。值得一提的是，几乎所有受访者诚恳地向笔者表示：虽然课程设置的多样性很重要，但是学生是否听进去了才是至关重要的。

（二）提高学生理论联系实际能力的课程设置

金融工程学科的本科、硕士和博士课程的设计缺乏区分度，导致部分课程重复性学习与教学。应用型本科应注重与实际细分工作相结合，具体表现在课程设计、实验教学，以及引入校外导师、校企合作等教学模式方面。因此，在人才培养方面，研究型高校与应用型本科院校的考量不同。

1. 教学实务

笔者在教学过程中尝试了多种方案来解决金融工程教学与实际脱节的问题。譬如，授课过程中采用实际金融市场的最新案例；定期访谈毕业生就业后的发展情况，为毕业生提供学术支持，从而达到培养具备终身学习习惯的学习型人才的教学宗旨；鼓励事业有成的毕业生积极回校交流，协助在校生做好职业规划；鼓励倾向于继续深造的同学选择实践性较强的论文选题。

2. 研究方法类课程

研究方法类课程可以培养研究生自身的研究兴趣，形成坚实的学科基础。与国外高校相比，国内高校的研究方法类课程的开设普遍偏少。研究方法类课程的培养方案应当更强调自主学习，浓缩教师讲授，鼓励学生创新和应用，高年级本科生进行课题研究等。

（三）金融工程课程设置与教师教学的启示

金融工程的专业性较强，不仅与传统金融学相关的专业研究方法和技术不同，不同学校的培养模式也存在差异。美国著名商科高校较少在本科培养阶段设置金融工程专业，以南加大为例，该校本科部并未设置金融工程专业，但是会设置金融工程相关的选修课，如金融工程中的数学方法、机器学习、量化投资和主动投资等。教学改革过渡阶段提倡教学型教授，根据前文所述，立足于培养能够处理多种类型数据的专业数据分析人才也是金融工程本科教学改革的关键。

（四）计算机语言学习与金融相关课程的设置

大数据的发展催生新兴数据科学，虽然业界已经认识到数据的巨大价值，但是数据科学相关的人才供应不足，近年来金融行业相关职位多在招聘中要求："熟悉 Python 优先，至少掌握 R、Excel 或 Python 等一门编程语言"。目前数据科学处于起步阶段，理论体系仍在构建中。考虑到应用范围与学生的理解能力，应用型本科高校的金融工程培养计划中可适当加入计算机语言学习的相关课程，从而拓宽金融工程毕业生的就业方向，如数据分析师（Data Analyst）等相关岗位。

利用市场上广泛应用的金融数据软件，如 Wind 和 CSMAR 等，以及已经开放的多维数据资源，开设数据科学、计算机编程语言，如 Java、R、C++ 和 Python 等在金融领域的应用课程。通过应用性的课程学习，激发学生的学习兴趣，引导学生自主学习。

关于数据分析师相关的培训层出不穷，与此同时，自媒体为博取流量不断贩卖焦虑，擅于接收信息的“00 后”学生陷入“为知识付费”的职业培训中，而荒废学校的课程学习。高校理应根据就业市场需求及时调整人才培养方向，但是高校培养计划天然存在时滞，每届学生的培养计划是 4 年为一周期，中途不得修改，这就要求高校在一定程度上能够预判就业市场的人才需求方向。

五、结语

新兴行业的迅猛发展急需学习能力较强且具有复合背景的技术型人才，目前，应用型本科生教育发展的战略选择首先是应对不断发展的人才需求，其次是培养学生自主学习的能力。如何提供职业发展类技能的支持，更好地将所学与所用相结合是亟待解决的问题。未来 10 年，数据科学的相关理论以及应用会逐渐完善，应用型本科教育应当与时俱进地调整培养计划，适应市场需求。

应用型本科金融工程专业可尝试设置独具特色的培养方案，可突出院校及地方特色，如立信可适当增加校企合作项目、开设实践课程和编程课程等。课程内容要重视对学生差异性的培养，笔者建议在设计低年级学生的通识课程时，在现有金融工程培养计划的基础上，除增加数学选修模块和计算机编程语言必修模块之外，也要注重与金融知识的衔接。高校教师履行本科生导师制的职责，与学生沟通专业前景、学习方式与思维习惯，进一步完善培养计划，提高人才培养质量，真正实现应用型金融人才的培养目标。

参考文献

[1] 领英 . 怡安翰威特：2019 人才流动和薪酬趋势报告 .

[2] 上海立信会计金融学院 .2018 届毕业生就业质量报告 .

[3] 上海财经大学 .2018 届毕业生就业质量报告 .

[4] 上海财经大学教学一览（2014—2018 年）.

[5] 上海立信会计金融学院教学一览 .

金融工程本科专业特色的探索和研究

——以上海立信会计金融学院为例

黄旭成　张　娜　阿依佐热木①

一、引言

金融工程学于 20 世纪 80 年代在美国最先发展起来，属于综合性交叉学科。最早提出金融工程学科概念的美国学者是 Finnerty，他认为，“金融工程包括新型工具与金融手段的设计、开发、实施，以及对金融问题进行创造性解决”。Marshall 对金融工程的范围进行了进一步阐述，指出“新型和创造性有三个层次的含义：一是金融领域中思想的跃进；二是对已有的观念的重新理解与运用；三是对现有金融产品和方法进行组合分解”。赵旭（2016）认为，金融学和金融工程学的关系，跟力学和建筑工程学有类似之处。力学是规律，而建筑工程学是用力学解决工程的问题；同样，金融学是研究金融的现象和本质，是规律性学科，而金融工程是借助于计算机、金融模型来解决金融问题，其综合性和实践性更强。金融工程的内涵在于采用自然科学和工程技术方法，创造出各种金融产品和金融服务，同时也创造出所需要的技术方法。

近年来，我国金融创新发展迅速，各类金融工具和创新衍生工具持续推出，为市场提供了越来越多的避险和创新工具，但整体来看，金融工程专业人才还相对缺乏。在这个时代背景下，目前国内开设金融工程专业的高校越来越多。例如，上海立信会计金融学院（下文简称立信）在 2016 年就开设了金融工程本科专业，并已经成功申请到上海市一流本科 B 类专业建设资质，将力争通过 5 年的建设，达到上海市一流专业建设标准，同时在国内产生一定影响力。地方类财经专业院校如何建设好金融工程本科专业，是摆在各个学校面前的一个现实性问题，本文以立信为例，尝试对金融工程本科专业的专业特色和教学特色

---

① 黄旭成，上海交通大学经济学博士，CPA，上海立信会计金融学院金融工程系专任教师。
张娜，上海立信会计金融学院统数学院专任教师。
阿依佐热木，上海立信会计金融学院金融工程系学生。

进行研究和探索，尝试解决金融工程专业目前存在的校内同质性和校外无差异性的问题，以提高金融工程专业的专业特色和竞争优势。

二、目前金融工程本科专业存在的问题

地方类财经专业院校的金融工程本科专业存在一些共性的问题，其中主要体现为校内同质性和校外无差异性。笔者以上海立信会计金融学院为例，对这些问题进行探讨。

（一）金融工程专业的校内同质性

目前立信的金融工程专业与金融学专业存在较大的同质性，从培养方案来看，尽管文字上有不同表述，但在实际培养过程中依然处于同一培养框架，区分度并不大；从专业课程来看，课程基本相同，仅金融工程专业相对多一些计量方面的内容；从招生和就业情况来看，两个专业也具有较高的相似性和同质性。另外，在专业发展上，金融工程依然侧重于理论金融和宏观金融问题，而对微观金融、应用技能等重视不够，这与金融工程的微观实践特性存在一定的矛盾和冲突。

（二）金融工程专业的校外无差异性

目前立信的金融工程专业与其他院校的金融工程专业相比没有差异性。现在已经有很多高校都设置了金融工程专业，如在上海，交大、复旦、财大、华师大、上师大、华东政法、对外经贸等诸多高校都已经设置了该专业。金融工程专业本质上是一种复合型专业，目前国内缺乏清晰的专业界定，从各校的培养方案和专业课程来看，基本雷同，普遍缺乏差异性。

整体而言，地方类财经专业院校的金融工程本科专业存在一些共性的问题，可以总结为缺乏专业特色：一是与校内其他金融类专业相比，金融工程专业本身缺乏特色；二是各院校的金融工程专业之间相比，也缺乏各自的特色。

三、互联网时代金融工程专业应倡导特色教学

在互联网时代，信息传递快，资源流通快，不同领域间交流增加，社会分工合作水平高度发达，对人才知识面的要求更高。但同时，在互联网时代，所谓的渊博学问、博闻强记，又不再具有普遍性意义了，互联网的庞大数据内容及其便捷的获取途径，让人人都可以迅速成为一个无所不知的“通才”，因此在信息获取迅捷、高度分工合作的时代背景下，传统的通才似乎不再具有吸引力

了，专业高尖精人才更稀缺。目前我国高校金融工程教学的理念依然较为传统，培养金融工程人才的模式基本大同小异。显然，互联网时代的人才观对高校金融工程专业的教学理念提出了挑战。随着高校培养的金融工程专业人才的规模越来越大，毕业生也逐渐出现结构性过剩问题，很多毕业生已经难以找到理想的工作岗位。互联网时代，地方类财经专业院校的金融工程教学应适应时代的要求，调整教学理念，积极倡导特色教学，要改变传统的教学模式，培养具备核心竞争力的人才。

（一）互联网时代高校教育应倡导特色教育

首先，从学生的角度来看，互联网时代高校教育应倡导特色教育。学生在高中阶段能否取得好成绩，并考入满意的大学，总体上取决于学生自己的努力和天赋。在这个过程，学生不需要和他人合作，个人决定了整个“木桶”的容量，各课程的分数就是木桶的各块“木板”。要想在高考中取得优势，需要各课程齐头并进，“不偏科”“全面发展”等理念显然有其合理性。但是，大学教育，尤其是应用型大学教育的主要任务是为学生进入社会、从事职业做准备，这与大学之前的教育存在本质区别。在互联网时代，为了提高工作效率，社会分工高度细化，每个人都会被安排做特定的、专业性的工作。例如，一个工作项目，往往由一个团队协作完成，具体有项目经理、产品经理、技术人员、文案人员等，项目能否高效完成，取决于团队成员之间的互补和协作。这时，整个项目就是一个木桶，成员就是这个木桶中的木板，每块木板的长短体现为各成员的专业技能，而每个成员的短板都被淡化了。比如，产品经理所代表的木板是产品的技术性能力，即使他在沟通和运作方面存在短板，也没有问题，因为沟通可由项目经理担当，运作可由文案人员来担当。但为了提高木桶的容量，只有在某方面很专业的人，才能成为项目的一员。因此，在互联网时代的经济环境中，每个人都必须充分重视自己长板的培养，以便在分工协作中发挥更大的作用，从而提升自身的竞争优势。所以，高校应积极倡导特色教育，培养学生的专业技能，让学生具备长板优势。

（二）从高校自身发展的角度来看也应倡导特色教育

从高校自身发展的角度来看，也应倡导特色教育。例如，目前各高校培养金融工程专业人才的模式大同小异，除了应用型和研究型定位有所区别外，目标几乎都定位为培养具有理论基础、掌握专业知识的金融工程人才，普遍缺乏自己的特色。必须意识到，高校也面临着竞争，未来会分化，一些高校未来还将面临生存问题，例如欧洲和日本，随着出生率的下降、生源的减少，很多高等院校已经面临着招生困难的问题。因此，如果高校专业没有自身的特色和优势，无法培养出具有竞争力的学生，高校自身的生存和发展也将面临挑战。另外，从科研的角度来看，坚持特色科研也是大势所趋。目前，高校之间的科研竞争日益激烈，很多高校的科研工作承受着巨大的压力，因此，集中力量发展特色科研，开展差异化竞争，或许可以寻找到突破口，同时也有效地避免了科研资源的浪费。

（三）倡导特色教学，培养T型金融工程人才

当今出现了各种人才观，本质而言，都是在通才教育与专才教育之间权衡形成的，本质上都是在全面发展的基础上掌握专业特长。有些学者提出应培养T型人才，具有较宽的知识面的同时，还有一门较强的专业特长能力，即横有博学基础，纵有术业专攻。

对于金融工程专业人才的培养，应该积极培养“T型人才”，既具有较宽的知识面，又具有较强的金融工程领域某种专业特长，这种金融人才更能适应互联网时代的要求。目前我国高校金融工程教学的理念依然处于传统模式，尽管强调要全面发展，但从全面发展的角度来看，教学传授的知识面不够宽；从特色发展的角度来看，培养的学生没有特色和特长，故高校迫切需要跟上时代发展和金融改革的步伐，提升金融工程教学的理念，调整金融工程教学模式，应在更全面发展的基础上倡导特色教学，以培养出适应时代需求的金融工程人才。

四、金融工程本科专业特色的探索

（一）打造金融工程教学特色

目前，我国已有大量高校，包括很多地方类财经专业院校，都开设了金融工程专业，但除了高校排名有先后、培养目标有区别以外，基本上都是一个教学模式，不存在明显的差别。这种模式显然已经无法满足互联网时代的要求了，各高校应在原有教学模式的基础上，建立自己的特色和专长，并形成自己独特的“标签”。通过发挥这种特色，培养出具有专业特色的学生，具备更好的辨识度和更强的竞争力，从而满足多元化社会发展对金融专业人才的需求。具体而言，各高校建立其金融专业特色的过程中，应结合自身情况，以应用型专业人才为主，培养学生良好的金融工程素养，在掌握金融工程专业相关的理论知识的基础上，懂得如何运用金融工程的技能手法，并掌握某种专业特长。

（二）培养学生的金融工程专业特长

对于金融工程方面专业人才的培养，我们更倾向于T型人才，既具有较宽的知识面，又具有某种较强的专业特长，这种人才更能适应互联网时代的要求。高校不能仅仅停留在学科知识的简单传授层面，而应该更注重培养学生的专业特长，争取在学校专业特色的基础上让每个学生都掌握一门专业特长。这个特长，可以是金融数据的处理，或是证券投资分析能力，或是金融产品的营销，或者是具备较强的动手能力，等等。专业特长的培养，可以通过开设特定的实训课程来实现，也可以通过高校与金融机构的合作来实现。例如，高校与当地的银行、保险、证券等金融机构进行深入的合作，增加学生参与实践活动的机会，通过实践教学让学生真正掌握微观金融的理论知识及操作技能。

（三）培养方案应轻宏观重微观、轻理论重实践

我们认为，金融工程专业与金融学专业的核心区别在于对宏观知识和微观知识的偏重程度。一般的财经院校，金融工程专业都脱胎于金融学专业，金融工程专业的培养方案也往往沿袭了传统的金融学培养方案，侧重于理论金融和宏观金融问题，而对微观金融、量化分析等重视不够，因此，传统宏观金融培养方案与金融工程的微观实践特性存在一定的矛盾和冲突，这限制了金融工程专业人才的培养。

我们认为，应顺应金融工程专业的微观实践特征，从以宏观理论为中心转向以微观实践为中心，应增加微观理论和实践课程，如风险管理学、金融工程学、金融数据分析、金融产品实务、理财实务、量化分析、衍生品等；加强对信息技术、编程语言、金融数学和金融法律等交叉学科知识的传授，重视金融工程和其他相关工程学科的交融，培养学生的专业特长；强调对金融数学知识与数理分析能力的培养，提高学生掌握数学模型的技能。

（四）专业培养目标应侧重应用性

与传统的金融学专业相比，金融工程专业具有实践性、数理性和交叉性等特点，金融工程人才培养应与这些特点相匹配，重点培养应用型人才。金融工程人才的培养不能仅仅侧重于前沿学术研究，而且更需要关注应用型金融工程人才的培养。目前大学教育可分为学术研究型、应用研究型和职业应用技能型，地方类财经专业院校培养的金融工程人才与985和211工程大学培养的金融工程人才应有所区分，保持自己的特色，如果说后者主要培养学术型金融工程人

才的话，那么前者应该以培养应用技能型人才为主，诸如产品设计师、量化研究员、证券和期货交易员、理财产品和基金产品分析师等。实际上，学术型人才并非能够仅靠培养产生，而是在各类综合条件下自然形成的结果；但应用型人才则可以通过各种专业训练培养，因此，对于地方类财经专业院校的金融工程本科生培养而言，侧重于应用技能型人才的培养途径可能更为适宜。在培养过程中，应更具职业导向，把培养专业技能、胜任金融领域的技术岗位作为目标，让学生掌握各种交易操作、产品设计、市场分析以及风险管理等方面的实践性知识。

五、打造“三个一”的金融工程专业特色

我们依然以上海立信会计金融学院为例，对如何打造金融工程本科专业特色提出一个具体的设想。上海是我国的金融中心，交易所林立，金融机构云集，金融工程岗位需求量大。上海立信会计金融学院具有区位优势，因此可以有针对性地培养有特色的应用型金融工程人才。例如，可以尝试打造“三个一”的金融工程专业特色，给专业打上能让人留下深刻印象的“标签”。“三个一”的具体含义和要求如下：

（1）精通一门金融语言。金融软件语言如 Python、Matlab、Sas、R 等。

（2）熟悉一个金融市场。细分金融市场如股票市场、期货市场、货币市场等。

（3）掌握一种实践技能。实践技能如统计分析方法、量化投资方法、大数据分析方法等。

如果上海立信会计金融学院金融工程本科专业的每个毕业生经过四年的学习，都能达到上述“三个一”的标准，则大概率会受到市场的欢迎，从而能有效地创建立信金融工程本科专业的品牌，并提高金融工程本科专业的影响力和竞争力。

参考文献

[1] 赵旭．地方财经类院校金融工程人才培养制度改革的思考［J］．金融理论与教学，2016（5）．

[2] 李之光．改革高校金融专业教学，助推金融人才培养［J］．中国商论，2017（5）．

[3] 蒋团．现代金融人才培养与高校金融教学改革之我见［J］．经贸实践，2016（14）．

［4］吕秀梅．基于应用能力培养的非金融专业金融学教学改革研究［J］．教育教学论坛，2014（20）．

［5］王丹．互联网金融背景下高校金融人才培养研究［J］．现代经济信息，2016（16）．

［6］关宏．“互联网＋”时代下本科高校金融专业人才培养模式的创新研究［J］．科教文汇，2019（3）．

［7］张元萍，温博慧．金融工程专业人才培养模式探讨［J］．教育教学论坛，2011（31）．

数学、计算机科学与金融学结合背景下金融教学改革与人才培养

尚朝阳[①]

一、数学、计算机与金融结合背景下金融学的教学基础

学习金融的主要目的在于判断价值和寻找价格波动规律，进而去解决金融业界提出的各种问题，例如，风险管理、衍生产品定价以及投资组合收益优化等。随着社会分工的精细化，学科交叉成为突出现象，金融学概莫能外，由此衍生出了金融工程学、数理金融学、计量经济学等新兴学科。实践中，数学和计算机便是与这些研究分支相关性最强的交叉学科。

科学史的研究发现，每一门真正可以称为科学的学科，其发展过程都要经历三个阶段：第一个阶段是描述性的，第二个阶段是分析性的，第三个阶段是工程化的。20 世纪 50 年代初期前，金融学的研究大多是依赖于经验分析而非理论上的探讨，没有精确的数量分析。现代金融理论起始于 20 世纪 50 年代初，哈里·马科维茨用数学工具将投资者的资产选择问题转变成一个给定目标函数和约束条件的线性规划问题，提出了投资组合理论，奠定了现代有价证券组合的理论基础，被看作是分析金融学的开端。随后，威廉·夏普、约翰·特纳和简·莫辛为代表的一批学者，把注意力从马科维茨对单个投资者的微观主体研究转向对整个市场的研究，先后在 1964 年和 1965 年得出了有关资本市场均衡的相同结论，创造性地提出了著名的资本资产定价理论。1973 年，以费歇·布莱克和梅隆·斯科尔斯、罗斯为代表的学者用数学方法，利用偏微分方程给出了第一个完整的期权定价模型，标志着分析型的现代金融理论开始走向成熟，完成了现代金融理论从描述性科学向分析性科学的飞跃。

实际上，一门科学学科只有在工程化后，才能大规模地创造出经济和社会效益。金融学经历了描述性阶段和分析性阶段之后，在 20 世纪 80 年代后期发

① 尚朝阳，男，上海交通大学应用数学博士，上海立信会计金融学院金融工程系讲师。

展到了工程化的阶段，金融工程学应运而生。1988年约翰·芬尼迪给出金融工程的正式定义，但金融工程作为一门独立的学科直到20世纪90年代才得以确立并获得迅猛发展。事实上，金融工程学是伴随并推动着金融创新的变革而发展起来的，它是金融创新最核心的部份，是西方国家金融领域最前沿最尖端的科学。一方面，随着计算机和通信等高新技术的不断发展，金融基础设施的改善为金融创新和金融工程提供了强大的技术支持。另一方面，全球化的激烈竞争刺激企业和金融机构为规避风险而对金融创新和金融工程成果产生需求，导致金融创新和金融工程加速发展。金融工程的产生把金融科学推到一个新层次——现代金融领域的高新科技。

在科技与金融日益结合的背景下，金融工程的研究得到了学术界和工业界的广泛关注，出现了各种自然科学的前沿理论和最新工程技术被引入金融工程中进行研究的势头，使金融领域展现了全新的面貌和广阔的前景。其中最基本的方法是数学方法，数学中所涉及的内容十分广泛，从基本的微积分、线性代数到微分方程、运筹学和优化，乃至信息论、博弈论、统计学中的概率论、随机过程和其他随机分析方面的理论和方法。同时最新的工程技术，如小波理论、遗传算法、模拟退火方法、人工智能技术等都已经或正在同上述提到的数学方法结合成为金融工程的实践工具。当前科技与金融结合的大背景对学生的实践能力提出了更高的要求，为了提升学生解决金融实际问题的能力，应该加强学生对数学理论知识的学习和运用，同时要逐步加深学生对金融市场基本概念的理解，提高把金融问题转化为数学问题的能力。数学建模是把金融实际问题与数学科学联系起来的桥梁，是解决金融问题的关键和起始点。如今复杂的金融工程问题通常需要处理海量的数据，因此在分析数学模型的过程中，数值计算能力扮演了非常重要的角色。学生是否具备利用计算机解决实际金融问题的能力已愈来愈成为用人单位招聘人才的一个重要考核标准。

二、金融教学改革与人才培养

当前高等院校对于金融学的教学主要还是基于传统金融学，对数学、计算机等知识要求并不高，但是由于传统金融学理论假说的缺陷，20世纪80年代以后的金融市场也越来越不像70年代那样能对资本资产定价模型和有效市场假说提供有效的经验支持，同时金融市场存在巨大的利润和高风险，需要计算机技术帮助分析，然而计算机不可能处理“大概”“左右”等描述性语言，它本质上只能识别由0和1构成的空间，数学在这个过程中正好扮演了一个非常重要的角色，它可以用精确的数学语言描述随机波动的市场。因此，高等院校需要加快对金融学的教学改革，和当前的时代要求挂钩，以有利于培养金融人才和经济金融的发展。下面笔者给出教学改革与人才培养过程中的一些见解：

（一）培养目标

在科技金融的时代背景下，现代金融学显得不再传统，金融学与现代科技相结合，不断技术化、工程化和实证化，日益呈现出“自然科学化”的特征。许多金融问题已经不再局限于传统金融学的领域，而是涉及更多的学科，这就必然要求高等院校培养的金融人才金融知识不再单一，需要高等院校对金融教学以及人才培养模式进行革新，切实做到与时俱进。首先在教学模式上需要整合金融学院、统计与数学学院和计算机科学院等领域的教育资源，打破学科、专业界限，融合交叉学科探索出一种新型的金融本科人才培养模式。培养集理论性、实践性和技术性为一体的综合型金融人才，并为后续研究生教育提供高质量的生源。

（二）组建方式

根据每年大一新生的知识储备以及自身的兴趣爱好，分别从金融学院、统计与数学学院和计算机学院的本科生中择优录取，单独编班，形成“基础班”教学，集中培养。“基础班”实行严格的淘汰制度，对部分学习成绩差、不能按照“基础班”培养方案顺利完成学业的学生，在第三学年结束前进行一次筛选。被淘汰的学生可以选择金融学院、统计与数学学院或计算机学院的相关本科专业继续学习，承认所修学分，但淘汰后不再享受“基础班”学生的相关待遇。学校每年拨出专款用于“基础班”人才培养，校院两级为“基础班”提供更加优越的学习条件，单独配备教室、实验室和其他相关硬件条件；学院组织优秀中青年骨干教师和教学经验丰富、学术水平高的知名教授为“基地班”上课，为每届学生配备辅导员、班主任以及组织实施导师制。

（三）教学内容

形成一套数学、计算机科学与金融学相结合的特色鲜明的人才培养方案。搭建包括经济学基础课程与金融学专业课程、数学基础课程与统计学专业课程、计算机基础课程在内的三大课程体系平台。经济学基础课程和金融学专业课程平台包括宏观经济学、微观经济学、政治经济学、财政学、国际贸易学、保险学、计量经济学、投资学、金融市场学、投资银行学、衍生证券投资、投资组合分析、金融风险管理等，培养学生扎实的理论基础。数学基础课程与统计学专业课程平台包括数学分析、高等代数、概率论与数理统计、时间序列分析、常微分方程、偏微分方程、运筹学、复变函数、实变函数、泛函分析、金融数学、数理经济学等课程，突出金融与数学的交叉融合。计算机基础课程平台包括C语言程序设计、计算机组成原理、数据结构、操作系统、编译原理、计算机网络、计算机系统结构、软件工程、软件项目管理、数据库系统等，加强金融工程理论与应用训练。

（四）教学方法

除了理论教学之外，还必须增加案例教学与实践课程，当前科技与金融结合的大背景对学生的实践能力提出了更高的要求，现代金融学的教学必须以能力培养作为主要目的。如果在教学过程中，仅进行理论的讲解与分析而没有案例的支持，学生往往很难身临其境地体会到理论是如何组合以及如何应用到具体的实践活动当中的。因此，有必要充分发挥教学案例在教学过程中的作用。案例法是一种比常规教学方法更有效的方法，教学案例则处于理论与实践的中间位置，充当着桥梁的作用。案例通常是含有问题情境的、真实发生的、具有一定代表性的典型性事件，是对一个实际情境的描述，在这个情境中，包含一个或者多个疑难问题，同时也可能包含解决这些问题的方法。典型的案例可以从不同的角度折射出新课程的某一理念或理念的某一方面。教学案例的本质在于“情境+思考=知识+应用”，在教学过程中通过与学生的互动可以及时解答学生的困惑，提升教学效率。另外，由于金融学科涉及如证券投资、股市行情、期货交易等众多业务操作，这些操作性强的课程不仅需要理论学习，还需要借助现代科技的力量。学院可以成立金融模拟实验室，引进最新的技术与应用软件，如通过Matlab软件实现投资组合选择、套利机会应用等，利用行情软件模拟股票交易、外汇交易、行情分析等，目的是培养学生对金融市场的感知能力和应用能力，加强学生的实际动手能力。

（五）实习

为了让学生真正贴近市场、贴近行业、贴近前沿，体会专业，近距离观察市场的活动，鼓励学生用实习的方式提高专业实践能力。实习可以采取“学校基地+自寻场所”等途径进行。学校通过建立长期稳定的校外实习基地，推荐具备专业知识技能的学生到相关金融部门如银行、保险、证券、期货等金融机构、大型企业集团等实习，为正式步入社会做好准备。

参考文献

［1］陈红．行为金融学研究综述——行为金融学对传统金融学的扬弃［J］．经济经纬，2007（4）：129–131.

［2］姜礼尚，徐承龙．金融数学课程体系、教材建设及人才培养的探索［J］．中国大学教学，2008（10）：11–13.

［3］胡金焱．山东大学“金融数学与金融工程基地班”人才培养模式探索［J］．中国大学教学，2010（1）：31–33.

［4］孙方娇．科技与金融结合背景下金融教学改革与人才培养［J］．上海金融，2013（8）：113–114.

［5］张丽华，沈沛龙，张文龙．金融工程专业“四实”贯通教学模式的探索［J］．教育理论与实践，2013（33）：29–31.

［6］钱明辉，李天明，舒诗雅，徐志轩．教学案例开发框架模型的构建及其应用［J］．管理案例研究与评论，2018（11）：210–219.

金融科技背景下金融工程专业人才培养探索

李 威 王 睿①

金融科技是指新兴前沿技术能给金融市场以及金融业务带来重大创新，并且提升效率和降低运营成本。根据金融稳定理事会（Financial Stability Board）的定义，金融科技主要有大数据、区块链、云计算和人工智能等。

2018 年，我校申报的金融科技专业获得教育部备案和审批，成为全国第一所获批此专业的高校，同年 9 月招生金融工程专业（金融科技方向）本科生。2019 年，中央财经大学、山东工商学院等高校开设金融科技本科专业，这意味着金融科技的发展和重要性得到了社会和教育管理部门的广泛认可，也意味着对金融工程专业人才的培养提出了新要求。

一、金融科技技术在金融行业的应用

（一）量化金融

量化金融以金融工程、行为金融、金融计量、金融数学、金融统计为工具开展金融业务，与传统金融最大的差别在于使用计量统计知识和数理手段，定量地开展业务，主要应用的业务场景有程序化交易、算法交易、高频交易、金融衍生品定价及风险管理等领域。

目前发达国家金融市场 60% 的交易量来自程序化交易，特别是近些年迅速发展的人工智能、机器学习等技术对金融大数据进行处理，自我学习、自我完善而形成的智能交易系统将金融管理程序化交易推向了更加高级的智能阶段。量化金融相对于人工交易的优点在于，不受情绪的影响，全天候不知疲倦地交易，且拥有较为稳定的表现。

---

① 李威，男，金融学博士，毕业于厦门大学，现为上海立信会计金融学院讲师。研究方向：经济周期与大类资产配置、行为金融、程序化交易。在《经济学家》《中国人口科学》《人口与经济》《西北人口》等核心刊物发表论文多篇。曾先后任职于中国外汇交易中心、苏州银行金融市场总部，具有大类资产配置和程序化交易实战经验。

王睿，男，上海立信会计金融学院 2017 级金融工程系本科生。

（二）人工智能金融

人工智能金融使用人工智能技术处理金融领域问题，应用场景包括：智能投顾、保险的承保与理赔、股票等资产价格预测、绘制消费者画像评估支付意愿、信用评分、风险管理与压力测试等。机器学习是人工智能领域的一个子集，主要有三大理论：监督学习、无监督学习和强化学习。

（三）区块链技术

区块链技术具有去中心化、分布式特征，是数字世界里有价物的公共总账本。如果区块链技术成为未来互联网的基层架构，那么将直接改变互联网的底层协议，导致网络的去中心化和智能化，并且可能出现接近零成本的金融交易环境。

基于区块链技术的数字货币具有良好的安全性和较低的交易成本。中国人民银行表示未来将发行数字货币，采用双层运营结构，央行先把数字货币兑换给银行或其他机构，这些机构再兑换给公众。

（四）大数据金融

大数据金融主要关注金融大数据的获取、存储、分析处理和可视化。可以对海量非结构化数据进行实时分析，为互联网金融机构提供全方位客户信息，通过分析消费者的消费信息挖掘消费习惯，并精准预测客户行为，使金融机构在营销和风控方面可以有的放矢，提高效率并降低运营成本。目前各大互联网平台都有高效的大数据金融系统。

二、金融科技背景下金融工程人才的用人需求

（一）大数据分析使用能力

大数据的分析使用是金融科技在金融行业开展应用的基础，各种非结构化的数据及庞大的数据量，使得对大数据的使用能力成为金融机构核心竞争力之一。商业银行、保险公司、证券公司等金融机构可以通过大数据技术提升精准营销、资产管理、投资决策、风险控制等方面的业务水平。因此，金融工程专业培养的人才必须具备大数据分析使用能力。

（二）金融数据建模分析能力

金融行业传统重复性高的手工操作业务逐渐交给具有人工智能的机器去操

作，那么金融工程人才的竞争力将体现在对金融问题进行抽象描述，用严谨精确的数学模型进行诠释，使用计算机语言进行编程，并交给计算机或机器去执行。人工智能虽然具备自我学习的能力，但计算规则的制定依然是由人工决定。

（三）灵活处理复杂金融问题的能力

金融资产价格的变动是人类作为市场参与者活动的结果，体现了社会大众对经济运行的预期，以及由预期引起的行为；大众预期与金融市场之间存在相互作用的反射性，导致金融市场具有极高的复杂性。这要求金融工程专业人才主动学习自然科学、社会科学的知识，并积极通过实验、实践活动融会贯通，增加工具箱的工具，拓展解决问题的思路，增强适应环境变化的能力。

三、金融科技背景下金融工程人才的知识结构

在金融科技广泛应用的环境下，需要对海量的自然语言信息和多种数据进行分析，从中提取有效信息进行决策，通过智能量化投顾程序完成交易分析工作等。金融工程专业学生的知识架构有待于重构，在应用经济学、金融学知识的基础上，强化数理基础和计算机使用能力。

（一）经济学类基础知识

经济学介绍人类社会经济活动的现象和规律，与社会学、心理学、人类学等人文学科具有较多的交叉领域，现实社会中人的行为可由多种学科的知识进行解释和研究，这也是目前流行交叉学科研究的原因之一。学生在学好经济学、理解人类社会经济规律的基础上，正确学习应用金融学、数学和计算机知识，可以起到事半功倍的效果。

经济学基础知识可通过宏观经济学、微观经济学、计量经济学、政治经济学、博弈论与信息经济学、国际经济学等课程学习，打好经济学基础。

（二）金融学类专业知识

金融学研究资金的跨期配置和金融资源的配置，在金融资源配置的过程中实现资产保值增值和促进经济发展的目标。传统的货币银行学类知识有助于理解货币发行、信用扩张等机制，近代的金融工程类知识有助于理解金融市场的运行机制和金融工具的使用。

金融学知识可通过货币银行学、国际金融学、金融市场学、证券投资学、金融工程、公司金融、行为金融、程序化交易等课程学习，奠定扎实的专业知

识基础。

（三）数学与计算机编程应用

现代社会，金融市场的运行通过数据和图表的形式进行展现，数据库、K线图刻画了市场运行情况，大量工作需要分析使用数据。金融工程人才需要学习使用数学工具和计算机语言来描述问题，并通过人机交互解决问题。

数学和计算机知识可通过微积分、概率论与数理统计、线性代数、C语言、VB语言、Python、Matlab、Stata、Tradestation等课程或软件进行学习，建立稳固的工具知识基础。

四、金融科技背景下金融工程人才的综合素质培养

根据金融科技背景下的用人需求，在金融工程人才培养的过程中，可以通过理论教学培养扎实功底、实验教学培养动手能力、实践教学促进融会贯通等多维度全面培养学生的专业技能。

（一）理论教学培养扎实功底

理论教学是学校教育的重要阵地，传统方式以教师讲课为主，这种单向灌输模式的缺点在于学生的积极性可能不高，如果引入任务驱动式教学、翻转课堂、案例教学、线上教育等多种教学方式并灵活使用，能激发学生的学习兴趣，锻炼学生的分析能力和逻辑思维，有利于培养扎实的理论功底。

（二）实验教学培养动手能力

金融工程专业中的证券投资、程序化交易、软件使用等课程需要在理论学习的基础上动手操作。这客观要求学校建立实验室环境，提供模拟相关金融工作的情境，让学生身临其境进行数据分析并做出投资决策，提高对未来工作环境的适应能力。

（三）实践教学促进融会贯通

金融市场的实际环境与学校的实验室场景存在一定差异，为消除这种差异对人才培养的影响，学校可建立相应的产学研实践基地，邀请优秀从业人员来校介绍金融市场的运行情况、工作经验和心得，并为学生提供金融机构的实习机会，让学生在实践中将理论知识与专业知识融会贯通。

参考文献

[1] 邢钰．金融科技背景下金融工程专业的课程改革与建设［J］．教育现代化，2019，6（10）：91-93.

[2] 李伟．金融科技发展与监管［J］．中国金融，2017（8）：14-16.

[3] 严伟祥，张维．投资专业人才培养模式创新研究——基于金融科技语境［J］．重庆科技学院学报（社会科学版），2019（1）：110-112.

[4] 王达．论全球金融科技创新的竞争格局与中国创新战略［J］．国际金融研究，2018（12）：10-20.

[5] 钱燕，史嵘．人工智能背景下金融工程专业人才培养探索［J］．教育现代化，2019，6（33）：1-3.

[6] 邢钰．人工智能背景下对金融工程专业实验教学的思考［J］．教育现代化，2017，4（33）：138-140.

[7] 李佳珂．人工智能对金融创新的积极影响［J］．人民论坛，2018（25）：78-79.

[8] 麻斯亮，魏福义．人工智能技术在金融领域的应用：主要难点与对策建议［J］．南方金融，2018（3）：78-84.

[9] 陈劲，吕文晶．人工智能与新工科人才培养：重大转向［J］．高等工程教育研究，2017（6）：18-23.

[10] 刘人春，徐雪松．地方商科院校金融工程类专业“卓越人才”培养与改革实践［J］．高教学刊，2017（1）：5-6+8.

[11] 毕玉江．财经类高校专业课程推行课程思政的对策建议［J］．大学教育，2019（9）：131-133.

[12] 李东荣．大数据时代的金融人才培养［J］．中国金融，2013（24）：9-10.

[13] 黄建．中国金融工程的发展条件与障碍分析［J］．时代金融，2018（11）：48.

[14] 邓华，谭理．金融工程专业结构优化及课程设置探索［J］．产业与科技论坛，2017，16（4）：166-167.

[15] 雷汉云．应用型高校金融工程课程教学改革研究［J］．金融经济，2018（8）：149-151.

[16] 李国成，周本达，张穗萌．地方应用型高水平大学金融工程专业人才培养模式探索［J］．皖西学院学报，2018，34（1）：35-38.

加强行业合作培养应用型信用管理人才

张　红　杨力漶　冯皓轩　刘欣悦[①]

近年来，金融科技快速发展，在信用管理行业中的应用越来越广泛和深入，信用管理专业人才培养应紧跟科技和行业发展趋势，调整培养计划和方式、方法，在新时代中国特色社会主义建设中发挥高等教育的优势，和行业紧密合作，培养具备创新意识、良好政治品格和道德修养，掌握现代化大数据征信以及智能技术的专业人才。

一、信用管理行业发展现状

信用管理行业按照其服务对象可以分为企业信用服务行业、个人信用服务行业以及为资本市场防范信用风险服务的信用评级机构等。其中，企业信用服务行业包括企业资信调查、企业信用评级、商账追收、信用保理、信用保险、信用担保等；个人信用服务行业包括个人资信调查与评估、信用认证、信用培训、信用咨询等。按照信用管理服务机构提供的产品和服务，信用管理行业又可分为立信类产品，如信用评级、信用认证以及信用评估等分支行业；征信类产品，如企业信用调查与评估、个人信用调查与评估、资产调查等分支行业；金融类信用服务，如信用保理、信用保险、信用担保等分支行业；非金融类信用服务，如商账追收、信用培训、信用咨询等分支行业。

我国第一家信用管理机构是 1992 年在北京成立的北京新华信商业风险管理有限责任公司，主要提供企业资信调查服务。随着我国社会主义市场经济的发展，企业对企业信用报告的需求增加，大量新的企业征信服务公司陆续成立，

---

① 张红，经济学博士，上海立信会计金融学院副教授，研究方向为信用管理和国际金融，近年来，重点关注信用理论和信用政策研究。已在国内外公开及核心刊物发表论文 10 余篇，专著 3 本，译著 1 部，参编著作 10 余部。主持国家社科基金项目 1 项，教育部哲学社会科学基金项目 1 项，以及多项市级和横向课题。

杨力漶，上海立信会计金融学院，2016 级信用管理 1 班本科生。

冯皓轩，上海立信会计金融学院，2017 级信用管理 1 班本科生。

刘欣悦，上海立信会计金融学院，2016 级信用管理 1 班本科生。

同时也出现了面向中小企业的信用担保服务机构。进入 21 世纪，随着信用问题越来越受到全社会的关注，大量政府和民间投资的征信机构快速发展，如上海资信有限公司、北京信用管理有限公司、金城国际信用管理有限公司等。2006 年，我国建成全国集中统一的企业和个人征信系统。目前，我国的信用服务机构发展迅速，整个社会对信用服务的需求越来越多。从成立一年多的百行征信提供的查询服务来看，自 2019 年 5 月其正式面向机构提供查询服务，至 2019 年 7 月，3 款个人征信产品累计查询量就超过 700 万笔。

但是，我国信用管理服务机构规模普遍较小，从业人员也相对较少，且素质参差不齐，人员流动性较高，信用评级机构的国际认受性较低。据彭博数据显示，我国“四大”评级机构对被其评估的上市公司总数的 70% 都给予了“AA”或以上的等级。2017 年 7 月，中国人民银行明确允许外资评级机构进入中国市场。2019 年 1 月，美国标普全球公司获准成为第一家进入中国市场的外资评级机构。随着金融科技的发展，我国金融市场进一步扩大对外开放，资本市场、企业合作和终端消费市场不断发展，市场对征信产品的需求不断增加，征信产品开发的深度和广度也不断增加，征信机构的服务对象已扩展到包括保险公司、金融租赁、信用卡公司等。同时，大数据征信技术的应用越来越广泛，征信机构不断挖掘信用数据的内涵，从信用信息中提炼出众多商业信息和服务方案，通过线上、线下、外包等手段为客户提供各种征信增值产品。大数据、智能科技等金融科技的应用以及信用服务机构的发展对信用管理专业人才的培养提出了更高的要求。

二、信用管理人才培养现状及问题

我国高校信用管理专业于 2002 年由教育部批准开设，目前全国开设院校约有 20 家。信用管理专业开设的专业主干课程有管理信息系统、财务管理、信用和市场风险管理、企业信用管理、消费者信用管理、资信评估、征信理论与应用、市场调查与分析、会计学、客户关系管理等。上海立信会计金融学院于 2004 年获准开设信用管理专业，至 2019 年 6 月，共培养了 700 余名信用管理专业人才。在多年的教学与实践中，学校多次修订信用管理专业人才培养计划，形成了有自身特色的六大课程模块，即信用管理基础模块、银行信贷管理模块、征信与评级技术模块、企业与消费者信用管理模块、财务分析与估值模块以及信用风险与监管模块，各模块对应的专业课程主要有信用管理学、信用经济学、信用评级、财务管理学、金融风险管理等（见图 1）。

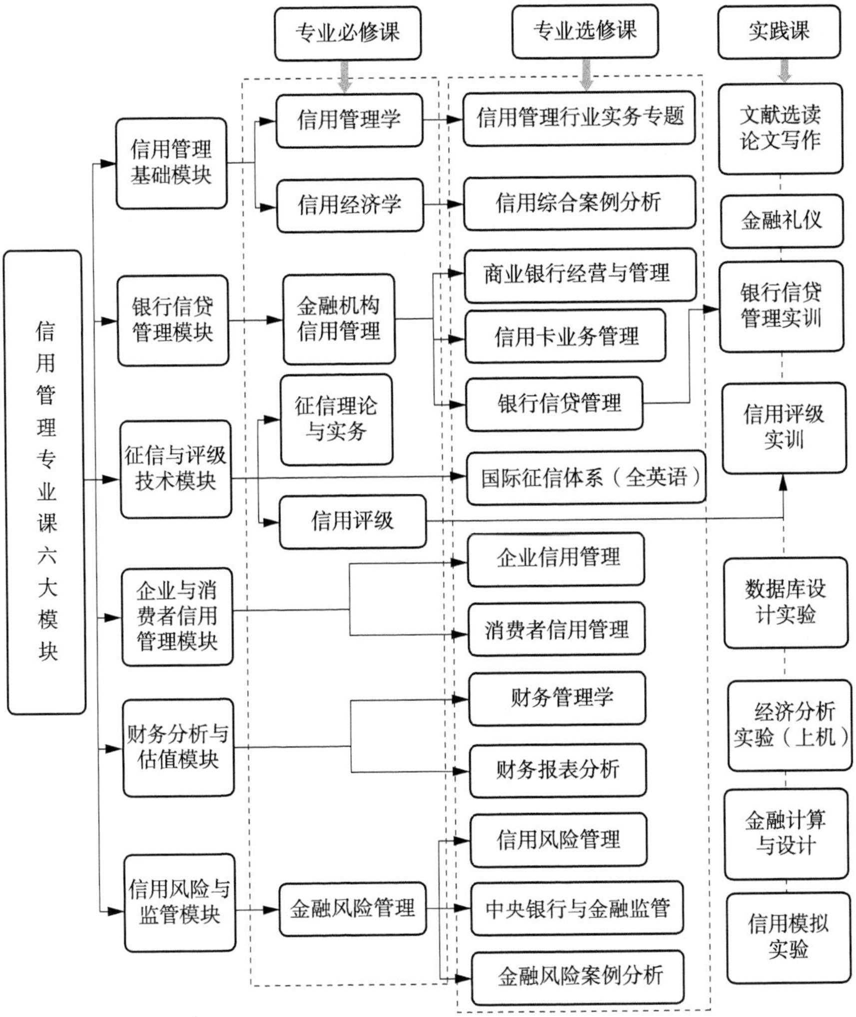

图 1　信用管理专业课六大模块

从信用管理课程设置以及人才培养现状来看，存在如下问题：

（1）课程设置中体现最新金融科技发展的大数据、人工智能等技术类课程有待加强。大数据征信以及人工智能技术在信用服务行业的应用将越来越多，越来越深入，高校在培养计划修订以及课程设置中应着重加强此类课程，以培养适应金融科技发展和新时代中国特色社会主义建设需求的信用管理人才。

（2）教学方法和手段应体现以学生为本，综合运用各种现代化教育教学手段，如案例分析、现场教学、项目教学、情景模拟、小组研讨、实践教学等。目前信用管理专业课程的教学主要以课堂讲授为主，实践教学所占比例有限，用于课内实践、案例分析、现场教学等的课时非常有限，限制了信用管理教学方法和手段的运用。

（3）实践实验类教学有待加强。信用管理是专业性、实践性、应用性非常强的学科，实践实验类课程有助于调动学生的积极性，帮助学生理解所学理论知识的价值，熟悉相关理论的应用，更好地掌握专业所需技能，培养学生运用实验方法观察、了解信用管理各种问题和现象的规律，提高学生将知识运用到实际工作中去的实践能力、创新能力。

此外，信用管理除具有较强的技术性，还是一门需要与“人”和“钱”打交道的学科，因此，心理学包括消费心理学、商业心理学、行为心理学等，以及逻辑学、市场营销学、企业资金运营学等课程均应进一步加强，以培养学生的财务思维、法律思维、战略思维、互联网思维、技术思维、宏观思维等，以适应我国信用管理行业与机构实践的发展。

三、加强行业合作培养应用型信用管理人才

信用管理服务行业和机构的发展对信用管理人才培养提出了更高的要求，而一般高校招收的信用管理专业本科生培养计划中前两年很少涉及专业课程，而以公共基础课，如马克思原理、高等数学、大学英语等，以及专业基础课，如微观经济学、宏观经济学、政治经济学、财政学、会计学、计量经济学、统计学、金融学等为主。等到学生两年后学习专业课时，往往两年前制订的培养计划中有的课已经不再适应行业和时代的发展，而有的课程，如互联网金融、Python 语言、大数据技术、金融科技等课程却没有体现在课程体系中。

因此，通过行业实务专题课程、实践实验类课程等，加强行业合作，对培养新时代中国特色社会主义应用型信用管理专业人才具有重要意义。

（1）合作上课。在信用管理行业实务专题课程中，聘请行业导师，邀请行业实务人员讲授行业实务的最新发展；在信用管理主干课程中，留有部分实验或案例教学课时，邀请行业实务人员对行业最新进展进行讲授，或者通过系列课堂或讲座的形式向学生讲授行业发展现状，提高学生对专业的学习兴趣。

（2）上机演练。通过实验课，对企业信用管理系统如授信管理系统、信用评估系统、应收账款跟踪系统、客户价值分析系统，以及消费者信用管理系统、信用评级、信用数据采集与管理系统等进行实务模拟操作，并邀请行业实务人员设计不同的情景让学生进行实战演练，适时讲评、总结，从而提高学生的理解能力、实践能力和创新能力。

（3）游学实习。通过行业合作，安排学生进入信用管理服务机构实习，进一步了解各项实务工作的流程，通过具体实践加深对所学知识的理解和应用。也可以设计游学类课程，并给予一定的学分，让学生去不同的信用管理服务机构游学、实习，对整个信用管理服务行业有宏观的认识和了解，增加感性认识，进一步明确自己的兴趣和方向，提高就业竞争力。

随着改革开放和金融科技的发展，我国新时代中国特色社会主义建设不断走向深入，信用管理行业和相关服务机构也不断发展。通过开设系列课堂、案例教学、模拟上机、实战演练以及机构游学、实习实践等与行业展开合作，有利于提高信用管理人才培养质量，解决高校理论教学与行业实务相脱离的问题，使得教学手段进一步多样化，学生的实践能力、创新能力进一步提高，从而更好地满足新时代中国特色社会主义建设对信用管理专业人才的需求，解决信用管理专业人才“供给”“需求”之间差异较大的矛盾，推动高校人才培养体系的改革。

参考文献

［1］李国辉．百行征信累计查询量已超700万笔助力机构提高风控水平效果显著［N］．金融时报，2019-07-17.

［2］邓海清，陈曦．标普进入中国：明教张无忌，前来拜山［EB/OL］．和讯网，https://bond.hexun.com/2019-01-30/196029192.html.

［3］程华南．对我国信用评级业发展的研究与思考［J］．金融纵横，2010（2）：63-65.

［4］张洪星．中国信用评级业发展现状及对策［J］．经济视野，2013（9）：251-252.

［5］窦梦茹．英美信用管理专业教育综述［J］．天津电大学报，2007（2）：11-13.

“金融 + 科技”发展背景下金融学科专业建设：新文科建设思考

张　云　张晓镕　周　末①

一、科技创新驱动金融“新文科建设”

当今世界经济金融领域的科技创新和应用持续加速，大数据、云计算、人工智能、区块链等技术不断创新升级，在越来越多的业务场景中得到应用，技术创新引领的商业模式驱动金融传统业务领域创新，金融业变革已经拉开帷幕。高校金融专业建设和人才培养需要关注科技创新驱动的金融新业务新模式发展，金融学科建设需要关注科技创新带来的深刻影响，而这与教育部提出的新文科建设相契合。新文科是相对于传统文科而言的，是以全球新科技革命、新经济发展、中国特色社会主义进入新时代为背景，突破传统文科的思维模式，以继承与创新、交叉与融合、协同与共享为主要途径，促进多学科交叉与深度融合，推动传统文科的更新升级，从学科导向转向需求导向，从专业分割转向交叉融合，从适应服务转向支撑引领。

对于金融而言，新文科建设就是需要推动金融学科与科技革命的交叉融合。2019 年 4 月 29 日教育部举行“六卓越一拔尖”计划 2.0 版有关情况说明会，教育部高等教育司司长吴岩指出，“六卓越一拔尖”计划 2.0 版是实施《加快推进教育现代化实施方案（2018—2022 年）》，进一步提高高校人才培养质量和服务经济社会发展能力的一次战略行动，这个计划概括为一个总体部署、三项核心任务、一次质量革命。一个总体部署就是通过实施“六卓越一拔尖”计划 2.0，全面推进新工科、新医科、新农科、新文科建设，提高高校服务社会经济发展的能力。同时，他还提出新文科是发展社会主义先进文化的重要载体，要把握好新时代哲学社会科学发展的新要求，推动哲学社会科学与科技革命交叉融合。

---

① 张云，男，上海立信会计金融学院金融学院副院长、教授。
张晓镕，女，南京师范大学财务管理专业本科生。
周末，男，上海立信会计金融学院金融学专业本科生。

“金融＋科技”成为新文科建设要求下高校金融学科专业改革创新的主要路径，但是，高校金融学科专业发展并非简单的金融加科技这么简单，而是具有更为丰富的内涵，因此高校在具体实施过程中需要进行统筹规划和配套实施，笔者总结为三点：一是注重交叉融合，打造新的学科专业布局；二是注重人文教育，构建新的人才培养模式；三是注重基础建设，构筑新的软硬件条件。

二、注重交叉融合，打造新的学科专业布局

新文科建设的显著特征就是要交叉融合，金融“新文科建设”就是需要突破传统的金融学科专业建设模式，形成交叉融合的创新结合模型。“金融＋科技”成为新文科建设要求下金融学科专业改革创新的主要路径，已然体现了金融与科技的交叉融合，但这仅仅是科技创新驱动金融学科专业创新发展的直接表现，实际上还间接要求更多交叉融合内容。

首先，就学科专业布局而言，传统的金融人才培养路径注重本专业的深度和难度，而且为了突出所谓特色，有些高校在专业人才培养上还确定专业方向与模块，具有信息时代特征。知识信息爆炸式增长的情况下专业细分，推动学科专业知识进步和认知精细化，而对于某个专业方向或领域的专注，有助于培养人才专业化和教学专业化。随着科技创新发展，新技术、新方法和新范式的不断呈现，本专业与其他专业的协同与合作已经成为必然趋势，同时跨学科专业的交叉融合也有助于形成金融学科专业发展的新动力。

其次，学科专业上的交叉融合需要跨学院合作，金融“新文科建设”需要打破院系专业之间的壁垒，各个学院或系部为推进学科专业交叉融合，要统一思想，不能故步自封。其实，长期以来我国高校常常提及学科交叉，但是在实际运行中却存在于形式或协议，特别是有些所谓学科专业交叉合作的学院其实是为了获取资源，通过联合申报取得项目和基地之后又各自为政。因此，金融“新文科建设”在具体落实过程中，需要考虑如何打破行政管理壁垒，如何形成合力和共赢。

最后，学科专业布局调整以及与之对应的院系部协同机制构建，落脚点是推进金融人才的融合教育，科技推动金融发展长期以来是行业领域发展领先于高校人才培养，因此，高校培养金融人才，需要在教书与育人有机融合的基础上，使具体教学内容与学生对行业职业的社会认知有机融合，既注重跨学科专业技术能力，又关注人文艺术素养，既考虑学生在校培养，又考虑学生长远发展。可见，金融“新文科建设”要以打造新的学科专业布局为基础，推进全方

位的交叉融合，形成互动、创新和突破。

三、注重人文教育，构建新的人才培养模式

新文科建设的提出，相较于新工科、新医科、新农科要晚，2018 年 10 月教育部决定实施“六卓越一拔尖”计划 2.0，在原先数学、物理学等基础上增加心理学、哲学、中国语言文学、历史学等人文学科，教育部提出新文科建设具有现实需求。1998 年以来，我国高校文科类专业扩招快于理工科，有一些高校发现新开设文科专业不需要昂贵的专业实验设备，师资聘任也可以通过多种形式实现，这样学校可以快速扩大规模，经济管理类专业尤为突出，以金融学类专业为例，全国高校共有 1600 多个金融学类专业。但是，这种速成方式严重影响文科类专业的人才培养质量，而且，伴随着就业压力和房价等生活成本快速提高，大学生特别是文科生对如何尽快找到高薪工作更为关注。结果就是，一方面大学生对技术创新的兴趣和关注度下降，另一方面人们越来越意识到，纯以技术为中心而缺乏人文素养的训练，会导致大学生在批判性思维和创新开拓能力上出现问题。因此，打造新的金融人才培养模式，成为高校金融“新文科建设”的重要组成内容。

构建新的金融人才培养模式，除了要对接社会和行业需求，强调关注最新的科技发展，提高学生掌握金融、计算机和数据等专业技术技能，也需要更加重视对学生的人文素养教育，采用跨学科思维真正实现“培养人”。首先，要打通人文科学与社会科学，也就是说，金融类专业的学生需要接受高质量的人文教育，金融类专业教师要与人文学科教师加强教学和课程沟通合作，通过人文教育促使金融专业学生不仅掌握专业技能知识，而且可以成为和谐发展的人，特别是解决学生可能出现的迷茫、叛逆、缺乏自信等问题，培养学生成为全面的高素质人才。其次，我国高校金融“新文科建设”不仅需要注重金融和科技交叉融合，把行业新技术现状和发展趋势纳入人才培养模式改革之中，而且要平衡技术的工具性与价值性，也就是说，要从“培养人”的角度实现新文科建设价值，树立风清气正的人才观和就业观，避免金融人才培养陷入技术化和功利化“陷阱”。最后，教育部提出“六卓越一拔尖”计划 2.0 版是要加快建设高水平本科教育，新时代建设一流本科教育的“中国方案”，金融“新文科建设”也需要走出一条中国道路，探索中国模式，树立中国标准。基于此，各高校需要着眼于未来，经过长期奋斗，逐步在全球金融人才培养上领跑世界，出经验、出模式、出标准、出思想。

四、注重基础建设，构筑新的软硬件条件

金融“新文科建设”在科技创新发展和新的教育理念下形成金融教育质量革命，需要满足新时代哲学社会科学发展的新要求，构筑金融人才培养软硬件条件是金融“新文科建设”内容组成部分。

首先，硬件条件方面。科技创新驱动金融创新，金融与科技交叉融合改变了传统的金融业务模式，形成金融新业态、新模式，高素质的懂“金融+科技”的人才缺乏是我国当前金融科技创新发展过程中的软肋。据统计，目前全国获教育部批准开设金融科技本科专业的学校还处于个位数（见表1），而且大多与其他高校设置的专业方向类似，处于开办探索期，尚无法直接输出金融科技专业人才，而相应的人才培养基础设施建设更是处于建设起步期。“金融+科技”人才培养和科学研究需要适应当今世界迅猛发展的科技革命，这就要求高校具备先进的基础设施硬件条件，满足现代科技实验实训、创新方法研究和教育教学改革等需求。以数字金融为例，计算机和多媒体技术等已经成为必不可少的基础硬件条件，数字仓储、文本挖掘、信息可视化等信息技术应用以及建设数字图书馆、虚拟现实实验室是培养适应行业创新的先进人才和实现教育现代化的必备条件，而且这些硬件条件需要随着科技创新和金融行业发展进行不断更新升级。

表1　国内开设金融科技专业与研究生课程开设情况

本科专业	研究生学位课程
香港中文大学	北京大学汇丰工商学院（硕博）
上海立信会计金融学院	中国人民大学（北京高精尖）
中央财经大学	上海交通大学（专硕）
西华大学	清华五道口金融学院（硕博）
山东工商学院	浙江大学经济学院（博士方向）
三亚学院	……
……	

资料来源：2019年7月23日“高等学校金融类专业建设高级研讨会”专家发言。

其次，软件条件方面。吴岩指出，新文科是发展社会主义先进文化的重要载体，要把握好新时代哲学社会科学发展的新要求。金融“新文科建设”既要

立足于当下金融行业与科技创新的发展，更需要面向未来发展，面向中国教育现代化。新文科建设需要改造和提升现有的人文社会科学学科专业建设模式，使其在人才培养和科研创新方面发挥时代性和引领性作用。金融“新文科建设”需要运用现代科技手段和创新发展进行“金融＋科技”研究，着力推进金融研究范式革命，不断完善学科和科研组织方式，以新科技、新方法、新目标激活思想，开创金融学科发展新局面；同时，需要把教书和育人有机融合，培养具有高度社会责任感和职业道德素养、具有独立思考能力和开拓创新精神、掌握跨学科专业知识的高素质人才，这就要求高校更新理念、创新方法、夯实软件条件，适应新时代中国特色社会主义对金融学科专业建设和人才培养提出的新要求。

五、结语

在大数据、云计算、人工智能、区块链等技术在金融业应用逐步推进的趋势下，金融业传统业务模式和生态环境都发生了翻天覆地的变化，对我国高校金融人才培养提出更新更高的要求。高校金融学科专业改革创新的主要路径就是利用“科技”改造“金融”，实现“金融＋科技”；然而，在新文科建设的要求下，高校金融学科专业发展有更为丰富的内涵，高校在具体实施过程中需要进行统筹规划和配套实施，做到：一是注重交叉融合，打造新的学科专业布局；二是注重人文教育，构建新的人才培养模式；三是注重基础建设，构筑新的软硬件条件。上述金融“新文科建设”的“三个注重”与实现“金融＋科技”是一个整体，相互协调、相互促进。我国高校金融“新文科建设”必将掀起一场金融人才培养的“质量革命”，形成金融高等教育领域的“质量中国”品牌，全面实现金融高等教育的内涵式发展。

参考文献

［1］张敏锋．经济新常态、金融科技与地方高校金融专业人才培养创新［J］．金融理论与教学，2018（1）：91-94.

［2］叶望春．探索金融科技人才发展之道［J］．银行家，2018（5）：132-133.

［3］冯莉莉，张博．金融科技新时代复合型金融人才培养机制创新研究［J］．杭州金融研修学院学报，2018（7）：65-67.

［4］王竹，陈鹏军．金融科技时代我国金融服务人才培养问题的思考［J］．商业经济，2018（10）：80-82.

［5］任晓琳．金融科技新时代复合型金融人才培养机制创新研究［J］．智库时代，2018（47）：33-35.

［6］罗锋，黄丽．金融科技视角下地方院校金融专业人才培养创新策略研究［J］．教育现代化，2018，5（48）：5-7.

［7］耿国靖，李菁华，方媛．金融科技发展视域下投资与理财专业人才的培养［J］．深圳信息职业技术学院学报，2018，16（4）：47-50.

［8］严伟祥，张维．投资专业人才培养模式创新研究——基于金融科技语境［J］．重庆科技学院学报（社会科学版），2019（1）：110-112.

［9］胡艳明．报告称中国金融科技面临人才紧缺　85% 的雇主遇到招聘困难［J］．商讯，2018（11）：33-34.

［10］张欣．金融科技外协人才管理创新［J］．中国金融，2019（2）：80-81.

［11］海新权，韩晓婧．金融科技和“双一流”建设驱动下的地方高校金融学专业人才培养模式研究［J］．长春大学学报，2019，29（4）：85-89.

［12］张锦伟．金融科技与银行融合对金融人才需求研究——从深圳银行业人才需求视角探讨［J］．金融经济，2019（12）：45-47.

［13］何杰．专栏：深圳发展金融科技的优势以及深港金融人才培养合作基础［J］．清华金融评论，2019（5）：32-33.

［14］唐芳．新形势下新文科人才培养创新与实践初探［J］．商讯，2019（14）：189-191.

［15］林晓婵，陈丽燕，李莹．独立学院金融专业人才培养模式的研究［J］．黑龙江对外经贸，2010（6）：142-143.

［16］王兆璟．新文科建设与教育学的时代变革［J］．西北师大学报（社会科学版），2019（5）：31-35.

［17］王铭玉，张涛．高校“新文科”建设：概念与行动［N］．中国社会科学报，2019-03-21（004）.

［18］熊丙奇．“理工类”名校布局新文科，这盘“大棋”该怎么下？［N］．甘肃经济日报，2019-06-11（005）.

［19］肖太陶．“新文科群”的办学意义［J］．江苏高教，1996（2）：18-20.

中国高等教育改革和发展问题研究文献综述

陈铭仁[①]

近几年来，关于我国教育问题和教育改革问题的讨论“方兴未艾，在位者其思有以革之”，教育改革是一场既涉及国民个体的切身利益，更关乎中国未来命运的重大改革。面对激烈的全球竞争，未来中国会有什么样的发展，在很大程度上取决于人才，取决于教育，取决于这场刚进入“攻坚期”、试探“深水区”的教育变革。走出“攻坚期”、突破“深水区”，这是历史赋予政府的责任与使命，也是中国教育实现由大变强的必由之路，更是中华民族伟大复兴的内在要求。

高等教育以其在国民教育中的重要作用，长期受到关注。自 2010 年 7 月 29 日，《国家中长期教育改革和发展规划纲要（2010—2020 年）》正式向社会发布以来，总体上说，我国高等教育改革在一些领域内取得了一定的成效，不少学者对我国教育管理的理论进行了多方面的研究。在尽可能搜寻 2009 年以来发表在国内各期刊上的相关论文，并进行文献整理的基础上，本文对近年来有关学者对我国教育改革这一事关中华民族兴衰的重大问题的思考和研究进行了总结和述评。

一、近年来我国高等教育改革的主要研究观点综述

（一）高等教育改革的有关理论研究

有关教育改革理论可谓是“百花齐放”，不同的人从不同的理论上“引经据典”，各执一词。综合起来，研究者主要从以下角度进行研究：

首先，教育观念的变革。程伟（2009）认为，中国高等教育改革必须以进一步思想解放为先导，必须接受先进教育理念的洗礼；要贯彻以人为本的教育观念；真正确立全人教育、通识教育，终身学习能力和批判性思维的养成等。与此类似的还有高娟（2009）的建构主义范式，主张高等教育改革应在学生和

---

① 陈铭仁，男，复旦大学经济学博士，上海立信会计金融学院副教授。

社会、大学教师的责任和改革教学评价体系等方面进行建构。类似的从教育观念或者教育理念的角度来研究的还有很多，从总体上没有超出上述范围，大体上涉及的是教学方面、课程设置方面、高等学校管理方面等具体问题。

在这方面，近年来值得强调的是对人本主义在我国高等教育改革方面的研究。例如，商磊和刘析鹭（2012）从人本主义心理学进行分析。人本主义心理学认为，教育的目的即是人的目的、人本主义的目的、与人有关的目的，在根本上就是人的自我实现，是丰满人性的形式，是人类能够达到的或个人能够达到的价值高度的发展。也就是说，教育的目的应该是达到被教授者的内心愿望。所以，人本主义教育观的核心内涵是发现人的价值与潜能，尊重人的自然本性与自我实现，培养理性和美德兼具的全面发展的人。因此，我国的高等教育改革应该从调整课程设置、改进教学方式、推广通识教育、去除高校行政化等多方面来寻找人本主义教育理念的复归。

还有一种思潮是用实用主义的价值分析方法来分析我国的高等教育改革。耿富云认为，实用主义教育作为一种教育思潮，对我国的教育改革产生过重大的影响。虽然实用主义教育思想以实用性和功利性著称，但我们不能就此全部否定实用主义教育思想，随着高等教育服务社会的功能越来越受到重视，重新认识和评价实用主义教育思想对于正确分析和理解当前我国高等教育存在的问题与今后高等教育改革具有重要意义。

其次，针对我国高等教育改革存在的过度功利化问题，一些研究者提出要提倡自由教育和通才教育，培养人的自由知识和多元智能。陈会娟（2011）认为，19 世纪英国教育家纽曼针对当时欧洲高等教育中盛行的教育专业化、职业化的功利主义潮流，提出了“自由教育观”。而综观“自由教育观”，其实是从教育改革中的“现代与古典”“工具与价值”“创新与继承”三对双边关系出发，回答了高等教育改革中的三个基本问题：①大学是什么地方？大学是“所有的知识都交融合一”的场所。②大学应教授什么知识？大学应加强“自由知识”的教育。③大学应培养什么样的人才？大学应培养具有哲学思辨能力的“通才”和“良好的社会成员”。纽曼的答案在今天中国教育界不仅拥有众多回应者，还对中国的教育改革起着方向性的指导作用。

王杰宇（2011）依据教育哲学家加德纳的多元智力理论，为改革高等教育提供了一个新的框架，对高等教育机构中的环境设置提出了新要求，并提出了改变招生模式、教学方法及新的评估系统等理念。根据加德纳对传统语言与逻辑系统认知的研究，可得出存在八种智力类型（或称为智力结构）：言语智力、逻辑数理智力、音乐节奏智力、视觉空间智力、身体动觉智力、人际交往智力、自省智力和自然观察智力，而且所有人在每一项智力中都有一定的核心能力，多数人并非仅表现出一项智力而是多项智力，每个人对不同的智力潜力不同。因此，可以通过新的教学方式来发展人的智力。

高等教育改革理论是从新的知识生产模式和新公共管理主义的视角来研究我国的高等教育改革。蒋逸民（2009）认为，随着经济全球化、高等教育大众化和研究商业化的发展，传统的、以大学学科为基础的知识生产模式正在发生革命性的变化，主要标志是新的知识生产组织的出现。这些新的知识生产组织是在传统大学校园之外成长起来的，不同学科的交叉和融合，以及学者与校外其他知识工作者的互动、交叉和协同产生了创新的知识，这种新的知识生产形式表现为超学科性。吉本斯和斯科特等称之为“模式 2”知识。“模式 2”知识是“在应用的语境中”而不是“在先开发后应用的语境中”产生的。面对新的变化，政府、业界、大学三方要在更大的社会范围内进行合作和创新，新的知识生产模式的出现预示着大学原有的封闭办学模式的终结，也为我国高等教育的改革和创新提供了新的思路。

姜勇（2011）从新公共管理主义的角度分析我国高等教育改革问题。所谓新公共管理主义，就是将私营机构的管理方式和背后的理论引入公共部门管理中，使得公共部门的运作发生重要变化。公共部门之所以引发新管理主义的变革，主要是因为原有的公共部门的规模与能力受到质疑，大而无当的公共部门消耗了原已稀少的资源。因此，新公共管理主义学者们提出，应该引进企业的管理方法与市场的竞争机制，改善原有的公共管理部门的缺乏效率、浪费资源的情况。该理论具有两个基本特征：一是效法私立机构，特别是企业的管理方式；二是运用一些手段，将官僚、权威式的作风转化为有效率的、顾客导向的新管理典范。

新公共管理主义理论下的高等教育改革有三个重要的特点：一是关注市场、追求效率，认为高等教育不仅要扩大规模，更要注重质量管理；二是通过体制重组，重新设计组织结构与运行机制，强调充分的赋权，以发挥最大的潜能，从而达到最佳的绩效；三是通过绩效对高等教育机构施加影响，以改善高校的办学质量。虽然新公共管理主义理论对我国高等教育的改革有着重要意义，但也要看到它带来的问题，以防止我国高等教育改革走向另一端。一方面，过度追求市场化，以用人单位的需求作为高校专业设置、课程设置、教学改革的重要目标，同时也削弱了大学本应具有的传承性与经典性；另一方面，追求绩效虽能提升高校的办学质量与效益，改变高校行政手续繁杂、办事效率不高的现象，但是绩效评估的指标往往依赖于外部标准，从而背离了高校“独立之精神，自由之思想”的宗旨，对民族的持久发展将产生不可估量的消极影响。

高等教育改革理论是从理论创新的角度进行研究。朱为鸿和谭冠中（2010）认为，高等教育大众化必然带来高等教育功能的拓展和大学组织的转型，对高等教育管理也提出了新的变革要求。目前在我国高等教育管理系统中，政府教育行政部门处于强势，管理方式以行政控制和计划指令为主，通过行政审批和行政许可控制办学资源。政府对高等学校干预过度的结果是，高校实际上无权而且也没有改革的主动性，只能是盲目按政府的要求进行管理改革。因此，管理理念创新是高等教育管理改革的前提，体现在高等教育系统的宏观和微观两个层面，所以高等教育管理理念的创新也应从这两个层面进行。

陈先哲（2011）提出，创生高等教育研究的中国学派，学科成熟是学派创生的内部条件，自由宽松的学术环境则是学派创生的外部条件。因此，应致力于建设好中国高等教育研究的内外部条件，为学派创生建立基础。此外，“中国学派”的创生路径应由点及面，由小到大，从建立一个个国内的学派起步，逐步形成“中国学派群”，在推动中国高等教育研究走向更成熟的同时，高等教育研究的中国学派也得以创生。

（二）高等教育改革与现实的关系研究

这方面的研究主要讨论高等教育改革的价值取向问题。敖洁（2009）认为，价值取向在高等教育研究中具有重要作用，目前我国高等教育研究没有处理好高等教育研究的理论性和实践性的关系，没有处理好高等教育研究的个人价值与学科发展价值及其对社会发展的整体价值的关系，因此应该重构高等教育研究的价值取向。

刘亚红（2010）从新功利观的角度研究了高等教育改革的现实价值，认为从根本上看，我国的高等教育改革就是把功利与超功利这两个维度确定为改革的价值坐标，让高等教育摆脱作为经济发展工具的定位，让大学真正成为发展学术、服务社会的高尚领地，因此超功利性应该成为我国高等教育改革的理想价值。我国高等教育改革应该确立超功利性价值导向的突破口，培养学生的科学精神、探索意识和科研能力，以及培养其人文精神、美好心灵和完善人格的“立人教育”，目的在于使人告别异化，告别工具性存在，成为真正的人。

彭拥军（2011）从话语的视角来研究高等教育改革的合法性问题，认为我国高等教育改革先后或同时出现了以集体、科学、教育或老百姓等不同名义来证明我国高等教育改革的合法性：使用集体名义与我国特定社会关系与权力架构有关，使用科学名义则基于科学在知识等级中的顶层位置所带来的魅力，使用教育名义体现了高等教育改革注重遵循教育规律办事的基本逻辑，借用老百姓名义让人觉得改革体现了大多数人的利益和为了最大多数人的发展。

（三）关于高等教育体制改革的研究

长期以来，我国教育，尤其是高等教育发展模式基本上借鉴了苏联的做法，采取了政府主导模式，改革开放后虽然在教育体制改革上做了一些探索，但政府主导的办学模式还没有本质上的突破，正如曹丙利所说“高等教育的改革关键是放权”。

张日新（2009）认为，我国高等教育体制在很大程度上仍具有计划经济时期形成的特征，高等教育的改革要建立多层次的高等教育体系以及以市场机制为主、政府管理为辅的高等教育管理体制，以满足社会对异质型人力资本的多样需求。因此，高等教育的发展应采取混合治理模式，努力完善高等教育组织的内部治理机制和外部治理机制，从而提高人力资本培育和使用绩效。

张旭昆（2011）从经济学的角度分析了我国教育体制方面存在的问题，认为中国高等教育改革与中国经济市场化改革中出现的不尽如人意之处的原因相同，直接原因就是存在“非经典性市场”状态。因此，中国要想成为世界一流强国，就必须在高等教育体制上实行变革。高校改革的目标模式是运行基本市场化，办学主体多元化，高教服务自主化、多元化、灵活化。

王寰安（2011）基于所有权制度变迁的分析框架认为中国高等教育体制改革成效不足的主要原因在于：一是高等教育缺乏显性的经济收益，弱化了政府的改革动机；二是政府不充分放权，造成高等教育缺乏竞争的机会和制度创新空间。

夏明（2011）借用刘道玉先生的观点：“意识形态”和“计划体制”是束缚中国高等教育发展的两根紧箍咒。夏明认为，一方面，绝对的意识形态控制和实用主义的专业化方向，至今仍然是中国大学办学的主导思想；另一方面，中国高等教育改革的最大障碍是目前现行的行政化教育体制。基于这种认识，从现实出发，夏明认为的中国高等教育改革最现实的设想——二级院系“召集人制”；同时从未来着眼，中国高等教育应该从信仰教育、文化教育和普世教育三个方面加以完善。

与夏明（2011）见解所不同的是，毕艳杰（2011）综合了中国高教改革的路径的几条“支路”，即创新高等教育人才培养模式、优化学科专业结构、完善高校教师评价体系、创新高校的管理体制、加强高等教育的对外开放和国际交流合作等观点，而持有这些观点的人不在少数，本文就不再赘述。

（四）关于高等教育与经济发展关系问题的研究

关于高等教育与经济发展关系的研究，除了前面与体制有关内容的研究外，还有高等教育与产业结构调整、不同主体的博弈、经济政策和形势等方面的研究。

例如，马云泽和吴昊坤（2011）认为，产业结构战略性调整和经济迅速发展，社会面临着大学生就业难和高级技术人才缺乏的双重压力，而高校毕业生就业难的深层次原因在于当前我国高等教育改革与产业结构调整的不协调，所以要从根本上解决大学生就业难题，不仅需要不断推进产业结构的优化升级与高等教育的改革创新，大学生本身还要积极做好职业生涯规划，构建合理的学科知识结构，努力提升自己的就业技能。

周倩（2011）用博弈论的方法分析我国高等教育改革中不同利益主体间的利益关系。认为在高等教育改革中的利益主体概括起来大致有四种：社会、个人、政府和高校。由于不同主体对于高等教育改革的需求不同，所以其在改革中的动机、目的和方法各异，各有其优势与劣势。因此，在我国高等教育改革中，要树立正确的时空发展观、结构层次观和关系协调观，高等教育改革要统筹兼顾各方利益，不论是满足社会需求、个人需求、政府需求还是高校需求，都应统一到提高人才培养质量上来。

在高等教育改革与经济政策问题的分析上，余英和石元蒙（2010）从经济思想与政策变迁的角度来反思高等教育财政改革。认为随着我国财政压力增加和高等教育的迅速扩张，高等教育从主要依赖公共投入转向越来越依赖于学费和学生贷款。除了政治利益与公众意识的影响外，经济思想是影响高等教育财政政策变化最为确定的因素。经济学对高等教育的公共物品属性、投资回报率、外部社会福利、成本分担以及资本市场不完善的研究为高等教育财政变革奠定了理论基础。

佟健、郭广珍（2010）从组织经济学视角分析大学的性质，认为产生诸如中国大学教育产业化、大学规模过度扩张和大学治理“官僚化”等问题的根源在于我们没有区分大学和企业，把新古典企业理论中的一些观点错误地用在了大学上。

杨汝岱、陈斌开（2009）从预防性储蓄与居民消费行为和生命周期理论的角度研究了以扩招和实行收费制为主要内容的1999年高等教育改革。这次改革造成了两个直接的后果：家庭需要支付的教育支出大幅上升、高校招生人数大幅上升。认为家庭教育支出大幅上升对居民消费有显著的挤出效应，它使得居民边际消费倾向下降12%，进而对居民消费和储蓄行为产生了深远的影响，这可能是中国居民消费率下降、储蓄率上升的重要影响因素。

二、我国高等教育改革的主要研究观点总结

（一）我国高等教育体系存在的问题

综合来看，许多学者认为我国的教育体制有四个方面需要反思：①如何打破教育体系中的官本位现象。②如何遵循教育的发展规律，用科学的方法进行真正的教育创新。③如何增强教育对经济和社会发展的促进作用和适应性。④政府应该如何管教育，管些什么。

这些问题甚至影响到我国高等教育改革的最终结果，而这些问题有些又是很难回答的，这就像经济和社会发展过程中存在的“路径依赖”一样，要想改变业已形成的路径，其难可想而知。比如说，教育观念的变革本身，就需要存在一个合理的观念，它的形成绝非朝夕之功，这也是所谓“建构主义范式”的基础，而且“建构”的前提是需要“解构”，这个过程也不一定存在定式。

与此不同的是，本身带有形而上学和主观（功利化）色彩比较浓厚的人本主义和实用主义却比较容易得到人们的赞同，遂呈一呼百应之势，但其效果需要历史的检验。

（二）关于我国高等学校系统的改革问题

有关这个方面的研究基本上集中在提高高等教育经费投入、高等学校科学定位和促进高校教师价值观形成等方面。在这几个问题上，最简单的就算“提高高等教育经费投入”了，其他的问题更加复杂，因为它们不仅仅属于教育范畴内的问题，还涉及整个社会的方方面面。

在这个问题上谈得比较多的还包括人才培养体制改革、考试招生制度改革、现代学校制度改革、办学体制改革、加强政策措施保障和扩大教育开放等，这些问题也是《国家中长期教育改革和发展规划纲要（2010—2020年）》提得比较多的内容。比如说扩大教育开放，事实上我国目前在许多领域里已经是世界上最开放的国家之一了，甚至比美国还要开放，那么我们还要怎么开放？

三、结论和展望

我们还是首先明确“教育改革”的意义吧。根据国际著名教育改革理论家哈维洛克（R.G.Havelock）的定义：“教育改革是教育现状所发生的任何有意义的转变。”从这一界定中我们可以看出，不论提高教育经费投入、高等学校科学定位和促进高校教师价值观形成等方面，还是人才培养体制改革、考试招生制度改革、现代学校制度改革、办学体制改革、加强政策措施保障和扩大教育开放等方面的构想如何美好，如果不引起教育实际现状的有意义的变化，都不能称之为教育改革。

以“应试教育”为例，应试教育的主要特点是以应付升学考试为主要目标。事实上这个话题是我国教育改革经久不衰的一个话题。极端的应试教育要求学生全方位的发展，用考试分数衡量学生的全部。当然，这种形式也有合理的一面，既能让学生接受所有的知识教育，又便于检验教育的成效。但不利的方面尤其在考试结果为唯一标准时，就会极大地表现出来。

所有这些问题，不仅仅是教育和高等教育改革的问题。教育改革首先必须尊重教育运行的规律，改变政府角色。因此，我国的“教育改革”还有赖于刘道玉先生的“意识形态”和“计划体制”问题的解决，这两方面的问题不妥善解决，改革的结果就是不确定的。

参考文献

[1] 程伟.高等教育改革迫切需要深刻的观念变革[J].黑龙江高教研究，2009(10).

[2] 高娟.高等教育改革中建构主义范式的问题分析[J].西北成人教育学报，2009(5).

[3] 商磊，刘析鹭.人本主义教育：中国高等教育改革中的丢失与寻找[J].首都师范大学学报(社会科学版)，2012(1).

[4] 耿富云.实用主义教育思想对我国高等教育改革的启示[J].黑龙江教育(高教研究与评估)，2010(3).

[5] 陈会娟.论纽曼的“自由教育”观及其在当代中国高等教育改革中的回应[J].赤峰学院学报(汉文哲学社会科学版)，2011(9).

[6] 王杰宇.多元智力理论视阈下高等教育改革新探[J].中国农业教育(双月刊)，2011(5).

［7］蒋逸民．新的知识生产模式及其对我国高等教育改革的启示［J］．外国教育研究，2009（6）．

［8］姜勇．新公共管理主义视野下高等教育改革的方向与挑战［J］．高教探索，2011（1）．

［9］朱为鸿，谭冠中．论中国高等教育管理改革之理论创新［J］．高校教育管理，2010（1）．

［10］陈先哲．高等教育研究的中国学派何以可能［J］．高教探索，2011（2）．

［11］敖洁．基于价值取向角度的高等教育研究思考［J］．湘潭大学学报（哲学社会科学版），2009（7）．

［12］刘亚红．功利与超功利：我国高等教育改革的价值坐标［J］．湖北社会科学，2010（10）．

［13］彭拥军．高等教育改革的合法性：话语的视角［J］．江苏高教，2011（1）．

［14］张日新．我国高等教育改革的目标模式及其路径选择［J］．教育理论与实践，2009（9）．

［15］张旭昆．高等教育体制改革的目标模式与实现路径［J］．浙江树人大学学报，2011（1）．

［16］王寰安．我国高等教育体制改革为何成效不足［J］．高等教育研究，2011（4）．

［17］夏明．试论中国高等教育改革的现实与未来［J］．南方论丛，2011（2）．

［18］毕艳杰．论中国高等教育改革的突破点［J］．经济研究导刊，2011（33）．

［19］马云泽，吴昊坤．产业结构调整、高等教育改革与大学生就业［J］．河南师范大学学报（哲学社会科学版），2011（3）．

［20］周倩．高等教育改革中不同利益主体间的博弈［J］．国家教育行政学院学报，2011（3）．

［21］余英，石元蒙．经济思想与政策变迁：高等教育财政改革的理论反思［J］．教育理论与实践，2010（6）．

［22］佟健，郭广珍．基于经济学视角下的中国高等教育改革［J］．经济体制改革，2010（4）．

［23］杨汝岱，陈斌开．高等教育改革、预防性储蓄与居民消费行为［J］．经济研究，2009（8）．

［24］潘懋元．当前高等教育改革与发展的若干趋势［J］．临沂大学学报，2011（2）．

［25］张美云．高等教育改革不可逾越的四组范畴［J］．黑龙江高教研究，2010（1）．

构建新型实践体系，助推信用管理专业发展

高晓娟[①]

我国信用管理专业教育始于2002年，2002年教育部以目录外专业批准上海财经大学、中国人民大学、首都经贸大学和吉林大学招收信用管理专业。到目前为止，根据教育部每年公布的报批专业目录统计，全国有上海立信会计金融学院、上海第二工业大学、南京审计学院等几所院校陆续开设了信用管理专业，截至2018年，全国共有23所院校开设信用管理专业。从趋势上看，随着我国信用体系建设步伐的加快，将会有更多的大学开办信用管理专业或者信用管理专业方向的本科学历教育。全国设有信用管理专业或专业方向的高校，专业水平层次不齐，优势各不相同；同时信用管理涵盖内容广泛，具有新兴性、边缘性、交叉性的特征。信用管理人才培养目标和培养模式多元化，各高校没有必要统一设置信用管理课程体系，但是为了保证信用管理专业教育的基本要求，有必要结合信用管理行业发展和信用体系建设的现状，根据信用管理专业的专业特征，制定必须设置的若干核心课程。在核心课程的基础上，各校应依据各自的优势、特色和培养目标与培养模式，设置有特色的课程体系。

一、信用管理行业和市场的现状分析

随着大数据、云计算等技术的兴起，以阿里、腾讯、360等为代表的一批大型互联网企业采用大数据手段开展征信业务，采集包括基础信用信息、网上行为记录、网上信用评价、用户投诉与评价等海量信用数据，信息来源的丰富多样性使以数据为基础的征信业务和信用创新发展迅速。因此，随着互联网技术的兴起，网络金融的飞速发展，征信、信用评级和信用服务发生了很大的变革，信用管理专业的人才知识实践体系也随之改变。

---

① 高晓娟，上海立信会计学院金融学院信用管理系主任，副教授，主要从事金融学和信用风险管理方面的教学和科研工作。在《国际贸易问题》《当代财经》《经济纵横》《上海投资》《河南金融管理干部学院学报》等刊物中发表论文多篇，参与和主持上海市教委、上海市政府政策咨询室、上海市人大等多项课题的研究工作。

（一）我国社会信用体系建设现状

现代市场经济即信用经济。信用为市场经济的发展保驾护航，成为市场经济发展的重要安全保障。2014 年 6 月，国务院印发《社会信用体系建设规划纲要（2014—2020 年）》明确提出，构建以政务诚信、商务诚信、社会诚信和司法公信建设为主要内容的社会信用体系，建立覆盖全面的社会信用征信体系，实现守信激励、失信惩戒的社会信用体系。在这一规划纲要的指导下，我国社会信用体系建设步入快车道。

2016 年国务院印发《关于建立完善守信联合激励和失信联合惩戒制度加快推进社会诚信建设的指导意见》，要求各级政府建立“守信激励”和“失信惩戒”的配套管理机制。2018 年 6 月，启动“信易 +”系列项目，在重点民生领域拓展社会化、市场化守信激励措施，增进群众福祉。2019 年，依托“信用中国”、各级政府以及部委的“双公示”机制，全国信用信息共享平台初见成效，在此基础上，7 月，国务院办公厅印发《关于加快推进社会信用体系建设构建以信用为基础的新型监管机制的指导意见》，提出构建以信用为基础的新型监管机制。

（二）信用管理行业的发展

“互联网＋征信”模式是指在互联网技术和数据条件下，企业通过互联网获取各种征信数据和信息，整合分析，开展征信业务。根据互联网企业的核心业务，“互联网＋征信”的发展模式呈现多样化的特征，主要采取商务平台征信、支付业务征信、社交平台征信以及网络信贷征信等形式。

电子商务平台征信通过大数据和云计算，通过数据的后台分析，实现用户对电子商务平台的黏性，提高使用效率，在此基础上，提供定制化的征信产品和服务。

第三方支付公司则不同，其数据来源和种类较为单一稳定，其数据的有效性和效率更加具有逻辑性和结构化。2018 年 3 月，由芝麻信用、腾讯征信、前海征信、考拉征信、鹏元征信、中诚信征信、中智诚征信、华道征信等发起组建的百行征信有限公司，是我国首个市场化的个人征信机构，截至 2019 年 6 月已经签约接入了 600 多家机构的信用信息，2019 年 1 月已经正式推出了个人信用报告等征信服务产品。

社交平台征信的典型代表是依托腾讯社交软件发展的腾讯征信，它的特征是通过社交软件获取相关的征信数据和信息。腾讯集团拥有海量的用户互联网数据：8 亿 QQ 账户、超过 5 亿的微信账户和超过 3 亿的支付用户。庞大的用户人群一方面服务于金融机构，提供互联网征信数据和数据分析，另一方面也帮助用户建立信用记录，利用信用记录获取金融服务。

网络信贷平台征信核心是信贷数据的共享，通过互联网实现信用信息数据的联网联通。2012 年底，陆金所、拍拍贷、融道网等十家网络信贷服务业企业成立了“网络信贷服务业企业联盟”，实现了信贷数据的公开共享，建立了黑名单共享机制，公开失信借款人名单。

我国金融信用信息基础数据库是以金融业主管部门为主导进行建设，该体系由人民银行征信中心负责运营和维护，是金融征信体系的数据核心。2006 年人民银行征信中心系统开始全国联网运行，为征信市场参与主体提供主要的信用数据，仅涵盖在银行及泛银行金融系统中有过交易记录的用户群体。2006 年，全国集中统一的企业和个人征信系统正式上线。到 2019 年 3 月，已经接入了 3500 多家银行和其他金融机构的信用信息数据、9.9 亿自然人的信用信息，还有 2600 多万户的企业和其他法人组织的信用信息。目前，每天通过这一系统查询个人信用报告的有 555 万人次，企业信用报告有 30 万人次。

二、西方信用管理专业现状分析

（一）西方信用管理专业的教育现状

英国、美国等信用建设完备的国家，信用管理教育也最发达。西方发达国家的信用体系成熟，相关制度体系和管理规范都比较健全和完备，信用管理的大学正规教育主要强调硕士水平的研究生教育，体现信用管理学科的交叉性和边缘性。

美国东部著名的常春藤大学达特矛斯学院（Dartmouth college），有开办信用管理专业。美国的全国信用管理协会（NACM）在达特矛斯学院 NACM Graduate School of Credit and financial Management）内设立了一个信用和财务管理研究生院，并开设信用管理专业硕士研究生课程。其培养方法是：

（1）学生完成大学本科学业，并有 2~3 年的企业管理工作经验，然后再根据自己的工作方向和偏好，学习两年信用管理硕士水平的专业课程，取得信用管理硕士学位。

（2）拥有 MBA 学位的学生再专攻一年的信用管理专业课程，也就是说，在 MBA 课程的基础上再增加信用管理专业方向。MBA 的实际工作经验和广泛的知识与信用管理专业相结合，以达到培养优秀信用管理从业人员的要求。同时，鼓励拥有 MBA 学位的学生再取得信用管理专业的硕士学位，成为拥有双硕士学位的专业人才，这也是信用管理专业研究生培养的有效途径。

英国的信用管理专业教育也是走在世界前列的。英国欧克汉姆（Oakham）郡的信用管理学院（Institute of Credit Management，ICM）是欧洲提供信用管理教育和培训的著名机构，也是最大的一所提供信用管理专业的教育学院。ICM 信用管理专业教育的主要目标是培养信用管理专家，同时在专业教育中注重知识的更新，保证信用管理经理人员知识结构的合理性。利兹大学（Leed University）是英国另外一个在信用管理方面很出众的高等院校，其商学院中设有一个信用管理研究中心，提供信用管理专业的硕士学位课程。

（二）西方信用管理专业教育的课程体系

美国的全国信用管理协会（NACM）在达特茅斯学院设有信用管理专业硕士研究生课程，其基本课程设置包括：高级财务报表分析、评价企业信用政策、公司发展战略、应收账款监控、现金管理、信用的法律环境、信用对策、国际商业风险评估、谈判实践、应用商业经济学等。

英国在信用管理方面很出众的利兹大学（Leeds University），其商学院中设立有信用管理研究中心，该学院提供信用管理专业的硕士学位课程。包含两年全日制课程，典型的课程包括消费者和交易信用管理、信用管理的量化方法、信用评分技术等。要取得该校信用管理专业硕士学位，学生要完成 120 学分的学习，且平均考试成绩在 B 以上。

从以上分析中不难看出，国外信用管理的专业教育主要集中在硕士阶段，强调信用管理人才的高素质和高标准，对知识结构、综合能力都有较高的要求。

三、构建我国高校信用管理课程体系

从学科性质和特点来说，信用管理属于新兴学科、交叉学科，它主要涵盖金融、财务、管理、信息技术和法律等多学科知识内容，是一门典型的应用型交叉学科，技术性和操作性都非常强。在我国现阶段，信用体系的构建和完善还处于起步阶段，属于新兴的探索阶段。

（一）信用管理专业的合理定位

从学科隶属看，信用管理专业主要涵盖财务管理和市场营销的基础知识，涉及金融专业的相关知识，是一门典型的应用型交叉学科，技术性和操作性都非常强。和其他操作性强的专业相比，信用管理专业还有一个特点，就是它的应用与商业法律紧密相关，英美国家的信用管理相关法律不仅会给出信用管理技术的应用原则，还会详细规定征信业务的一些具体操作。

从应用角度看，信用管理专业的教育可以自成学科体系。它的经济理论基础是货币银行学和信息经济学，以财务管理和市场营销为专业基础课，辅以商业统计、信息检索、商业法律、数据库、网络和计算机软件技术等。学科服务于企业引进信用管理功能的目的：建立科学的授信、提高企业赊销和银行放贷的成功率。

（二）互联网技术对信用管理专业人才提出新的要求

互联网技术的发展，给信用管理行业带来了新的发展模式和更高的挑战，新形势下，信用管理人才是“互联网+信用”，互联网信用人才拥有的技能更偏向于互联网人才拥有的技能：Java、Linux、Python。在互联网时代，信用真正成为市场经济的驱动力，“数据驱动业务，技术变革信用”，依托互联网技术、大数据分析、云计算、区块链，信用经济发展正逢其时。

互联网技术对信用管理提出了更高的要求，从我国目前信用体系建设的初期来看，信用管理的专业教育存在三个发展方向：①以互联网技术为前提的信用信息的采集、处理和分析。这要求信用管理人才具备互联网数据处理的知识体系。②以风险管理为核心的金融风险的评估定价，即传统的金融专业的知识体系，注重建模和数理分析。③以信用法规为基础的信用建规立制。这和我国现阶段社会信用体系建设的初级阶段相适应，各项法规和制度都在逐步完善中，需要大量的人才。

（三）立足于互联网信用，构筑信用管理应用型实践体系

信用管理专业的定位属于经济类应用学科，信用管理专业的职能是为社会信用体系建设、信用风险管理培养高级技术型人才。信用管理学科是交叉学科，信用管理知识与技术应用性较强，所以培养目标应该是有创新能力的、有技术水平的专业化人才，是集经济学、管理学、数据分析知识于一身的复合型人才，是掌握数据归集整理、信用风险识别的实践型人才。

1. 根据信用管理自身的发展需要，其专业课程设置要体现其应用实践性

从实践上看，互联网技术发展的“互联网+信用”的创新，以及我国社会信用体系建设的特色探索，给信用管理专业发展带来前所未有的机遇和挑战。从社会需求上看，除了传统的金融机构信贷分析以及企业信用管理的需要

以外，各级政府部委都需要建立自己的信用信息平台，对数据搜集整理；各第三方数据中心、平台系统开发中心也需要信用管理专业人才提供信用专业知识的支持；建立在互联网信用基础上的信用中介机构更是对信用管理人才求贤若渴。

立足于我国信用体系建设的新发展，放眼于互联网技术的创新变革，信用管理人才市场需求的多层次、广泛性和迫切性要求高等院校在信用管理的人才培养模式上进行深刻变革，对原有的课程体系进一步调整完善，增加专业课程的广度、深度和应用性。目前，信用管理的专业方向多设在商学院或经济管理学院，特别是本科阶段，重点集中在培养企业信用管理人员，课程设置主要以企业信用管理、客户授信、应收账款管理、商账追收等为主。互联网技术的发展需要信用管理学生掌握更多的计算机技术、数据的归集整理和分析技术。因此，在课程设置中要加入有关数据库的建立、处理和维护的课程，包括大数据、云计算以及区块链等新知识。

目前，全国高校设有信用管理专业或专业方向的优势不尽相同，同时信用管理涵盖内容广泛，信用管理人才培养目标和培养模式可以是多元化的，没有必要统一设置信用管理课程体系。目前，设有信用管理专业的高校也通过各种研讨交流，共同探讨和制定信用管理学科的核心课程和主干课程。

在核心课程的基础上，各校应依据各自的优势、特色和培养目标与培养模式，设置有特色的课程体系。例如，财经类院校信用管理专业课程体系设置可以突出其金融信用风险评估和监控，服务于金融市场；综合类大学信用管理专业课程体系设置可以体现经济学与管理学及其二者相结合的特色，突出会计财务的特色，服务于企业信用管理；理工科大学的信用管理专业课程体系设置可以突出数据的分析和处理，服务于信用中介机构和数据中心的市场需求。总之，各个信用管理专业特色课程体系的设置应体现差异性，整合各自的优势和特长，形成一个特色明显、优势互补的专业群体，满足多层次、多元化的市场需求。

2. 在培养模式上，探索以市场需求为导向，构筑产学研相结合的实践平台

应用型本科院校在人才培养模式上，结合“应用型、行业性”的特征，除了在课程构建中体现市场需求，需要积极探索“走出去、引进来”的思路，让教师有更多的机会学习最新的信用管理知识，让知识结构和体系更新换代、与

时俱进。另外，高校要建立实验教学平台，同时把行业引进课堂，高校开门办学，人才培养迅速接入市场，实现人才与需求的无缝对接。

在培养模式的探索实践中，广东金融学院进行了有效的尝试，并取得了很好的效果，金融机构等用人单位给予了好用、耐用、顶用的“三好”评价。综合其应用型实践的创新，以下方面值得借鉴和推广：

（1）以行业需求为导向的 CPE 的课程构建模式。该课程模式由基础核心课程（Core Curriculum）、专业课程（Professional Curriculum）和就业导向课程（Employment Curriculum）三大模块组成。该模块的特色在于就业导向课程的设置，如何和就业无缝对接，课程设置是关键，课程讲授是核心。广东金融学院的做法是课程设置邀请金融业界、用人单位的专家参与制定，而培养方案的落实则通过“校企合作班”的方式落地，让专家进课堂，实现课程的实践落地，学生与用人单位亲密接触，有利于用人单位招聘目标的精准实现。

（2）产学研合作校外平台。产学研合作基地的开发和建设是高校与社会紧密结合的重要方式，但是在实践中容易走形式化、表面化。广东金融学院将其落到实处，真正发挥了产学研基地的作用，产学研基地的作用在于学生实践基地和教师科研基地。因此，广东金融学院探索“课程＋实习＋就业”的校企联合培养教学模式，在第四学年请用人单位进课堂，把企业理念、经验和实操等实践知识直接引入课堂，成为用人单位的培训基地，订单式培养，提高学生的对口实操能力。同时，让教师与合作单位共同承担科研任务，开发教学软件，提高教师的实践能力，这种产学研合作机制实现了“用人单位、教师和学生”的三赢局面。

3. 在教学方式改革中，充分利用互联网技术优势，提高学生的参与性和主动性

现代信息技术突飞猛进，互联网成为各方信息的集散地、思想的交流平台，对学生的学习能力和行为模式有强大的冲击。高校应该顺应这一趋势，以改革的勇气引领“教”的转变，用探索的精神服务“学”的成长，充分利用互联网等新媒体使教育教学方法的改革焕发新的生机。

开放式在线课程更符合大学生的自主精神，调动其主动学习的积极性。信用管理的教育教学通过微教案、微课件、微练习等微视频，采用线上与线下相结合、“课内”和“课外”相衔接的方式，优化教师的“教”，提升学生的“学”，进而提升教学质量和效果。

参考文献

［1］Baker E. Institutional Barriers to Technology Diffusion in Rural Africa. Mimeo，Stanford University，2003.

［2］Christian Bluhm，Ludger Overbeck. Introduction to Credit Risk Modeling［M］. Chapman&HALL/CRC，2003.

［3］刘志军，冯永华. 课堂教学变革的反思与重建［J］. 教师教育学报，2014（6）：53–56.

金融学院课程开发及建设研究

沈雨彤[①]

一、课程体系开发与建设的必要性

国内金融市场体系逐步完善，金融在国民经济的发展中起着举足轻重的作用。在上海国际金融中心建设进程不断推进的大背景下，金融改革深化的进程也在加快，金融从业人员数量不断增加，每年新增需求50万左右并逐年提升，预测2020年金融从业人数将达到全社会就业人数的1.4%。[②]在这一趋势下，国家出台了一系列相关政策，在高校人才培养模式的创新和改革上提出了新的要求，提高金融人才的质量成为重中之重。此时，科学的课程体系的开发与建设是培养应用型、复合型、创新型、国际化金融人才的前提和基础。针对新时代的市场需求，各大地方高校应在制订专业人才方案时，深度思考如何合理地设置专业课程体系、良好地整合不同专业课程、精妙地衔接知识模块等。课程体系开发与建设势在必行。

二、现阶段课程体系现状及问题

（一）金融学院课程概况

目前，我校金融学院下设金融系、国际金融系、金融理财系、信用管理系和金融工程系，设有金融学（下设国际金融、金融理财、CFA、合规与反洗钱）、金融工程、信用管理三个本科专业。目前，形成了以金融学为核心，信用管理、金融工程、投资学、保险学、保险精算、金融科技、金融数学、金融信息技术、金融信息管理、支付清算、金融统计、金融法、金融英语、金融事务助理等金融类多专业方向协同发展的局面，为上海一流本科专业建设和高水平

---

① 沈雨彤，女，教育学硕士，毕业于英国约克大学，上海立信会计金融学院教学秘书，主要负责院系日常教学事务。研究方向：课程建设、人才培养、教学管理等。

② 徐坚成，张爽．我国金融业人力资源现状及需求预测［J］．经济纵横，2014（3）：20–25.

地方应用型高校试点铺平了道路。在金融学专业的带动效应下，金融工程和信用管理发展迅速，学科之间相辅相成，有力地支撑了金融学的发展。在现有课程模块化的基础上，结合金融学院特色优势与历史传统，重新定位教学理念，优化课程知识模块的内容，不断加快金融学课建设。在课程设置上，不同模块分配不同的专业主讲教师、课程负责人和教学督导，并由学院对课程的总体建设体系进行把控，以适应不同专业、不同年级学生的学习需求。

（二）现阶段存在的问题

尽管在课程建设上取得了丰硕成果，当前课程设置和教学内容还是存在不同程度的交叉性问题，需进一步优化。比如金融学与中央银行、商业银行内容的部分重复，重复的授课内容会造成教学资源和时间的浪费，影响教学质量。在进行课程考核方面，多数情况仍采用单一的考试模式。学生如果只是死记硬背书本上的基础知识，将难以对金融知识有深入的理解和思考。此外，为了适应 21 世纪金融市场经济发展，在课程建设上还需着重分析如何让学生深化对课程知识的理解，使学生不再局限于抽象的课本知识，充分调动学生学习的自主性和创新性，培养学生结合应用层面学以致用的能力。以上存在的这些问题尽管难以在短时间内得到彻底解决，但提出有效可行的对策和建议能进一步推动金融专业教育的落实，并为今后的课程体系开发建设提供坚实的理论依据和保障。

三、课程开发和建设的对策和建议

（一）课程考核模式的多样性

21 世纪的高等教育不仅应该注重基础知识的传授，更应该注重培养学生的学习能力、创新能力和实践能力。优化课程考核形式能更有效地检验学生的知识掌握情况，传统“重知识、轻能力”的课程考核模式不适应当今人才培养的要求。[①]目前课程的考核形式分为考试或考查、开卷或闭卷，考试课的主要评定依据为期末考试成绩，但考试内容局限于教材中的基本知识和理论，死记硬背知识点的情况不在少数。课程考核方式应进行形式上的创新，采取多模块的考核方式，如期中考试、课堂讨论、课后作业、思考问题、调查报告等，检验学

① 黄亚红，曹弋．对当前大学课程考核模式改革的思考［J］．教师教育论坛，2007，20（2）：67–68.

生分析和解决问题的能力。在命题上要建立多元化的考试题型，出卷人需根据专业要求把握试题的难易程度，确定合理的主观性与客观性题的比例，保证学生能发挥和挖掘自己的潜力，这有助于激发学生探索创新和自主学习的热情。

（二）加强对实验实训课程的重视

金融创新日新月异，金融交易逐步复杂，金融正渗透进经济生活的每个角落，对人们的生活影响越来越大。面对各类新兴金融业务，学生仅通过学习课本知识和分析静态案例已无法掌握和应对，步入社会后，脱离实际的学习也难以发挥真正的作用。针对这些特性，在实际构建课程体系的过程中，需要对实验实践类课程给予更多关注，投入更多教育资源。在学院目前开设的“金融模拟综合实验”“模拟银行业务”等实验实训类课程的基础上，还需进一步增加实验实训课程的比率，优化金融类课程体系，培养学生的实践能力。

（三）优化知识体系的构建

专业模块设置时，应注重学科之间的联系与整合，避免模块之间的耦合、知识之间的重复。金融学课程往往和其他课程具有较强的相关性，加强知识体系的简约化与建构化，使设置具有关联性和系统性，在授课内容上考虑综合性与整体性，增强课程之间的连贯性。当今资本市场金融理论涉及会计、数学和统计知识的综合运用，近年来发展迅猛的互联网金融则恰好融合了金融学、信息技术、管理、市场营销等多方面学科的知识和技能。①在数字化信息化飞速发展的时代，要求我们创造出有特色的金融课程。如将互联网征信、大数据征信等前沿知识引入并与教学教研紧密结合，形成知识学习向“学习＋应用”转变。设置相关的实践类课程，营造具有实感的教学模式，如模拟金融产品的开发和销售方案设计等，通过具体操作让学生熟悉流程，发挥主观能动性，培养解决实际问题的能力。

（四）培养复合型高端人才的要求

课程体系需要进行重新整合，培养用多学科知识解决实际问题的能力。在金融学活动领域不断扩大、内涵越发丰富的新时代环境下，复合型高端人才在

---

① 付慧莲，FUHuilian. 互联网金融环境下高职金融专业课程体系构建［J］. 科教导刊，2016（20）：19-20.

多个领域都备受青睐。其中，金融行业的复杂性和多样性对金融人才的培养提出了全新的要求：在具备专业金融知识技能的同时，其他多学科的基础知识也显得异常重要，这样才能在处理金融问题时进行综合性考虑。因此，知识结构的特色化和多点化，有助于培养宽口径、厚基础、全面发展的金融人才，并大大促进学生的个性发展和全面发展。

（五）强化职业道德的培养

对金融专业人才职业道德的培养在课程体系建设中极容易被忽视，却是格外重要的一方面。金融行业的高风险性对从业人员的职业素养有着很高的要求。课程体系在加强专业基础知识和实践能力培养的同时，要牢记在思想道德方面的教育，培养具有社会责任感、职业操守、法制观念、诚实守信的金融人才。

（六）顺应行业发展新需求

在巩固扎实原有金融学基础课程质量的基础上，引入行业最新动态，开发顺应时代发展和行业需求的新课程。一方面，金融业务不再单一分离，而是呈现交叉混合经营、共享金融资源的现象；[①]另一方面，新时代的变化也带动了业务创新，金融业呈现出自动化、信息化、网络化的特征，而这一新发展和新趋势对课程设置有导向作用。因此，课程建设要紧密结合金融业发展和市场需求，要随着经济形势的不断发展和经济内容不断更新而设置，不能一陈不变。比如，随着金融现代化的推进，银行业务提出的金融电子业务、网上银行、网上证券等，要求从业人员不仅需要具备充分的金融专业知识，还需掌握相关的银行柜台电子化技术。重视市场需求，制定更符合社会背景的课程体系，将有利于培养具有专业化知识与能力的创新型人才。

（七）国际化背景下提出的新要求

我国加入 WTO 后，金融开放逐步加快，随着经济全球化进程的不断推进，国际范围内的金融竞争日趋激烈。一方面，大量外国机构进入中国，在中国境内开展业务；另一方面，本土的金融机构也在进行海外业务的扩展，投身于国际竞争。这一根本性变化导致市场急需熟练掌握国际金融知识和实践知识、具备较好的外语沟通能力、熟悉国际规则和惯例的国际化高水平金融人才。课程

---

① 程卫红.资源共享：混业经营的基础［J］.金融研究，2002（7）：81-95.

体系的设置和优化要有与国际接轨的意识，积极地“走出去”，跟国外高校合作并引进具有借鉴意义的最新理论和知识，使学生快速适应国际金融竞争大环境。比如，研究海外各名校是怎样结合自身的优势开展微观金融课程，如耶鲁大学经济系开设的金融市场、金融理论课程。在国际化背景下，注重对全英和双语课程的建设也显得尤为重要，鼓励学生用外语学习金融知识，通过组织金融专题讨论、邀请外国金融学者前来讲座等方式创新教学方法。由于学生外语水平的差异性，如何使学生听懂并成功消化吸收知识，也对英文原版教材的选择、教学活动的开展提出了更高的要求。

（八）科技变革下的课程建设

如今，在支付、保险、理财管理等多个金融领域，区块链、大数据、云计算、人工智能等科学技术迅速发展，在课程设置上应注重开发相关内容，特别是在运用大数据、云计算、搜索、分析、整合数据的互联网金融课程设置上，要提高学生的计算机能力，以适应未来金融行业发展的新趋势。① 为让金融学快速适应新时代条件下的科技变革，逐步推广线上课程，遵循以学生学习为中心的理念，对现有课程进行重新设计，拓展课程形式和教学方法，以多形式开展教学活动，结合信息化专业知识内容，同时加强对线上课程的开发进程，开展全英语课程、重点课程、精品课程、实验实训课程的建设工作，鼓励学生在课后学习线上课程，调动学生的自主学习能力，推进第一、第二课堂互相结合，构建体现信息技术与教育教学深度融合的课程结构和教学组织模式，逐步实现金融学课程线上线下相结合的混合学习模式，满足学分制管理下学生自主学习的个性化需求。

四、结语

金融的快速发展对高等院校在课程设置和人才培养方面产生了巨大的影响，优化课程内容和知识模块的结构，加强课程体系的合理改革，基础性、前瞻性、实践性、国际性有利于金融学院培养高质量高水平应用型人才。学院课程的开发和建设，要结合当今经济环境和业界形势，加强基础理论的讲授，同时强调实践业务类课程和专业技能的训练，注重对学生实践创新能力的培养，针对存

① 孙璐，孙榆棋．金融科技背景下金融专业人才培养创新研究［J］．对外经贸，2018，292（10）：138-139.

在的课程问题提出解决策略，不断修正，推动高校金融专业课程的改革向前，促进社会经济的发展。

参考文献

［1］徐坚成，张爽．我国金融业人力资源现状及需求预测［J］．经济纵横，2014（3）：20–25.

［2］黄亚红，曹弋．对当前大学课程考核模式改革的思考［J］．教师教育论坛，2007，20（2）：67–68.

［3］付慧莲，FUHuilian. 互联网金融环境下高职金融专业课程体系构建［J］．科教导刊，2016（20）：19–20.

［4］程卫红．资源共享：混业经营的基础［J］．金融研究，2002（7）：81–95.

［5］孙璐，孙榆棋．金融科技背景下金融专业人才培养创新研究［J］．对外经贸，2018，292（10）：138–139.